DICIONÁRIO DANIEL E APOCALIPSE

Editora Appris Ltda.
1.ª Edição - Copyright© 2023 dos autores
Direitos de Edição Reservados à Editora Appris Ltda.

Nenhuma parte desta obra poderá ser utilizada indevidamente, sem estar de acordo com a Lei n° 9.610/98. Se incorreções forem encontradas, serão de exclusiva responsabilidade de seus organizadores. Foi realizado o Depósito Legal na Fundação Biblioteca Nacional, de acordo com as Leis n°s 10.994, de 14/12/2004, e 12.192, de 14/01/2010.

Catalogação na Fonte
Elaborado por: Josefina A. S. Guedes
Bibliotecária CRB 9/870

S586d
2023
	Silva, Pedro de Oliveira
	    Dicionário Daniel e Apocalipse / Pedro de Oliveira Silva.
	    1. ed. – Curitiba : Appris, 2023.
	    238 p. ; 27 cm.
	
	    ISBN 978-65-250-4478-1
	
	    1. Profecias. 2. Fim do mundo. 3. Conflito. I. Título.
	                                                              CDD – 220.15

Editora e Livraria Appris Ltda.
Av. Manoel Ribas, 2265 – Mercês
Curitiba/PR – CEP: 80810-002
Tel. (41) 3156 - 4731
www.editoraappris.com.br

Printed in Brazil
Impresso no Brasil

Pedro de Oliveira Silva

DICIONÁRIO DANIEL E APOCALIPSE

FICHA TÉCNICA

EDITORIAL
Augusto Vidal de Andrade Coelho
Sara C. de Andrade Coelho

COMITÊ EDITORIAL
Marli Caetano
Andréa Barbosa Gouveia (UFPR)
Jacques de Lima Ferreira (UP)
Marilda Aparecida Behrens (PUCPR)
Ana El Achkar (UNIVERSO/RJ)
Conrado Moreira Mendes (PUC-MG)
Eliete Correia dos Santos (UEPB)
Fabiano Santos (UERJ/IESP)
Francinete Fernandes de Sousa (UEPB)
Francisco Carlos Duarte (PUCPR)
Francisco de Assis (Fiam-Faam, SP, Brasil)
Juliana Reichert Assunção Tonelli (UEL)
Maria Aparecida Barbosa (USP)
Maria Helena Zamora (PUC-Rio)
Maria Margarida de Andrade (Umack)
Roque Ismael da Costa Güllich (UFFS)
Toni Reis (UFPR)
Valdomiro de Oliveira (UFPR)
Valério Brusamolin (IFPR)

SUPERVISOR DA PRODUÇÃO
Renata Cristina Lopes Miccelli

PRODUÇÃO EDITORIAL
Nicolas da Silva Alves

REVISÃO
Simone Ceré

DIAGRAMAÇÃO
Bruno Ferreira Nascimento

CAPA
Laura Marques

À minha mãe, Julia, mulher virtuosa, sábia, guerreira e temente ao Eterno, a qual, com poucos recursos financeiros e humanos, superou todos os desafios da vida e me ensinou, com meus irmãos, a buscar o reino dos céus em primeiro lugar.

AGRADECIMENTOS

Agradeço primeiramente ao Soberano do universo, pela oportunidade de ser um instrumento na elaboração desta valiosa obra, a qual impactará o mundo.

À minha mãe, que me apoiou e me incentivou na confecção do *Dicionário Daniel e Apocalipse*.

À minha família, que é um suporte físico, emocional, espiritual e intelectual. Tais qualidades são imprescindíveis para alcançarmos nossos objetivos.

Aos homens e às mulheres que se dedicam ao estudo das profecias.

A todos os leitores que explorarão este *Dicionário*.

Eis que Ele vem com as nuvens, e todo olho o verá.

(Apocalipse 1:7)

APRESENTAÇÃO

Ao me interessar por assuntos proféticos, comecei a estudá-los dia e noite, adquirir uma minibiblioteca de livros sobre essa temática, além de assistir a centenas de vídeos, palestras nacionais e internacionais. Sempre recorria à minha mãe quando surgiam as dúvidas. Portanto, para facilitar os estudos, comecei a confeccionar este *Dicionário*, o qual, com o tempo, ganhou uma proporção significativa, e então resolvi compartilhar este conhecimento com o Brasil e o mundo.

Os livros de Daniel e Apocalipse são os mais difíceis de serem compreendidos da Bíblia, devido à quantidade de símbolos e ao seu caráter predominantemente profético. Entretanto, o próprio livro de Daniel, capitulo 12:10, afirma que os sábios entenderão as palavras proféticas, e o Apocalipse, capítulo 1:3, relata: "Bem-aventurados aqueles que leem e aqueles que ouvem as palavras da profecia e guardam as coisas nela escritas, pois o tempo está próximo". E Amós 3:7 complementa que o "Todo-Poderoso não fará coisa alguma, sem primeiro revelar o seu segredo aos seus servos, os profetas".

Por sua vez, Salomão escreveu: "não havendo profecia, o povo se corrompe; mas o que guarda a lei, esse é feliz" (provérbio 29:18). Com esse último pensamento, percebe-se o quanto é importante a profecia para combater a corrupção, o pecado, pois os eventos proféticos nos estimulam, encorajam, alertam, impulsionam, para termos uma vida irrepreensível.

Com o intuito de minimizar os entraves e o distanciamento entre os leitores e a profecia, publicamos este *Dicionário Daniel e Apocalipse*. Ele é dividido em duas partes: primeiramente vem Daniel e Apocalipse, em capítulos; a segunda parte são os dois livros em uma sequência alfabética, sem se preocupar com a linearidade dos capítulos. As bíblias utilizadas para citações dos símbolos são Nova Versão Internacional e Almeida Revista e Atualizada, por serem significativamente utilizadas no mundo; os significados foram extraídos de outras versões, inclusive das citadas inicialmente.

Este dicionário é um facilitador para a compreensão das maravilhas contidas nas escrituras e nos revela a ordem cronológica dos acontecimentos e em que momento nos encontramos na linha do tempo da tão sonhada volta do Salvador. Contém mais de 900 símbolos dos livros de Daniel e Apocalipse, todos foram decodificados utilizando como fundamento a própria escritura sagrada. Finalmente, todos os livros da Bíblia são percorridos para obter os significados das palavras e frases simbólicas ou com teor profético.

ÍNDICES DE ABREVIAÇÕES

Gn.	Gênesis	**Na.**	Naum
Êx.	Êxodo	**Hb.**	Habacuque
Lv.	Levítico	**Sf.**	Sofonias
Nm.	Números	**Ag.**	Ageu
Dt.	Deuteronômio	**Zc.**	Zacarias
Js.	Josué	**Ml.**	Malaquias
Jz.	Juízes	**Mt.**	Mateus
Rt.	Rute	**Mc.**	Marcos
I Sm.	Primeiro livro de Samuel	**Lc.**	Lucas
II Sm.	Segundo livro de Samuel	**Jo.**	João
I Rs.	Primeiro livro de Reis	**At.**	Atos
II Rs.	Segundo livro de Reis	**Rm.**	Romanos
I Cr.	Primeiro livro de Crônicas	**I Co.**	Primeira epístola Coríntios
II Cr.	Segundo livro de Crônicas	**II Co.**	Segunda epístola Coríntios
Ed.	Esdras	**Gl.**	Gálatas
Ne.	Neemias	**Ef.**	Efésios
Et.	Ester	**Fl.**	Filipenses
Jó	Jó	**Cl.**	Colossenses
Sl.	Salmos	**I Ts.**	Primeira epístola Tessalonicenses
Pv.	Provérbios	**II Ts.**	Segunda epístola Tessalonicenses
Ec.	Eclesiastes	**I Tm.**	Primeira epístola Timóteo
Ct.	Cantares	**II Tm.**	Segunda epístola Timóteo
Is.	Isaías	**Tt**	Tito
Jr.	Jeremias	**Fl.**	Filemon

Lm.	Lamentações	**Hb.**	Hebreus
Ez.	Ezequiel	**Tg.**	Tiago
Dn.	Daniel	**I Pd.**	Primeira epístola Pedro
Os.	Oseias	**II Pd.**	Segunda epístola de Pedro
Jl.	Joel	**I Jo.**	Primeira epístola de João
Am.	Amós	**II Jo.**	Segunda epístola de João
Ob.	Obadias	**III Jo.**	Terceira epístola de João
Jn.	Jonas	**Jd.**	Judas
Mq.	Miqueias	**Ap.**	Apocalipse

SUMÁRIO

DANIEL 2 19

DANIEL 3 21

DANIEL 4 22

DANIEL 5 23

DANIEL 7 23

DANIEL 8 28

DANIEL 9 31

DANIEL 10 33

DANIEL 11 35

DANIEL 12 47

APOCALIPSE 1 50

APOCALIPSE 2 53

APOCALIPSE 3 59

APOCALIPSE 4 63

APOCALIPSE 5 65

APOCALIPSE 6 67

APOCALIPSE 7 73

APOCALIPSE 8 75

APOCALIPSE 9 79

APOCALIPSE 10 84

APOCALIPSE 11 86

APOCALIPSE 12 88

APOCALIPSE 13 93

APOCALIPSE 14..99

APOCALIPSE 15..104

APOCALIPSE 16..105

APOCALIPSE 17..108

APOCALIPSE 18..113

APOCALIPSE 19..116

APOCALIPSE 20..120

APOCALIPSE 21..124

APOCALIPSE 22..125

DANIEL E APOCALIPSE: LETRA A..............128

DANIEL E APOCALIPSE: LETRA B..............135

DANIEL E APOCALIPSE: LETRA C..............139

DANIEL E APOCALIPSE: LETRA D..............152

DANIEL E APOCALIPSE: LETRA E..............158

DANIEL E APOCALIPSE: LETRA F..............163

DANIEL E APOCALIPSE: LETRA G..............167

DANIEL E APOCALIPSE: LETRA H..............169

DANIEL E APOCALIPSE: LETRA I..............171

DANIEL E APOCALIPSE: LETRA J..............175

DANIEL E APOCALIPSE: LETRA L..............175

DANIEL E APOCALIPSE: LETRA M..............179

DANIEL E APOCALIPSE: LETRA N..............188

DANIEL E APOCALIPSE: LETRA O..............190

DANIEL E APOCALIPSE: LETRA P..............191

DANIEL E APOCALIPSE: LETRA Q..............198

DANIEL E APOCALIPSE: LETRA R............202

DANIEL E APOCALIPSE: LETRA S............208

DANIEL E APOCALIPSE: LETRA T............220

DANIEL E APOCALIPSE: LETRA U............229

DANIEL E APOCALIPSE: LETRA V............231

ANEXO

CRONOGRAMA DOS EVENTOS FINAIS.....237

DANIEL 2

Símbolo	Significado	Referência
Aparência era terrível (Dn. 2:31)	a) Alusão ao poder de destruição dessas nações prefigurada pelos diferentes metais; b) forma perversa, dos diferentes crimes que essas nações cometeriam contra o povo do Eterno.	Dn. 7:7,19; 11:31; Is. 18:2; Jz. 10:9; 15:8; I Sm. 4:17
Artelhos (Dn. 2:41,42)	a) São dez reinos (blocos mundiais) com poder político-religioso que surgirão nesses últimos dias, essa união durará pouco tempo e esses reis não conseguirão seus objetivos; b) alguns estudiosos afirmam que são as dez tribos da Europa, que se formaram com a queda do império romano.	Dn. 2:41-44;7:24; Ap. 17:12; Jr. 18:6; história
Bronze (Dn. 2:32)	Grécia.	Dn. 2:39; 8:21; história
Cabeça daquela estátua era de ouro (Dn. 2:32)	Império de Babilônia.	Dn. 2:37, 38; história
Cabeça era de fino ouro (Dn. 2:32)	Reino da Babilônia.	Dn. 2:38; história
Casamento (Dn. 2:43)	a) Aliança político-religiosa; b) união da igreja de Roma com o Estado.	Dn. 11:17; II Co. 11:2; Ap. 13:12; 17:1,2; 18:2,3; história
Dedos (Dn. 2:41,42)	a) São dez reinos (blocos mundiais) com poder político-religioso que surgirão nesses últimos dias, essa união durará pouco tempo e esses reis não conseguirão seus objetivos; b) alguns estudiosos afirmam que são as dez tribos da Europa, que se formaram com a queda do império romano.	Dn. 2:41-44; 7:24; Ap. 17:12; Jr. 18:6; história

Em parte de barro e em parte ferro (Dn. 2:41)	a) Igreja e Estado, este reino embora unido não consegue ter uma estabilidade permanente, são imiscíveis, o ferro (Estado) é a parte do reino que executa as ações; b) é um reino duro e que age com perversidade contra os remanescentes.	Dn. 2:41,42,44; 7:7; Jr. 18:6; Dt. 4:20; Is. 48:4
Em parte forte e em parte frágil (Dn. 2:42)	Estado e igreja não conseguem formar uma união ou "casamento" com estabilidade, são imiscíveis. Em diferentes momentos na história, Roma papal se une com o Estado, o planejamento é realizado em especial pelo poder religioso, o Estado então executa as ordens.	Dn. 2:41-44; Jr. 18:6; Ap. 13
Ferro (Dn. 2:33)	Roma imperial.	Dn. 7:23; 8:9; história
Ferro e barro (Dn. 2:42)	a) Estado e igreja; b) os Estados políticos ainda conservam as características de Roma pagã; por sua vez, as igrejas-filhas mantêm traços de identidade com a igreja-mãe (igreja de Roma).	Dn. 2:27-40; Jr. 18:6; Ap. 17:5
Ferro misturado com o barro (Dn. 2:43)	a) União do Estado com a igreja; b) alianças político-religiosas para governar, dominar o mundo.	Dn. 2:43; Jr. 18:6
Montanha, e encheu toda a terra (Dn. 2:35)	a) Reino dos céus que será estabelecido em toda a Terra após o milênio; b) cidade santa transportada para a terra; c) morada do Altíssimo.	Sl. 15:1; 24:3; Is. 11:6-9; 57:13; 65:25; Ez. 28:14, 16; Ap. 14:1; 21:2, 10
Pedra (Dn. 2:34)	Segundo retorno do Salvador à terra.	Dn. 2:44,45; II Pd. 3:10-12; I Co. 10: 4; Ef. 2:20; Is. 28:16
Peito e os braços de prata (Dn. 2:2)	Reino Medo-Persa.	Dn. 2:39; 5:28; história
Pernas de ferro (Dn. 2:33)	Império de Roma.	Dn. 2:40; 7:17; história

DICIONÁRIO DANIEL E APOCALIPSE

Símbolo	Significado	Referência
Pés e os dedos eram em parte de barro e em parte ferro (Dn. 2:41)	a) Igreja e Estado; b) este reino embora unido não consegue ter uma estabilidade duradoura; c) eles são imiscíveis, o ferro (Estado) é a parte do reino que executa as ordens; c) é um reino duro e que age com perversidade contra os remanescentes.	Dn. 2:41,42,44; 7:7; Jr. 18:6; Lv. 16:19; Dt. 4:20; Is. 48:4
Por uma parte, o reino será forte e, por outra, será frágil (Dn. 2:42)	Estado e igreja não conseguem formar uma união ou "casamento" com estabilidade, são imiscíveis. Em diferentes momentos na história, Roma papal se une com o Estado, o planejamento é realizado em especial pelo poder religioso, o Estado executa as ordens.	Dn. 2:41-44; Jr. 18:6; Ap. 13
Prata (Dn. 2:32)	Média e Pérsia.	Dn. 2: 39; 8:20
Reino (Dn. 2:44)	Reino eterno do Messias.	Mt. 3:2; 26:29; Lc. 10:9; Jo. 18:36
Terrível (Dn. 2:31)	a) Alusão ao poder de destruição dessas nações prefigurada pelos diferentes metais; b) forma perversa dos diferentes crimes que essas nações cometeriam contra o povo do Eterno.	Dn. 7:7,19; 11:31; Is. 18:2; Jz. 10:9; 15:8; I Sm. 4:17; história
Ventre e os quadris de bronze (Dn. 2:32)	Reino da Grécia.	Dn. 2:39; 8:21; história

DANIEL 3

Símbolo	Significado	Referência
Filho dos deuses (Dn. 3:25)	Salvador, Messias.	Mt. 8:29; 14:33; Lc. 1:35
Fornalha (Dn. 3:6,11,15,17, 19, 20-23, 26)	Local destinado à produção de objetos que utilizam o barro ou argila como matéria-prima.	Dn. 3:6,11; história, arqueologia

Imagem de ouro (Dn. 3:1)	a) Representação de Babilônia, rei Nabucodonosor e dos deuses do Império Babilônico; b) símbolo de adoração pagã; c) religião unificada e universal; d) nestes últimos dias, outro decreto mundial de adoração surgirá, ver apocalipse 13.	Dn. 2:31-33, 35-38; 3:6,7, 10,14,17,18; Êx. 20:3-5; Ap. 13:1-18
Seis de largura (Dn. 3:1)	a) Cada côvado equivale a cerca de 50 cm, por isso a largura da imagem era aproximadamente de 3 m; b) forte influência de adoração, seis também foram os instrumentos musicais e seiscentos representa o panteão de deuses da Babilônia; c) essa largura reflete o sistema numérico sexagesimal de Babilônia.	Dn. 3:1,5; Ap. 13: 18; história
Sessenta côvados (Dn. 3:1)	a) Cada côvado equivale a cerca de 50 cm, por isso a altura da imagem era aproximadamente de 30 m; b) conceito de unidade; c) representação numérica do principal deus de Babilônia, Marduk; d) essa altura reflete o sistema numérico sexagesimal de Babilônia.	Dn. 3:1; Ap. 13:14,15,18; história

DANIEL 4

Símbolo	Significado	Referência
Árvore (Dn. 4:10)	Rei Nabucodonosor.	Dn. 4:22
Atada com cadeias de ferro e de bronze (Dn. 4:15)	Reino de Nabucodonosor será devolvido a ele, quando ele reconhecer que o céu é que domina.	Dn. 4:26
Cadeias de ferro e bronze (Dn. 4:15)	Momentos difíceis, duros, vergonhosos que o rei viveria, em consequência do pecado.	Lv. 26:19; Dt. 28:48; Is. 48:4; Jr. 6:28
Cepa, com as raízes, deixai na terra, atada com cadeias de ferro e de bronze (Dn. 4:15)	Reino de Nabucodonosor será devolvido a ele, quando ele reconhecer que o céu é que domina.	Dn. 4:26

DICIONÁRIO DANIEL E APOCALIPSE

Presos com ferro e bronze (Dn. 4:15)	Reino de Nabucodonosor será devolvido a ele, quando reconhecer que o céu é que domina.	Dn. 4:26
Sete tempos (Dn. 4:16,23)	Sete anos.	Dn. 4:16, 23; 7:25; 11:13
Tempos (Dn. 4:16)	Anos.	Dn. 4:16, 23; 7:25; 11:13
Toco e as suas raízes, presos com ferro e bronze (Dn. 4:15)	Reino de Nabucodonosor será devolvido a ele, quando reconhecer que o céu é que domina.	Dn. 4:26

DANIEL 5

Símbolo	Significado	Referência
Mene (Dn. 5:25)	Contou o Todo-Poderoso o teu reino e deu cabo dele.	Dn. 5:26
Parsim (Dn. 5:25)	Dividido foi o teu reino e dado aos medos e aos persas.	Dn. 5:28
Tequel (Dn. 5:25)	Pesado foste na balança e achado em falta.	Dn. 5:27

DANIEL 7

Símbolo	Significado	Referências
Abaterá a três (Dn. 7:24)	O sistema papal foi o principal responsável pela destruição dos hérulos, ostrogodos e lombardos.	Dn. 7:8,20; 8:9-12; história
Águia (Dn. 7:4)	Velocidade.	Dt. 28:49; Hc. 1:8; Jó 9:25, 26
Ancião (Dn. 7:9)	Criador do Universo.	Dn. 4:34; 7:13
Animais (Dn. 7:3)	a) Reinos; b) reis.	Dn. 7;16, 17,23

Animal (Dn. 7:7)	a) Roma; b) império romano.	Dn. 7:23; história
Animal foi morto (Dn. 7:11)	a) Queda do poder império-religioso, liderado pelo sistema papal; b) declínio do sistema papal.	Ap. 18:2, 18-21; 19:20; Dn. 7:26
Asas (Dn. 7:4)	a) Rapidez; b) velocidade.	Hc. 1: 6-9
Asas (Dn. 7:6)	a) Grande rapidez; b) enorme velocidade.	Hc. 1:6-9
Asas foram arrancadas (Dn. 7:4)	Babilônia prefigurada por Nabucodonosor, estacionou em seu crescimento, pois o rei foi atingido por uma doença, licantropia.	Dn. 4:20-37; 7:17
Assentou (Dn. 7:9)	Indica início do julgamento.	Lc. 22:30; Dn. 7:10; 12:1; Mt. 19:28; Ap. 20:4
Assentou-se o tribunal (Dn. 7:10)	Indica início do julgamento.	Lc. 22:30; Dn. 7:10; 12:1; Mt. 19:28; Ap. 20:4
Boca que falava com arrogância (Dn. 7:20)	a) Comunicação orgulhosa do sistema papal; b) palavras arrogantes contra o Salvador; c) usurpação das qualidades do Messias.	Dn. 7:8,24,25; 8:10-12,23; II Ts. 2:3-9; Sl. 36:11; 75:5; Mq. 6:12; história
Boca que falava com insolência (Dn. 7:20)	Comunicação orgulhosa, com arrogância do sistema papal; b) palavras arrogantes contra o Salvador; c) usurpação das qualidades do Messias.	Dn. 7:8,24,25; 8:10-12,23; II Ts. 2:3-9; Sl. 36:11; 75:5; Mq. 6:12; história
Branca (Dn. 7:9)	a) Justiça; b) pureza.	Ap. 7:9; 19:8; Sl. 51:7; Is. 16:19
Cabeças (Dn. 7:6)	a) Quatros reinos: Macedônia, Pérgamo, Egito e Síria; b) dirigentes e governantes.	Dn. 8:8,21,22; 11:4; história
Cabelo era branco como a lã (Dn. 7:9)	a) Experiência; b) vivência; c) longevidade.	Gn. 44:29, 31; Lv. 19:32; I Sm. 12:2; Jó 15:10; Sl. 71:18; Pv. 20:29

DICIONÁRIO DANIEL E APOCALIPSE

Cabelos da cabeça como a pura lã (Dn. 7:9)	a) Experiência; b) vivência; c) longevidade.	Gn. 44:29, 31; Lv. 19:32; I Sm. 12:2; Jó 15:10; Sl. 71:18; Pv. 20:29
Chifre (Dn. 7:8)	a) Reino; b) rei; c) sistema papal. Início da supremacia dos papas foi no ano 538 d.C.	Dn. 7:8,24,25; 8:10-12,20, 22; II Ts. 2:3-9; Dt. 33:17; I Rs. 22:11; II Cr. 18:10; Sl. 22:21; Mq. 4:13; Zc. 1:19,21; Ap. 13:1-10; história
Chifres (Dn. 7:7)	a) Reinos; b) reis; c) dez tribos que integravam o império romano, originando nações europeias: Anglos (Inglaterra), Francos (França), Visigodos (norte da Espanha), Suevos (Portugal), Vândalos (sul da Espanha), Germanos (Alemanha), Burgundos (Suíça), Ostrogodos (Áustria), Lombardos (norte da Itália), Hérulos (sul da Itália). Foram responsáveis por minar o império romano; d) força destrutiva; e) poder.	Dn. 7:24; 8:20, 22; Dt. 33:17; IRs. 22:11; II Cr. 18:10; Sl. 22:21; Mq. 4:13; Zc. 1:19,21; história
Chifres foram arrancados (Dn. 7:8)	a) Reinos; b) reis; c) três nações da Europa que foram extintas (Lombardos, Hérulos e Ostrogodos) pela influência do sistema papal no século V e VI d.C.	Dn. 7:24; 8:20, 22; Dt. 33:17; IRs. 22:11; II Cr. 18:10; Sl. 22:21; Mq. 4:13; Zc. 1:19,21; Ap. 13:1-10; história
Coma quanta carne puder (Dn. 7:5)	a) Domínio da Pérsia sobre outras nações; b) destruição dos seus inimigos.	Dn. 8:4; Is. 1:20; Jr. 30:16; Lm. 2:2; Zc. 12:6; história
Dentes de ferro (Dn. 7:7)	a) Força; b) crueldade sobre seus inimigos.	Sl. 58:6; Pv. 30:14; Jr. 15:12
Devora muita carne (Dn. 7:5)	a) Domínio da Pérsia sobre outras nações; b) destruição dos seus inimigos.	Dn. 8:4; Is. 1:20; Jr. 30:16; Lm. 2:2; Zc 12:6

Dez chifres (Dn. 7:7)	a) Reinos; b) reis; c) dez tribos que integravam o império romano, originando nações europeias: Anglos (Inglaterra), Francos (França), Visigodos (norte da Espanha), Suevos (Portugal), Vândalos (sul da Espanha), Germanos (Alemanha), Burgundos (Suíça), Ostrogodos (Áustria), Lombardos (norte da Itália), Hérulos (sul da Itália). Foram responsáveis por minar o império romano; d) força destrutiva; e) poder.	Dn. 7:24; 8:20,22; Dt. 33:17; IRs. 22:11; II Cr. 18:10; Sl. 22:21; Mq. 4:13; Zc. 1:19, 21; história
Filho do homem (Dn. 7:13,14)	Messias.	Mt. 20:28; Is. 7:14; 9:6; Lc. 1:31; Ap. 14:13
Garras de bronze (Dn. 7:19)	Domínio sobre outra nação. Roma absorveu práticas violentas e terríveis da Grécia, as quais utilizou sobre seus inimigos.	Dn. 8:21; Dt. 7:8; II Sm. 22:1; II Cr. 32:22; Jr. 34:3
Grande mar (Dn. 7:2)	Mar Mediterrâneo.	Nm. 34:6,7; Js.1:4; Ez. 47:10,15,19,20
Leão (Dn. 7:4)	Babilônia.	Dn. 2:37,38; 7:17; Jr. 4:7; 27:22; 29:10
Leopardo (Dn. 7:5)	Grécia.	Dn. 2:39; 7:4-7,17
Livros (Dn. 7:10)	a) No céu existem livros que registram os atos cometidos aqui na terra, outros nomeiam os nomes do salvos; b) livros no sentido de que são registradas ações realizadas aqui na terra, tal linguagem se torna acessível para a compreensão humana.	Dn. 7:10; Sl. 69:28; 139:116; Ap. 3:5; 13:8; 17:8; 20:12,15; 21:27
Mar (Dn. 7:2)	Mar Mediterrâneo.	Nm. 34:6,7; Js. 1:4; Ez. 47:10,15,19,20
Milhões de milhões (Dn.7:10)	Quantitativo expressivo de anjos.	Hb. 12:22; Ap. 5:11; Jd. 14
Mudar os tempos e as leis (Dn. 7:25)	O sistema papal alterou o calendário, datas religiosas, como a Páscoa, e adulterou alguns mandamentos, exemplos: adoração de imagens e mudança no catecismo da obediência do sábado para o domingo.	Dn.7:25; história

DICIONÁRIO DANIEL E APOCALIPSE

Termo	Significado	Referências
Olhos como os de homem (Dn. 7:8)	a) Alusão a visão pecaminosa; b) olhos para praticar a injustiça.	Dn. 7:8; Jó 4:17; 15:14; Pv. 21:29
Outro pequeno (Dn. 7:8)	a) Papado; b) sistema papal, início de sua supremacia foi no ano 538 d.C.	Dn.7:8,24,25; 8:10-12,23; II Ts. 2:3-9; Ap. 13:1-10; história
Pequeno (Dn. 7:8)	a) Reino; b) rei; c) sistema papal. Início de sua supremacia foi no ano 538 d.C.	Dn. 2:41-43; 7:8,24,25; 8:10-12, 20-23; II Ts. 2:3-9; Dt. 33:17; I Rs. 22:11; II Cr. 18:10; Sl. 22:21; Mq. 4:13; Zc. 1:19,21; Ap. 13:1-10; história
Quatro animais (Dn. 7:3)	a) Reinos; b) reis.	Dn. 7;16,17,23
Quarto animal (Dn. 7:7)	Império romano.	Dn. 7:23; 2:33; história
Quatro asas (Dn. 7:6)	a) Grande rapidez; b) enorme velocidade.	Hc. 1:6-9
Quatro cabeças (Dn. 7:6)	a) Quatros reinos: Macedônia, Pérgamo, Egito e Síria; b) dirigentes e governantes.	Dn. 8:8,21,22; 11:4; história
Quatro ventos do céu agitavam o mar Grande (Dn. 7:2)	a) Quatros direções distintas; b) quatro pontos cardeais; c) conflitos existentes nessa região, os impérios mundiais que dominaram o mundo surgem ao redor dessa localidade, mar Mediterrâneo.	Dn. 8:8; 11:4-6; Os. 13:15; Jr. 49:36; Zc. 2:6
Rio de fogo (Dn. 7:10)	Alusão ao fogo consumidor, aniquilador que causará total destruição dos ímpios.	Hb. 10:27; Ml. 4:1; Dt.9:3; Ap.19:20; 20:10,12,14; 21:8; Ez. 18:20; II Pd. 3:7
Rodas do trono estavam em chamas (Dn. 7:9)	Destruição completa dos ímpios.	Ml. 4:1; Hb. 10:27; Dt. 9:3

Rodas eram fogo ardente (Dn. 7:9)	Destruição completa dos ímpios.	Ml. 4:1; Hb. 10:27; II Pd. 3:7; Dt. 9:3
Três costelas (Dn. 7:5)	Três principais conquista da Medo — Pérsia: Lídia, Babilônia e Egito.	Dn. 8:4; história
Três dos primeiros chifres (Dn. 7:8)	a) Reinos; b) reis; c) três nações da Europa que foram extintas (Lombardos, Hérulos e Ostrogodos) pela influência do sistema papal no século V e VI d.C.	Dn. 7:24; 8:20,22; Dt. 33:17; IRs. 22:11; II Cr. 18:10; Sl. 22:21; Mq. 4:13; Zc. 1:19,21; Ap. 13:1-10; história
Trono era envolto em fogo Dn. 7:9)	Vingança contra os ímpios.	II Ts. 1:8; Jó 15:20,30; Ap. 20:12
Um dos seus lados (Dn. 7:5)	a) Ascensão da Pérsia sobre a Média; b) Pérsia embora mais jovem, exerceu maior domínio no bloco Medo-Persa.	Dn. 8:3, 40; história
Urso (Dn. 7:5)	Média e Pérsia.	Dn. 2:39; 7:17
Veste era branca como a neve (Dn.7:9)	a) Justiça; b) pureza; c) santidade.	Ap. 7:9; 19:8; Sl. 51:7; Is. 1:18; 16:19

DANIEL 8

Símbolo	Significado	Referência
Alguns do exército e das estrelas lançou por terra e os pisou (Dn. 8:10)	a) O sistema papal dizimou os "cristãos" remanescentes na Idade Média. Esse poder causou grande matança, mais de cem milhões de "cristãos" foram eliminados de forma cruel; b) alguns estudiosos afirmam que este versículo se aplica também a matanças exercidas pelo império romano.	Dn. 7:21,23,25; 8:10-13; Jo. 16:2; II Ts. 2:3-10; Gn. 15:5; 22:17; 37:9; Dt. 1:10; 10:22; 28:62; história
Atirou na terra parte do exército das estrelas e as pisoteou (Dn. 8:10)	a) O sistema papal dizimou os "cristãos" remanescentes na Idade Média. Esse poder causou grande matança, mais de cem milhões de "cristãos" foram eliminados de forma cruel; b) alguns estudiosos afirmam que este versículo se aplica também a matança executada pelo império romano.	Dn. 7:21,23,25; 8:10-13; Jo. 16:2; II Ts. 2:3-10; Gn. 15:5; 22:17; 37:9; Dt. 1:10; 10:22; 28:62; Jo. 16:2

DICIONÁRIO DANIEL E APOCALIPSE

Bode (Dn. 8:5)	Grécia.	Dn. 8:21; história
Carneiro (Dn. 8:3)	Média e Pérsia.	Dn. 8:20
Chifre enorme (Dn. 8:5)	a) Reino; b) rei; c) Alexandre, o Grande (imperador da Grécia); d) força destrutiva; e) poder.	Dn. 8:21; Dt. 33:17; IRs. 22:11; II Cr. 18:10; Sl. 22:21; Mq. 4:13; Zc. 1:19,21; história
Chifre notável (Dn. 8:5)	a) Reino; b) rei; c) Alexandre, o Grande; d) força destrutiva; e) poder.	Dn. 8:21; Dt. 33:17; IRs. 22:11; II Cr. 18:10; Sl. 22:21; Mq. 4:13; Zc. 1:19,21; história
Chifre pequeno (Dn. 8:9)	a) Reino; b) rei; c) sistema papal; d) alguns pesquisadores afirmam que este versículo se aplica também ao império romano; e) poder.	Dn. 2:44; 7:8, 24, 25; 8:10-12, 23; 11:14-25; Dt. 33:17; IRs. 22:11; II Cr. 18:10; Sl. 22:21; Mq. 4:13; Zc. 1:19,21; História
Cresceu até atingir o exército dos céus (Dn. 8:10)	a) O sistema papal dizimou os "cristãos" remanescentes na Idade Média. Esse poder causou grande matança, mais de cem milhões destes fiéis foram eliminados de forma cruel; b) alguns estudiosos afirmam que este versículo se aplica também a matança executada pelo império romano.	Dn. 7:21,23,25; 8:10-13; Jo. 16:2; II Ts. 2:3-10; Gn. 15:5; 22:17; 37:9; Dt. 1:10; 10:22; 28:62; história
Dois chifres eram altos, mas um mais alto do que o outro; e o mais alto subiu por último (Dn. 8:3)	a) Dois reinos, Média e Pérsia, que se unificaram para conquistar o mundo. A nação mais nova e menor (Pérsia) consegue maior apogeu e poder antes de conquistar Babilônia, por isso exerceu o maior controle e liderança ao dominar o mundo; b) força destrutiva; c) poder; d) consumição dos inimigos.	Dn. 1:21; 5:28; 7:24; 8:2-7; 11:2; Dt. 33:17; IRs. 22:11; II Cr. 18:10; Sl. 22:21; Mq. 4:13; Zc. 1:19,21; história
Dois chifres eram compridos, um mais que o outro, mas o mais comprido cresceu depois do outro (Dn. 8:3)	a) Dois reinos, Média e Pérsia, que se unificaram para conquistar o mundo. A nação mais nova e menor (Pérsia) consegue maior apogeu e poder antes de conquistar Babilônia, por isso exerceu o maior controle e liderança ao dominar o mundo; b) força destrutiva; c) poder; d) consumição dos inimigos.	Dn. 1:21; 5:28; 7:24; 8:2-7; 11:2; Dt. 33:17; IRs. 22:11; II Cr. 18:10; Sl. 22:21; Mq. 4:13; Zc. 1:19, 21; história

PEDRO DE OLIVEIRA SILVA

Duas mil e trezentas tardes e manhãs (Dn. 8:14)	Dois mil e trezentos anos. A expressão "tarde e manhã" equivale a um dia. Esse período inicia-se no ano 457 a.C. com o decreto de Artaxerxes I de restaurar e edificar Jerusalém e termina no ano 1844 d.C.	Ap. 11:2; 13:5; Gn. 1:5,8, 13, 19, 23, 31; Ne. 1:1-9; Ed. 4:7-23; 7; Dn. 9:25-27; Ez. 4:6,7; Nm. 14:34
Estrelas (Dn. 8:10)	Povo do Criador.	Gn.15:5; 22:17; 37:9; Dt. 1:10; 10:22; 28:62; Hb. 11:12
Exército e das estrelas lançou por terra e os pisou (Dn. 8:10)	a) O sistema papal dizimou os "cristãos" remanescentes na Idade Média. Esse poder causou grande matança, mais de cem milhões destes fiéis foram eliminados de forma cruel; b) alguns estudiosos afirmam que este versículo se aplica também a matança executada pelo império romano.	Dn. 7:21,23,25; 8:10-13; Jo. 16:2; II Ts. 2:3-10; Gn. 15:5; 22:17; 37:9; Dt. 1:10; 10:22; 28:62; história
Grande chifre (Dn. 8:8)	a) Reino; b) rei; c) Alexandre, o Grande; d) força destrutiva; e) poder.	Dn. 8:21; Dt. 33:17; IRs. 22:11; II Cr. 18:10; Sl. 22:21; Mq. 4:13; Zc. 1:19, 21; história
Marradas para o Ocidente, e para o norte, e para o sul (Dn. 8:4)	Império oriental Medo-Persa conquistou territórios do Ocidente, norte e sul.	Dn. 1:21; 2:39; 7:5; 8:3, 4; 11:1,2; história
Principe do exército (Dn. 8:11)	Messias, Salvador do mundo.	Dn. 8:11,25; 9:25; 10:21; 11:22; 12:1; Is. 9:6; At. 3:15; 5:31; Hb. 2:10; Ap. 1:5
Príncipe dos príncipes (Dn. 8:25)	Messias, Salvador do mundo.	Dn. 8:11, 25; 9:25 10:21; 11:22; 12:1; Is. 9:6; At. 3:15; 5:31; Hb. 2:10; Ap.1:5
Quatro chifres notáveis (Dn. 8:8)	a) Quatro reinos; b) quatro reis; c) império da Grécia foi dividido em quatros reinos após a morte de Alexandre: Macedônia, Pérgamo, Egito e Síria; d) foram quatro generais sucessores de Alexandre: Cassandro, Lisímaco, Ptolomeu e Seleuco; e) poder.	Dn. 7:6; 8:8,21,22; 11:4; Dt. 33:17; IRs. 22:11; II Cr. 18:10; Sl. 22:21; Mq. 4:13; Zc. 1:19,21; história

DICIONÁRIO DANIEL E APOCALIPSE

Símbolo	Significado	Referência
Quatro ventos da terra (Dn. 8:8)	a) Quatros direções distintas; b) quatro pontos cardeais.	Dn. 7:2; 8:8; 11:4-6; Os. 13:15; Jr. 49:36; Zc.2:6
Quatro ventos do céu (Dn. 8:8)	a) Quatros direções distintas; b) quatro pontos cardeais.	Dn. 7:2; 8:8; 11:4-6; Os. 13:15; Jr. 49:36; Zc. 2:6
Quebrou os dois chifres (Dn. 8:7)	Grécia sob o comando de Alexandre, o Grande, derrota o império Medo-Persa.	Dn. 8:1-7; 21; 10:20; Dt. 33:17; I Rs. 22:11; II Cr. 18:10; Sl. 22:21; Mq. 4:13; Zc. 1:19, 21; história
Sacrifício diário e o lugar do seu santuário foi deitado abaixo (Dn. 8:11)	O sistema papal usurpou a função sacerdotal do Messias. Dessa forma, o sistema papal perdoava pecados, como também condenava pessoas ao inferno. Instituiu heresias eclesiásticas, indulgências.	Dn. 8:11; 10:21; 11:22; 12:1; At. 3:15, 5:31; Ap. 1:5; história
Santo (Dn. 8:13)	Anjo.	Dn. 8:13-19; At. 10:22
Santuário será purificado (Dn. 8:14)	a) Dia de juízo, ano 1844; b) período que iniciou o "juízo investigativo". Nesse ano o Messias exerce uma função típica do sumo sacerdote. Em Israel essa purificação ocorria no décimo dia do sétimo mês. A purificação deste versículo se refere provavelmente aos registros dos pecados que são conduzidos para o santuário celestial.	Êx. 15:17; 25:8, 9; Lv. 16: 16,19,29,30,34; Hb. 8:1-6; 9:11-14, 23-26; Ap. 11:19; 14:6,7,17; 20:12; Sl. 139:16
Sem tocar no chão (Dn. 8:5)	Velocidade. Alexandre, o Grande, dominou a Grécia e conquistou o mundo, em pouco tempo.	Dn. 2:39; 7:6; 8:5-8, 21; 10:20; 11:3,4; história

DANIEL 9

Símbolo	Significado	Referência
Aliança com muitos (Dn. 9:27)	a) Aliança do Messias com Israel; b) exclusividade dessa nação como povo especial, portador das boas notícias. No ano 34 d.C., com a morte de Estevão, houve a conversão dos gentios, sem necessariamente se tornarem judeus ou praticarem a circuncisão.	At. 1-7; 8:1; 10-11; 13-15; Hb. 10:1

PEDRO DE OLIVEIRA SILVA

Assolador (Dn. 9:27)	Sistema papal que causou grande assolação sobre o povo do Criador, além de perverter, adulterar as escrituras, usurpando a função sacerdotal do Messias.	II Ts. 2:1,2; Jo. 16:2; Dn. 2:41-44; 7:24-26; 8:9-12, 23-25; 9:27; 11:21-24,27, 30-39; Ap. 13:1-7; história
Cessar o sacrifício e a oferta de manjares (Dn. 9:27)	Morte do Messias, seu sacrifício tornou obsoletos os sacrifícios que apontavam para si próprio.	Mt. 27:51; Hb. 10:1
Governante (Dn. 9:26)	General do exército romano: Tito, que liderou a destruição de Jerusalém no ano 70 d.C.	Dn. 9: 26; Mt. 24:15; Lc. 21:5, 6,20; história
Metade da semana (Dn. 9:27)	Depois de três anos e meio do início de seu ministério público, o Messias morre na cruz. Seu ministério começou no ano 27 d.C. aos trinta anos.	Ne. 1:1-9; Ed. 4:7-23; 7; Dn. 8:14; 9:24-27; Ez. 4:6,7; Nm. 14:34; Lc. 3:1,21, 23; 23:46
Morto o Ungido (Dn. 9:25,26)	Morte do Messias.	Dn. 9:25-27; Nm. 35:25; I Sm. 2:10; Sl. 92:10; Mt. 3:16, 27:50; Lc. 4:18; 23:33; At. 4:26
Povo (Dn. 9:26)	Exército romano.	Mt. 24:2,15; Lc. 21:5,6,20; história
Príncipe (Dn. 9:25)	Messias, Salvador do mundo.	Dn. 8:11, 25; 9:25 10:21; 11:22; 12:1; Is. 9:6; Ez. 46, 47; At. 3:15; 5:31; Hb. 2:10; Ap. 1:5
Príncipe (Dn. 9:26)	General do exército romano: Tito, que liderou a destruição de Jerusalém no ano 70 d.C.	Dn. 9:26; Mt. 24:15; Lc. 21:5,6,20; história
Sacrilégio terrível (Dn. 9:27)	Sistema papal que causou grande assolação sobre o povo do Criador, além de perverter, adulterar as escrituras, usurpando a função sacerdotal do Messias.	II Ts. 2:1,2; Dn. 7:24-26; 8:9-12, 23-25; 9:27; 11:21-24,27,30-39; Jo. 16:2; Ap. 13:1-7; história

DICIONÁRIO DANIEL E APOCALIPSE

Símbolo	Significado	Referência
Sessenta e duas semanas (Dn. 9:25)	Quatrocentos e trinta quatro anos. 62 (semanas) x 7 (dias) = 434. Cada dia equivale a um ano. Inicia-se no ano 457 a.c. com o decreto de Artaxerxes I de restaurar e edificar Jerusalém e termina no ano 27 d.C. com o batismo do Messias.	Ne. 1:1-9; Ed. 4:7-23; 7; Dn. 8:14; 9:24-27; Ez. 4:6,7; Nm. 14:34; Lc. 3:1, 21; história
Sete semanas (Dn. 9:25)	a) Quarenta e nove anos; b) sete semanas multiplicado por sete dias é igual a quarenta e nove. Cada dia equivale a um ano. Iniciou-se no ano 457 a.c. com o decreto de Artaxerxes I de restaurar e edificar Jerusalém e terminou no ano 408 a.c. Esse período foi o intervalo em que a cidade e o templo foram totalmente, ou na sua maior parte, edificados e restaurados.	Ne.1: 1-9; Ed. 4:7-23; 7; Dn. 8:14; 9:24-27; Ez. 4:6,7; Nm. 14:34; Jo. 2:20; história
Setenta semanas (Dn. 9:24)	a) Quatrocentos e noventa anos; b) 70 (semanas) x 7 (dias)= 490. Cada dia equivale a um ano. Inicia-se no ano 457 a.c. com o decreto de Artaxerxes I de restaurar e edificar Jerusalém e termina no ano 34 d.C. com a morte de Estevão.	Ne. 1:1-9; Ed. 4:7-23; 7; Dn. 8:14; 9:24-27; Ez. 4:6,7; Nm. 14:34; Jo. 1:11; história
Uma semana (Dn. 9:27)	a) Sete anos; b) cada dia equivale a um ano. Inicia-se no ano 27 d.C. com o batismo do Messias e termina no ano 34 d.C. com o apedrejamento de Estevão.	Ne.1:1-9; Ed. 4:7-23; 7; Dn. 8:14; 9:24-27; Ez. 4:6,7; Nm. 14:34; Lc. 3:1,21; At. 7:52, 60; história
Ungido (Dn. 9:25,26)	Messias, o Salvador.	Dn. 9:25-27; Lc. 4:18; 23:33; At. 4:26

DANIEL 10

Símbolo	Significado	Referência
Bronze polido (Dn. 10:6)	a) Destruição completa dos ímpios; b) força; c) resistência; d) dureza.	Ml. 4:1; Hc. 10:27; Dt. 9:3; 28:23; 33:27; Ap. 1:15, 18; Ez. 1:7; II Sm. 22:35; Lv. 26:19; I Rs. 4:13

Cingidos de ouro (Dn. 10:5)	a) Fidelidade; b) justiça; c) verdade.	Is. 11:5; Ef. 6:14
Cinto de ouro (Dn. 10:5)	a) Fidelidade; b) justiça; c) verdade.	Is. 11:5; Ef. 6:14
Corpo era como berilo (Dn. 10:6).	Representação do povo do Criador.	Êx. 28:9; Ef. 5:23
Estrondo de muita gente (Dn. 10:6)	Provavelmente, alusão ao Criador castigando os seus inimigos.	Is. 66:6; Jr. 11:16; 25:31; I Sm. 7:10; II Sm. 5:24
Homem (Dn. 10:5)	Messias.	Dn. 10:5,6; 12:6,7; Ap. 1:13-18
Miguel, o príncipe de vocês (Dn.10:21)	Messias, Salvador do mundo.	Jd. 9; Ap. 12:7; Dn. 8:11, 25; 9:25; 10:13, 21; 11:22; 12:1; Is. 9:6; Ez. 46,47; At. 3:15; 5:31; Hb. 2:10
Miguel, um dos primeiros príncipes (Dn. 10:21)	Messias, Salvador do mundo.	Jd. 9; Ap. 12:7; Dn. 8:11, 25; 9:25 10:13, 21; 11:22; 12:1; Is. 9:6; Ez. 46,47; At. 3:15; 5:31; Hb. 2:10
Olhos como tochas de fogo (Dn. 10:6)	a) Fogo consumidor; b) visão sobre todos os acontecimentos; c) discernimento de todos os atos realizados.	Jó 15:30; Dn. 3:22; 10:6; Jl. 2:5; Ap. 3:1; 4:5; 5:6; Êx. 15:26; Lv. 10:19
Pés brilhavam como o bronze polido (Dn. 10:6)	a) Destruição completa dos ímpios; b) força; c) resistência; d) dureza.	Ml. 4:1; Hc. 10:27; Dt. 9:3; 28:23; 33:27; Ap. 1:15,18; Ez. 1:7; II Sm. 22:35; Lv. 26:19; I Rs. 4:13
Príncipe do reino da Pérsia (Dn. 10:13)	Adversário (Satanás).	Jo. 12:31; 14:30; 16:11; 17:15; Mc. 3:22; Lc. 11:15

DICIONÁRIO DANIEL E APOCALIPSE

Rosto como um relâmpago (Dn. 10:6)	Ato de juízo contra os infiéis e perversos.	Jó 36:32; Sl.144:6; Ez. 21:9-15,28,29; Hc. 3:11; Ap. 11;19; 16:18
Vestido de linho (Dn.10:5)	a) Veste santa; b) santidade; c) justiça; d) pureza.	Lv. 16:32; Ap. 19:8
Voz era como o som de uma multidão (Dn. 10:6)	Provavelmente, alusão ao Criador castigando os seus inimigos.	Is. 66:6; Jr. 11:16; 25:31; I Sm. 7:10; II Sm. 5:24

DANIEL 11

Símbolo	Significado	Referência
Abominação desoladora (Dn. 11:31)	a) Idolatria; b) o sistema papal com a tentativa de substituir o Messias, alegando total poder para perdoar pecados e prerrogativas salvíficas.	Dn. 9:27; Mt. 24:15; II Ts. 2:3,4; Dt. 17:2-4; 27:15; Pv. 11:11; história
Algum tempo (Dn. 11:24)	Por 1.260 anos o sistema papal saqueou, perseguiu os fiéis e dominou o mundo. Período equivale de 538 d.C. a 1798 d.C.	Dn. 4:16,23; 11:13; 7:25; 11:13; Ap. 12:14;13:15; Ez. 4:6,7; Nm. 14:34
Algum tempo (Dn. 11:33)	a) Por 1.260 anos o sistema papal utilizou de barbaridade contra os fiéis, que seguiam os ensinos das escrituras; b) saqueou, perseguiu, prendeu, queimou, utilizou a espada, afogou-os, utilizando também máquinas de torturas letais; c) o período vai de 538 d.C. a 1798 d.C. Foram mais de **150** milhões de cristãos fiéis mortos.	Dn. 4:16,23; 7:25; 11:13; Ap. 12:14;13:15; Ez. 4:6,7; Nm. 14:34; história
Atenderá aos que tiverem desamparado a santa aliança (Dn. 11:30)	Os cristãos que deixaram de seguir os ensinos dos profetas, apóstolos e do Mestre, para seguir as tradições da igreja de Roma foram poupados do massacre.	Dn. 7:25; 11:30; história
Armará as suas tendas (Dn. 11:40)	a) Morada do anti-Messias (anti-Cristo) em Jerusalém; b) alusão à construção de igreja(s) romana(s) em Jerusalém.	Dn. 11:36-40; história

Avançar contra o sul (Dn. 11:29)	Reino do Sul, região do Egito, mas especificamente tentativa de dominar Jerusalém. A sétima e última cruzada promovida pelo sistema papal foi um desastre. O monarca Luiz IX foi preso no Cairo, Egito. Dez anos depois os cristãos foram expulsos da Palestina, até o ano 1917.	Dn. 11:25-29; história
Certo período (Dn. 11:33)	a) Por 1.260 anos o sistema papal utilizou de barbaridade contra os fiéis, que seguiam os ensinos das escrituras; b) saqueou, perseguiu, prendeu, queimou, utilizou a espada, afogou-os, utilizando também máquinas de torturas letais; c) o período vai de 538 d.C. a 1798 d.C. Foram mais de 150 milhões de cristãos fiéis que foram mortos.	Dn. 4:16,23; 7:25; 11:13; Ap. 12:14;13:15; Ez. 4:6,7; Nm. 14:34; história
Certo tempo (Dn. 11:24)	Por 1.260 anos o sistema papal saqueou, perseguiu os fiéis e dominou o mundo. Período vai de 538 d.C. a 1798 d.C.	Dn. 4:16,23; 11:13; 7:25; 11:13; Ap. 12:14;13:15; Ez. 4:6,7; Nm. 14:34
Comandante (Dn. 11:18)	Cassius Longinus.	Dn. 11:18; história
Coração dele (Dn. 11:12)	Rei do Sul (território da Grécia), Ptolomeu IV.	Dn. 11:12; história
Cumprirem a profecia (Dn. 11:14)	Cumprirem as profecias relacionadas, em especial, aos capítulos 2, 7, 8 e 11 de Daniel.	Dn. 11:14; história
Cumprirem a visão (Dn. 11:14)	Cumprirem as profecias relacionadas, em especial, aos capítulos 2, 7, 8 e 11 de Daniel.	Dn. 11:14; história
Dados a violência (Dn. 11:14)	Provavelmente, se refere aos romanos.	Dn. 11:14; história
Decidido irá acontecer (Dn. 11:36)	Destruição total do sistema papal. O próprio Salvador, Messias, o destruirá.	Dn. 2:34,35; Ap. 13:1-3 17:16; 18:2,16,24; 19:19-20
Dele (Dn. 11:12)	Rei do Sul (território da Grécia), Ptolomeu IV.	Dn. 11:12; história
Dele (Dn. 11:20)	Júlio César.	Dn. 11:20; história

DICIONÁRIO DANIEL E APOCALIPSE

Dele (Dn. 11:31) — Roma papal. — Dn. 11:31; II Ts. 2:3,4; história

Desejo das mulheres (Dn. 11:37) — O sistema papal não tem respeito ao desejo das mulheres (igrejas), dos remanescentes, por isso sempre perseguiu esse último grupo. — Et. 7:2-4. Dn. 7:25; Ap. 13:7; 17:16

Despejará sua fúria contra a santa aliança (Dn. 11:30) — A igreja de Roma, liderada pelo sistema papal, inicia uma nova perseguição feroz contra os cristãos remanescentes, período da "Santa Inquisição", instituído pelo Concílio de Verona em 1184 d.C. — Dn.7:25; 11:30; história

Determinado será feito (Dn. 11:36) — Destruição total do sistema papal. O próprio Salvador, Messias, o destruirá. — Dn. 2:34, 35; Ap. 13:1-3 17:16; 18:2,16,24; 19:19-20

Deus das fortalezas (Dn. 11:38) — a) Alusão ao Adversário (Satanás); b) é uma contrafação, pois esse título pertence somente ao Criador dos céus e da terra. — Jr. 16:19; II Sm. 22:2,23; Sl. 18:1; 46:1,11; 68:34; Is. 25:4

Deus dos deuses (Dn. 11:36) — O Soberano, Criador dos céus e da terra. — Dt. 10:17; Js. 22:22; Sl. 136:2; Dn. 2:47

Deus estrangeiro (Dn. 11:39) — Este é um deus que usurpa o lugar do Criador do céu e da terra. Portanto, é o próprio Adversário (Satanás). De forma recorrente, os hebreus adoravam as falsas divindades, representadas por imagens de esculturas ou elementos da natureza. Neste caso, em especial, se refere ao inimigo principal dos que obedecem às escrituras. — Dn. 11:38; Ap. 13:2; Dt. 32:12; Sl. 44:40; 81:9

Deus estranho (Dn. 11:39) — Este é um deus que usurpa o lugar do Criador do céu e da terra. Portanto, é o próprio Adversário (Satanás). De forma recorrente, os hebreus adoravam as falsas divindades, representadas por imagens de esculturas ou elementos da natureza. Neste caso, em especial, se refere ao inimigo principal dos que obedecem às escrituras. — Dn. 11:38; Ap. 13:2; Dt. 32:12; Sl. 44:40; 81:9

Distribuirá a terra (Dn. 11:39)	Provavelmente se refere à partilha dos países da América Latina (e outros países); sendo assim, quem gerenciava essa divisão provavelmente era o sistema papal. Por isso, o ouro explorado se destinava em especial ao sistema papal. Portugal e Espanha eram marionetes nesse sistema. Os missionários da Companhia de Jesus participavam ativamente dessa exploração.	Dn. 11: 39; história
Dois reis (Dn. 11:27)	Rei do Sul (mulçumanos) e rei do Norte (papado).	Dn.11:27; história
Egito (Dn. 11:42)	Provavelmente, alusão ao ceticismo, idolatria.	Êx. 5:2; 7:11; Is. 19:1,3; Jr. 46:25
Ela será entregue (Dn. 11:6)	Provavelmente, Berenice, a divorciada do rei do Norte, foi assassinada por Antioco II.	Dn. 11:6; história
Ele (Dn. 11:17)	Rei do Sul: Ptolomeu XI Auletes.	Dn. 11:17; história
Ele (Dn. 11:18)	Júlio César.	Dn. 11:18; história
Ele (Dn. 11:19)	Júlio César.	Dn. 11:19; história
Ele (Dn. 11:23)	Príncipe da aliança, Messias. O papado fará uma pseudoaliança com o Messias, pois o engano faz parte de sua identidade.	Dn. 11:23; Ap. 9:10,19; Is. 9:15
Este avançará (Dn. 11:9)	No ano 242 a.C. Seleuco II Calinício (rei do Norte) tentou vingar-se e invadiu o Egito. Foi seriamente ferido e voltou para a Antioquia.	Dn. 11:9; história
Eu (Dn. 11:1)	Anjo Gabriel.	Dn. 8:15,16; 9:21; 10:5
Exército (Dn. 11:25)	Exército dos mulçumanos.	Dn.11:25; história
Exército (Dn. 11:26)	Exército dos mulçumanos.	Dn.11:26; história
Exército avassalador (Dn. 11:22)	Povos, nações, multidões que serão destruídos, derrotados pelo poder papal.	Ap. 17:15; Dn.7:25; 11:21,22; Jo. 16:2; história

DICIONÁRIO DANIEL E APOCALIPSE

Filha do rei do Sul (Dn. 11:6)	Berenice, filha de Ptolomeu II.	Dn. 11:6; história
Filha em casamento (Dn. 11:17)	Cleópatra.	Dn. 11:17; história
Forças inundantes (Dn. 11:22)	Povos, nações, multidões que serão destruídos, derrotados pelo poder papal.	Ap. 17:15; Dn. 7:25; 11:21, 22; Jo. 16:2; história
Homem vil (Dn. 11:21)	Sistema papal.	Dn. 7:8,24,25; 8:10-12,23; 11:21; II Ts. 2:3-9; Ap. 13:1-10; história
Homem vil (Dn. 11:28)	Papado, este sistema age com perversidade.	Dn. 7:8, 24,25; 8:10-12,23; 11:21; II Ts. 2:3-9; Ap. 13:1-10; Pv.6:12; 16:27; história
Homens violentos (Dn. 11:14)	Provavelmente se refere aos romanos.	Dn. 11:14; história
Indignará contra a santa aliança (Dn. 11:30)	A igreja de Roma, liderada pelo sistema papal, inicia uma nova perseguição feroz contra os cristãos remanescentes, período da "santa inquisição", instituído pelo Concílio de Verona em 1184 d.C.	Dn. 7:25; 11:30; história
Inundantes (Dn. 11:22)	Povos, nações, multidões que serão destruídos, derrotados pelo poder papal.	Ap. 17:15; Dn. 7:25; 11:21, 22; Jo. 16:2; história
Invadirá de novo o Sul (Dn. 11:29)	Reino do Sul, região do Egito, mas especificamente tentativa de dominar Jerusalém. A sétima e última cruzada promovida pelo sistema papal foi um desastre. O monarca Luiz IX foi preso no Cairo, Egito. Dez anos depois os cristãos foram expulsos da Palestina, até o ano 1917.	Dn. 11:25-29; história
Invasor (Dn. 11:16)	Império romano.	Dn. 11:16; história

Jovem em casamento (Dn. 11:17)	Cleópatra.	Dn. 11:17; história
Levantará (Dn. 11:7)	Ptolomeu III, novo rei do Sul. Ele era irmão de Berenice.	Dn. 11:7; história
Levantar-se-á (Dn. 11:20)	Cesar Augusto.	Dn. 11:20; história
Linhagem dela (Dn. 11:7)	Ptolomeu III, novo rei do Sul. Ele era irmão de Berenice.	Dn. 11:7; história
Melhores tropas (Dn. 11:15)	Israel.	Dn. 11:15; história
Monte santo (Dn. 11:45)	Cidade de Jerusalém.	Dn. 8:9; 9:16; Jl. 3:17; Zc. 8:3; Sl. 48:1,2; 87:3; I Rs. 11:13; II Rs. 23:27; Is. 52:1; Zc. 8:3; Mt. 5:35; Ap. 21:2, 10
Mulheres (Dn. 11:37)	Igrejas.	Os. 2:2-5; 3:1; Ez.23: 2-21; Jr.6:2; II Co. 11:2; Ef. 5:22
Não conservará a força do seu braço (Dn. 11:6)	Quando o rei do Sul, Ptolomeu II, morreu, o rei do Norte, Antioco II, separou de Berenice e retornou para a sua ex-esposa Laodice.	Dn. 11:6; história
Navios de Quitim (Dn. 11:30)	Os mulçumanos alugaram navio de guerra gregos. Quitim significa "do ocidente". Dessa forma, conseguiram expressiva vitória contra os cristão.	Dn. 11:30; história
O invasor (Dn. 11:16)	Império romano.	Dn. 11:16; história
Povo escolhido (Dn. 11:15)	Israel.	Dn. 11:15; história
Príncipe (Dn. 11:18)	Cassius Longinus.	Dn. 11:18; história

DICIONÁRIO DANIEL E APOCALIPSE

Príncipe da aliança (Dn. 11:22)	Refere-se ao Messias, cuja função sacerdotal de mediação foi usurpada pelo sistema papal. Dessa forma, o papa perdoava pecados como condenava pessoas ao inferno, além de instituir heresias eclesiásticas.	Dn. 8:11; 10:21; 12:1; At. 3:15,5:31; Ap. 1:5
Príncipes (Dn. 11:5)	Nicanor, 312-212 a.C., que acabou se tornando "rei do Norte", território da Grécia.	Dn. 11:5; história
Profanar a fortaleza e o templo (Dn. 11:31)	O sistema papal usurpou a função mediadora do Messias.	Dn. 11:31; II Ts. 2:3,4; história
Profanarão o santuário (Dn. 11:31)	O sistema papal usurpou a função sacerdotal, mediadora do Messias.	Dn. 11:31; II Ts. 2:3,4; história
Quarto rei (Dn. 11:2)	Xerxes (Assuero), 486-465 a.C.	Dn. 11:2; história
Quatro ventos dos céus (Dn. 11:4)	Com a morte do de Alexandre, o império da Grécia foi dividido em quatros reinos: Macedônia, Pérgamo, Egito e Síria. Seus dirigentes, governantes eram os generais Cassandro (Ocidente), Lisímaco (norte), Ptolomeu (sul) e Seleuco (leste).	Dn. 7:6; 8:8,21,22; 11:4; história
Quebrado (Dn. 11:4)	Morte de Alexandre, o Grande, com apenas 32 anos, seu falecimento foi no ano 323 a.C.	Dn. 8:8,22; 11:4; Jó: 24:20; história
Rei do Norte (Dn. 11:9)	No ano 242 a.C. Seleuco II Calinício tentou vingar-se e invadiu o Egito. Foi seriamente ferido e voltou para a Antioquia.	Dn. 11:9; história
Rei do Norte (Dn. 11:11)	Antioco III.	Dn. 11:11; história
Rei do Norte (Dn. 11:13)	Antioco III.	Dn. 11:13; história
Rei do Norte (Dn. 11:15)	Provavelmente se refere a Antioco III.	Dn. 11:15; história

Rei do Norte (Dn. 11:28)	Papado, este sistema age com perversidade. Algumas versões das escrituras chamam de homem vil.	Dn. 11:21; Pv. 6:12; 16:27; história
Rei do Norte (Dn.11:40)	Sistema papal. A localização geográfica desse reino é ao norte de Israel.	Dn. 7:8; 11:21-45; história; geografia
Rei do Norte arremeterá contra ele com carros, cavaleiros e com muitos navios (Dn. 11:40)	a) Expansão da igreja de Roma no mundo, após a reforma protestante; b) menção ao papado, que se concentrava em Roma, somente nos últimos anos é que resolveu visitar os países do mundo, com acordos político-religiosos; c) alusão ao retorno do papado depois do golpe de morte, sofrido pela prisão do papa Pio VI no ano 1798; d) sistema papal consegue uma vitória significativa contra o ataque do islamismo.	Dn. 11:36-40; Is. 66:15; Ap. 13:3,12; história
Rei do Norte o atacará com carros e cavaleiros e uma grande frota de navios (Dn. 11:40)	a) Expansão da igreja de Roma no mundo, após a reforma protestante; b) menção ao papado, que se concentrava em Roma, somente nos últimos anos é que resolveu visitar os países do mundo, com acordos político-religiosos; c) alusão ao retorno do papado depois do golpe de morte, sofrido pela prisão do papa Pio VI no ano 1798; d) sistema papal consegue uma vitória significativa contra o ataque do islamismo.	Dn. 11:36-40; Is. 66:15; Ap. 13:3,12; história
Rei do Sul (Dn. 11:5)	Ptolomeu I Soter (323-382 a.C.) foi forte desde o início; os reinos do Sul e do Norte prevaleceram contra os reinos do Leste e Ocidente, territórios da Grécia.	Dn. 11:5; história
Rei do Sul [...] e rei do Norte (Dn. 11:6)	Essa divisão tem como referência a cidade de Jerusalém, o reino do Norte estava localizado acima e o do Sul abaixo, na região do Egito. Esses dois reinos faziam parte do território da Grécia.	Dn. 11:4-8; história
Rei do Sul (Dn. 11:11)	Ptolomeu IV.	Dn. 11:11; história
Rei do Sul (Dn. 11:12)	Ptolomeu IV.	Dn. 11:12; história

DICIONÁRIO DANIEL E APOCALIPSE

Rei do Sul (Dn. 11:14)	Egito.	Dn. 11:14; história
Rei do Sul (Dn. 11:17)	Ptolomeu XI Auletes.	Dn. 11:17; história
Rei do Sul (Dn. 11:25)	O rei do Sul são os mulçumanos. Era das cruzadas. Os sultões e califas do Egito controlavam Jerusalém na época das cruzadas. Jerusalém foi tomada no dia 15 de junho de 1099 d.C. Os invasores cristãos causaram grande matança.	Dn. 11:25; história
Rei do Sul (Dn. 11:40)	a) Provavelmente, é o islamismo radical; b) ateísmo francês (Estado).	Dn.11:40; história
Rei do Sul lutará (Dn. 11:40)	a) Ataque global do islamismo radical aos "cristãos", em especial à igreja de Roma; b) alusão à França, que sob o comando de Napoleão Bonaparte lutou contra o papado e o golpeou, dessa forma o papa foi preso e morreu no ano seguinte; c) protestante que fez uma oposição aos ensinamentos da igreja de Roma.	Dn. 11:25-27, 29-31; 11:40; Ap. 13:1-3,14; história
Rei do Sul se envolverá em combate (Dn. 11:40)	Provavelmente se refere a uma futura perseguição, ataque global do islamismo radical aos "cristãos", em especial à igreja de Roma; b) alusão à França, que sob o comando de Napoleão Bonaparte lutou contra o papado e o golpeou, dessa forma o papa foi preso e morreu no ano seguinte; c) finalmente, seria uma referência à reforma protestante, que fez uma oposição aos ensinamentos da igreja de Roma, contra argumentando as vendas de indulgências e salvação por obras.	Dn. 11:25-27,29-31,40; Ap. 13:1-3,14; história
Rei guerreiro (Dn. 11:3)	Alexandre, o Grande.	Dn. 8:21; 10:20; 11:3,4; história
Rei poderoso (Dn. 11:3)	Alexandre, o Grande.	Dn. 8:21; 10:20; 11:3,4; história
Renovo da linhagem dela (Dn. 11:7)	Ptolomeu III, novo rei do Sul. Ele era irmão de Berenice.	Dn. 11:7; história

Repartirá a terra (Dn. 11:39)	Provavelmente se refere à partilha dos países da América Latina (e outros países); sendo assim, quem gerenciava essa divisão era a figura do papa. Por isso, o ouro explorado se destinava em especial ao sistema papal. Portugal e Espanha eram marionetes nesse sistema. Os missionários da Companhia de Jesus participavam ativamente dessa exploração.	Dn. 11: 39; história
Resolverá vir (Dn. 11:18)	Júlio César.	Dn. 11:18; história
Resolverá vir com a força (Dn. 11:17)	Império romano.	Dn. 11:17; história
Rumores (Dn. 11:44)	Forte pregação da eminente volta do Messias, dos sinais proféticos. Proclamação das três mensagens angelicais descritas em Ap. 14, com destaque para a terceira, é um acontecimento poderoso.	Dn. 11:44; Ap. 14:6-12
Sábios (Dn. 11:35)	Remanescentes que guardaram as escrituras no coração, assim evitaram se corromper com as falsas doutrinas na igreja de Roma. De acordo com a luz de conhecimento que tinham, procuraram ser fiéis. Pode-se citar os valdenses, huguenotes, lolardos, hussitas e anabatistas.	Pv. 18:15; Dn. 11:35; 12:10
Sacrilégio terrível (Dn. 11:31)	a) Idolatria; b) o papa como a tentativa de substituir o Messias, alegando total poder para perdoar pecados e prerrogativas salvíficas.	Dn. 9:27; Mt. 24:15; II Ts. 2:3,4; Dt. 17:2-4; 27:15; Pv. 11:11; história
Santa aliança (Dn. 11:28)	É um texto literal, por isso ver as referências.	Dn. 11:28 e 30; Hb. 8:6; 10; 9:15; 10:16; 12:24; Ap. 11:9; 15:5
Santa aliança (Dn. 11:30)	É um texto literal, por isso ver as referências.	Dn. 11:28,30; Hb. 8:6; 10; 9:15; 10:16; 12:24; Ap. 11:9; 15:5

DICIONÁRIO DANIEL E APOCALIPSE

Santo monte (Dn. 11:45)	Cidade de Jerusalém.	Dn. 8:9; 9:16; Jl. 3:17; Zc. 8:3; Sl. 48:1, 2; 87:3; I Rs. 11:13; II Rs. 23:27; Is. 52:1; Zc. 8:3; Mt. 5:35; Ap. 21:2, 10
Se exasperará (Dn. 11:11)	Rei do Sul, Ptolomeu IV.	Dn. 11:11; história
Sentarão à mesma mesa (Dn. 11:27)	Foram realizados acordos de paz entre o rei do Sul, mulçumanos, e o rei do Norte, papado, porém foram quebrados.	Dn.11:27; história
Seus filhos (Dn. 11:10)	Os dois filhos de Seleuco II (rei do Norte): Seleuco III e Antioco III, o Grande.	Dn. 11:10; história
Ser desprezível (Dn. 11:21)	Sistema papal.	Dn. 7:8,24,25; 8:10-12,23; 11:21; II Ts. 2:3-9; Ap. 13:1-10; história
Suas forças (Dn. 11:31)	Forças do poderio de Roma papal.	Dn. 11:31; história
Sucessor (Dn. 11:20)	César Augusto.	Dn. 11:19; história
Sul (Dn. 11:29)	Reino do Sul, região do Egito, mas especificamente tentativa de dominar Jerusalém. A sétima e última cruzada promovida pelo sistema papal foi um desastre. O monarca Luiz IX foi preso no Cairo, Egito. Dez anos depois os cristãos foram expulsos da Palestina, até o ano 1917.	Dn. 11:25-29; história
Tempo - parte final do versículo (Dn. 11:24)	Por 1.260 anos o sistema papal saqueou, perseguiu os fiéis e dominou o mundo. Período equivale de 538 d.C. a 1798 d.C.	Dn. 4:16,23; 7:25; 11:13; Ap. 12:14;13:15; Ez. 4:6,7; Nm. 14:34
Tempo determinado (Dn. 11:29)	Tentativa do sistema papal de dominar Jerusalém. A sétima e última cruzada promovida foi um desastre. O monarca Luiz IX foi preso no Cairo, Egito. Dez anos depois os cristãos foram expulsos da Palestina, até o ano 1917.	Dn. 11:25-29; história

Tempo do fim (Dn. 11:40)	Este período inicia-se no século XVIII, provavelmente no ano 1798. Seu término é com o retorno do Messias.	Dn. 8:17; 11:4,9,40; 12:4, 9; história
Terra magnífica (Dn. 11:16)	Israel.	Dn. 8:9; 9:16; Sl. 87:3; I Rs. 11:13; II Rs. 23:27 Is. 52:1; Mt. 5:35; Ap. 21:2,10
Terra mais gloriosa (Dn. 11:20)	Israel.	Dn. 11:20; história
Terra gloriosa (Dn. 11:16)	Israel.	Dn. 8:9; 9:16; Sl. 87:3; I Rs. 11:13; II Rs. 23:27 Is. 52:1; Mt. 5:35; Ap. 21:2,10
Terra gloriosa (Dn.11:41)	Jerusalém.	Dn. 8:9; 9:16; Sl. 87:3; I Rs. 11:13; II Rs. 23:27 Is. 52:1; Mt. 5:35; Ap. 21:2,10
Tratará com bondade aqueles que abandonarem a santa aliança (Dn. 11:30)	Os cristãos que deixaram de seguir os ensinos dos profetas, apóstolos e do Mestre, para seguir as tradições da igreja de Roma foram poupados do massacre.	Dn. 11:30; história
Três reis (Dn. 11:2)	Cambises, 530 a 522 a.C.; Ésmerdis, 522 a.C.; Dario I, 522 a 486 a.C.	Dn. 11:2; história
Tropeçará (Dn. 11:19)	Imperador Júlio César foi assassinado em 44 a.C.	Dn. 11:19; história
Um (Dn. 11:20)	César Augusto, fundador do império romano.	Dn. 11:20; história
Um de seus príncipes (Dn. 11:5)	Nicanor, 312-212 a.C., que acabou se tornando "rei do Norte", território da Grécia.	Dn. 11:5; história
Um se levantará (Dn. 11:7)	Ptolomeu III, novo rei do Sul. Ele era irmão de Berenice.	Dn. 11:7; história

DICIONÁRIO DANIEL E APOCALIPSE

Um ser desprezível (Dn. 11:21)	Sistema papal.	Dn. 7:8, 24, 25; 8:10-12,23; 11:21; II Ts. 2:3-9; Ap. 13:1-10; história
Uma só mesa (Dn. 11:27)	Foram realizados acordos de paz entre o rei do Sul (mulçumanos) e o rei do Norte (papado), porém foram quebrados.	Dn. 11:27; história
Vier (Dn. 11:16)	Império romano.	Dn. 11:16; história
Virá com o poder (Dn. 11:17)	Império romano.	Dn. 11:17; história
Voltará (Dn. 11:19)	Júlio César.	Dn. 11:19; história
Voltará a atenção para as regiões costeiras (Dn. 11:18)	Quem fez este trajeto foi o imperador Júlio César.	Dn. 11:18; história
Voltará para as terras do mar (Dn. 11:18)	Quem fez este trajeto foi o imperador Júlio César.	Dn. 11:18; história

DANIEL 12

Símbolo	Significado	Referência
Abominação desoladora (Dn. 12:11)	Imposição do decreto dominical, todos serão obrigados a reverenciar este dia, em detrimento do real dia de santificação, sábado. Este decreto é adotado inicialmente nos Estados Unidos, em seguida outros países oficializam essa ilegalidade.	Dn. 12:11; Ap. 13:11-18; Mt. 24:15
Acabar a destruição do poder do povo santo (Dn. 12:7)	Outra versão relata "e quando tiverem acabado de espalhar o poder do povo santo, todas estas coisas se cumprirão". Ou seja, quando o evangelho puro for disseminado, com o poder do Espírito Santo, ao mundo, os acontecimentos finais e o selamento dos justos ocorrerão.	Ap. 9:4,20,21; 16:9,11; 20:1-15; 22:11; Dn.12:1,7; Gn. 7:16; bíblia israelita com estudo judaicos

Estrela (Dn. 12:3)	Alusão a vida eterna dos remanescentes.	Dn. 12:3; Ap. 8:12; 12:1; 22:16; Nm. 24:17; Gn. 1:13-17; Hb. 6:4; 11:12; Dt. 1:10; 10:22; 28:62
Fulgor do firmamento (Dn. 12:3)	Presença esplendorosa do Espírito Santo.	Dn. 12:3; Hb. 6:4; Sl. 18:12; Ap. 2:5
Homem vestido de linho (Dn. 12:6,7)	Messias.	Dn. 10:5,6; 12:6,7; Ap. 1:13-18.
Linho (Dn. 12:6)	a) Veste santas, santidade; b) justiça; c) pureza.	Lv. 16:32; Ap. 19:8
Livro (Dn. 12:1)	Livro da vida. Neste livro estão registrados os nomes dos salvos.	Êx. 32:33; Dn. 12:1; Sl. 69:28; Ap. 3:5; 13:8; 17:8; 20:15; 21:27; Fl. 4:3; Ml. 3:16
Miguel (Dn. 12:1)	Messias, Salvador do mundo.	Jd. 9; Ap. 12:7; Dn. 8:11,25; 9:25 10:13,21; 11:22; 12:1; Is. 9:6; Ez. 46,47; At. 3:15; 5:31; Hb. 2:10
Mil duzentos e noventa dias (Dn. 12:11)	a) Data passada, contida dentro dos mil duzentos e sessenta anos; b) alguns pesquisadores afirmam que são dias literais, isto é, os mil duzentos e noventa dias terão como data inicial a imposição do decreto dominical, no fim desse período ocorrerá a ressurreição especial, alguns justos e os que traspassaram o Messias na cruz.	Dn. 12:1,2,11; Ap. 1:7; 13:11-18; Mt. 24:15; Jo. 19:37; Sl. 22:16; Zc. 12:10
Mil trezentos e trinta e cinco dias (Dn. 12:12)	a) Data passada, contida dentro dos mil duzentos e sessenta anos; b) alguns pesquisadores afirmam que são dias literais, assim os mil trezentos e trinta e cinco dias terão como data inicial a imposição do decreto dominical, no fim desse período (1335) ocorrerá o anúncio do dia da volta do Messias e o aparecimento da arca da aliança no céu. Nesse tempo, a porta da graça já estará fechada e somente os salvos entenderão o anúncio desta data.	Dn. 12:1,6,7, 10-12; Ap. 10:5-7; 11:19

DICIONÁRIO DANIEL E APOCALIPSE

Poder do povo santo for finalmente quebrado (Dn. 12:7)	Outra versão relata "e quando tiverem acabado de espalhar o poder do povo santo, todas estas coisas se cumprirão". Ou, seja quando o evangelho puro for disseminado com o poder do Espírito Santo ao mundo, os acontecimentos finais e o selamento dos justos ocorrerão.	Ap. 9:4,20,21; 16:9,11; 20:1-15; 22:11; Dn. 12:1,7; Gn. 7:16; bíblia israelita com estudo judaicos
Sacrilégio terrível (Dn. 12:1)	Imposição do decreto dominical, todos serão obrigados a reverenciar este dia, em detrimento do real dia de santificação, sábado. Este decreto é adotado inicialmente nos Estados Unidos, em seguida outros países oficializam essa ilegalidade.	Dn. 12:11; Ap. 13:11-18; Mt. 24:15; história
Sela o livro (Dn. 12:4)	Selagem do livro de Daniel, mais especificamente seus eventos proféticos. A partir do tempo do fim (século XVIII), este livro foi desbravado sistematicamente e suas profecias foram reveladas.	Dn. 12:4,9; história
Selo (Dn. 12:4)	Selagem do livro de Daniel, mais especificamente seus eventos proféticos. A partir do tempo do fim (século XVIII), este livro foi desbravado sistematicamente e suas profecias foram reveladas.	Dn. 12:4,9; história
Tempo de angústia (Dn. 12:1)	a) Fechamento da porta da graça, isto é, não haverá mais salvação na terra; b) provavelmente, é um momento em que os remanescentes serão grandemente angustiados, pois mentalmente a sua reflexão será: estamos salvos ou acariciamos algum pecado antes do fechamento da porta?	Dn. 12:1; Ap. 15:8; 22:11; Jr. 30:7; Mt. 25:10-12
Tempo do fim (Dn. 12:9)	Este período inicia-se no século XVIII, talvez até uma data específica. Seu término é com o retorno do Messias.	Dn. 8:17; 11:4, 9, 40; 12:4, 9; história
Um tempo, dois tempos e metade de um tempo (Dn. 12:7)	Mil duzentos e sessenta anos. Cada tempo equivale a um ano. Um ano é igual a 360 dias (calendário judaico). Portanto, este período abarca 1.260 dias, que em profecia são 1.260 anos. Iniciou-se em 538 d.C. com a supremacia papal e finalizou em 1798 d.C. com a prisão do papa. Tempo caracterizado por grande matança aos "cristãos", promovida pelo sistema papal, e trevas aos ensinamentos das escrituras.	Ez. 4:6,7; Nm. 14:34; Dn. 7:25; Ap. 11:2,3; 13:5; história

Vestido de linho a) Veste santa, santidade; b) justiça, pureza.　　Lv. 16:32; Ap. 19:8
(Dn. 12:6)

APOCALIPSE 1

Símbolo	Significado	Referência
Alfa e ômega (Ap. 1:8)	a) Primeira e última letra do alfabeto grego, portanto o Soberano do universo é o Princípio e Fim, sempre existiu e para sempre permanecerá!; b) o Messias tem o mesmo atributo.	Ap. 2:8; 21:5, 6; 22: 6; história
Cabelos eram brancos como a lã (Ap. 1:14)	a) Experiência; b) vivência; c) longevidade.	Gn. 44:29, 31;Lv. 19:32; I Sm. 12:2; Jó 15:10; Sl. 71:18; Pv. 20:29; Dn. 7:9
Candeeiro (Ap. 1:13)	Igrejas.	Ap. 1:20
Chama de fogo (Ap. 1:14)	Fogo consumidor.	Jó 15:30; Dn. 3:22; Jl. 2:5
Chaves (Ap. 1:18)	a) Controle; b) jurisdição.	Is. 22:22; Mt. 16:19
Chaves da morte e do Hades (Ap. 1:18)	a) Controle; b) jurisdição.	Ap. 3:7; Is. 22:22; Mt. 16:19; Lc. 11:52
Chaves da morte e do inferno (Ap. 1:18)	a) Controle; b) jurisdição.	Ap. 3:7; Is. 22:22; Mt. 16:19; Lc. 11:52
Cinta de ouro (Ap. 1:13)	a) Fidelidade; b) justiça; c) verdade.	Dn. 10:5; Is. 11:5; Ef. 6:14
Cinturão de ouro (Ap. 1:13)	a) Fidelidade; b) justiça; c) verdade.	Dn. 10:5; Is. 11:5; Ef. 6:14
Daquele que é, que era e que há de vir (Ap. 1:4)	a) Messias; b) o Salvador reina com todo o poder, viveu na terra, morrendo em prol da humanidade e retornará para buscar os seus filhos amados.	Fl. 2:5-11; At. 5:30,31; I Pd. 3:21,22; Jo. 14:1-3; I Ts. 4:13-20

DICIONÁRIO DANIEL E APOCALIPSE

Dia do Senhor (Ap. 1:10)	Sábado.	Êx. 20:10, 11; Mc. 2:27,28; Is. 58:13
É, que era e que há de vir (Ap. 1:4,8)	a) Messias; b) o Salvador reina com todo poder, viveu na terra, morrendo em prol da humanidade e retornará para buscar os seus filhos amados.	Fl. 2:5-11; At. 5:30,31; I Pd. 3:21,22; Jo. 14:1-3; I Ts. 4:13-20
Espada de dois gumes (Ap. 1:16)	a) As escrituras, palavra do Criador; b) juízo; c) destruição.	Ap. 1:16; 2:12;19:21; Hb. 4:12; 6:17; Ez. 21:9-11,14,28-30
Estrelas (Ap. 1:16)	Igrejas.	Ap. 1:20
Face era como o sol (Ap. 1:16)	a) Vitória; b) resplendor; c) justiça, direito; d) Messias.	Jz. 5:31; Jó 37:21,22; Sl. 37:6; Ml. 4:2
Igrejas (Ap. 1:4)	Sete sinagogas literais que existiram na época de João.	Ap. 1:4
Mão direita (Ap. 1:17)	a) Sustentação; b) proteção.	Sl. 16:8; 18:35; 73:23; Is. 41:13; Jó 40:14
Olhos eram como chama de fogo (Ap. 1:14)	a) Fogo consumidor; b) visão sobre todos os acontecimentos; c) discernimento de todos os atos realizados.	Ap. 4:5; Jó 15:30; Dn. 3:22;10:6; Jl. 2:5; Êx. 15:26; Lv. 10:19
Pés eram como bronze (Ap. 1:15)	a) Destruição completa dos ímpios; b) força; c) resistência; d) dureza.	Ml. 4:1; Hb. 10:27; Dt. 9:3; Dn. 10:6; Ez. 1:7; II Sm. 22:35; Lv. 26:19; I Rs. 4:13; Dt. 28:23; 33:27
Pés semelhantes ao bronze polido (Ap. 1:15)	a) Destruição completa dos ímpios; b) força; c) resistência; d) dureza.	Ml. 4:1; Hb. 10:27; Dt. 9:3; Dn. 10:6; Ez. 1:7; II Sm. 22:35; Lv. 26:19; I Rs. 4:13; Dt. 28:23; 33:27

Primogênito dos mortos (Ap. 1:5)	Messias, o principal, e mais importante. Mediante sua morte e ressurreição, a humanidade herdou o direito da vida eterna.	Ap. 1:15; Cl. 1:15-20
Rosto brilhava como o sol (Ap. 1:16)	a) Vitória; b) resplendor; c) justiça, direito; d) Messias	Jz. 5:31; Jó 37:21, 22; Sl. 37:6
Sangue (Ap. 1:5)	a) Redenção; b) remissão dos pecados; c) purificação; d) nova aliança.	Ap. 1:5; 5:9; Mt. 26:28; Lc. 22:20; Ef. 1:7; Cl. 1:4; Hb. 9:13,14; I Pd. 1:18, 19; I Jo. 1:7
Sete espíritos (Ap. 1:4)	a) Visão sobre todos os acontecimentos; b) discernimento de todos os atos realizados.	Ap. 3:1; 4:5; 5:6; Dn. 10:6; Êx. 15:26; Lv. 10:19
Sete candeeiros de ouro (Ap. 1:12,13,20)	Sete sinagogas do Apocalipse.	Ap. 1:11,20
Sete candelabros de ouro (Ap. 1:12,13,20)	Sete sinagogas do Apocalipse.	Ap. 1:11,20
Sete estrelas (Ap. 1:16,20)	Anjos das sete sinagogas.	Ap. 1:20
Sete igrejas (Ap. 1:4)	Sete sinagogas literais que existiram na época de João.	Ap. 1:4
Sol (Ap. 1: 16)	a) Resplendor, majestade; b) Messias, Soberano do universo.	Ap. 21:23; 22:5; Mt. 17:2; Sl. 84:11; 104:2; Ml. 4:2
Sol na sua força (Ap. 1:16)	a) Vitória; b) resplendor; c) justiça, direito; d) Messias.	Jz. 5:31; Jó 37:21,22; Sl. 37:6; Ml. 4:2
Transpassaram (Ap. 1:7)	a) Provavelmente, refere-se ao grupo de soldados romanos que perfuraram os pés e as mãos do Messias. É importante ressaltar que os líderes religiosos da época foram cúmplices e mandantes do crime; b) este grupo de pessoas ressuscitará para ver o retorno do Salvador, depois morrerá novamente.	Ap. 1:7; Dn. 12:2; Sl. 22:16; Mt. 27:20-31; Jo. 19:23

DICIONÁRIO DANIEL E APOCALIPSE

Trono (Ap. 1:4)	a) Representa que o Criador está reinando; b) realeza; c) juízo e justiça; d) santidade; e) majestade.	I Rs. 1:30,35,37; Sl. 9:4,7; 47:8; 89:14; 99:1; 103:19; Pv. 20:8; Hb. 8:1
Veste talares (Ap. 1:13)	a) Pureza, santidade; b) majestade; c) justiça.	II Sm. 13:18; Et. 8:15; Jó 29:14; 40:10; Lc. 20:46
Voz como de muitas águas (Ap. 1:15)	a) Voz de estrondo; b) voz semelhante ao trovão.	Ez. 1:24; Ap. 14:2;19:6
Voz como som de muitas águas (Ap. 1:15)	a) Voz de estrondo; b) voz semelhante ao trovão.	Ez. 1:24; Ap. 14:2;19:6
Voz como de trombeta (Ap. 1:10)	a) Voz forte; b) voz de guerra, batalha.	Jó 39:25; Is. 58:1; Jr. 42:14; Ez. 33:5; I Co. 14:8

APOCALIPSE 2

Símbolo	Significado	Referência
Aquele (Ap. 2:1)	Messias, Salvador do mundo.	Ap. 1:13,18
Ando no meio dos sete candeeiros (Ap. 2:1)	Presença do Messias iluminando as sete igrejas.	Êx. 35:14, 39:37; Ap. 1:13, 20; 21:23; Lv. 24:2. Jr. 25:10,11; Jo. 12:46
Anjo (Ap. 2:1,8,12,18)	a) Mensageiro; b) ajudador; c) cooperador.	I Sm. 29:9; Ap. 14:6,7; Mc. 16:15
Antipas (Ap. 2:13)	a) Era bispo de Pérgamo, durante o reinado de Nero, foi discípulo do apóstolo João; b) mensageiro da palavra, combatia os sacrifícios aos deuses, o que provocou a reprovação dos sacerdotes pagãos. Morreu no templo de Ártemis. Portanto, parte da irmandade de Pérgamo permanecia na pureza do evangelho.	Ap. 2:13; história

Árvore da vida (Ap. 2:7)	a) Alusão à vida eterna; b) abastecimento alimentar; c) sinal de ausência de doenças; d) prosperidade.	Ap. 22:2; Gn. 3:22; Ez. 47:12; Sl. 1:3; Pv. 3:18; Jr. 17;7,8
Balaão (Ap. 2:14)	a) Idolatria; b) prostituição.	Ap. 2:14; Nm. 22:5-25
Bronze polido (Ap. 2:18)	a) Destruição completa dos ímpios; b) força; c) resistência; d) dureza.	Ml. 4:1; Hb. 10:27; Dt. 9:3; 28:23; 33:27; Dn. 10:6; Ez. 1:7; II Sm. 22:35; Lv. 26:19; I Rs. 4:13
Bronze reluzente (Ap. 2:18)	a) Destruição completa dos ímpios; b) força; c) resistência; d) dureza.	Ml. 4:1; Hb. 10:27; Dt. 9:3; 28:23; 33:27; Dn. 10:6; Ez. 1:7; II Sm. 22:35; Lv. 26:19; I Rs. 4:13
Candeeiro (Ap. 2:5)	a) Presença do Espírito Santo; b) presença do Messias, a Luz do mundo.	Êx. 35:14, 39:37; Ap.1:13; 21:23; Lv. 24:2. Jr. 25:10,11; Jo. 12:46
Candelabro (Ap. 2:5)	a) Presença do Espírito Santo; b) presença do Messias, a Luz do mundo.	Êx. 35:14, 39:37; Ap. 21:23; Lv. 24:2. Jr. 25:10, 11; Jo. 12:46
Cetro de ferro (Ap. 2:27)	a) Destruição dos ímpios; b) os salvos participarão do julgamento contra os ímpios e anjos maus.	Ap. 2:27; Nm. 24:17; Sl. 1:5; 2:9; I Co. 6:3; Jó 24:1
Chama de fogo (Ap. 2:18)	Fogo consumidor.	Jó 15:30; Dn. 3:22; Jl. 2:5
Coroa da vida (Ap. 2:10)	a) Vida eterna; b) vitória; c) realeza, autoridade de rei; d) santidade.	Ap. 2:9, 10; Tg. 1:12; Êx. 29:6; 39:30; Lv. 8:9; I Co. 9:25; II Tm. 4:8

DICIONÁRIO DANIEL E APOCALIPSE

Dez dias (Ap. 2:10) São dez anos de perseguição. O imperador Diocleciano no ano 303 d.C. emitiu decretos que revogaram os direitos legais dos "cristãos", exigindo que eles obedecessem às tradições religiosas de Roma. As igrejas foram fechadas e os bens dos "cristãos" foram confiscados. Muitos foram presos e torturados. Todavia, no ano 313 d.C., Constantino I assina o edito de tolerância de Milão, respeitando os direitos desse grupo.
Ez. 4:6,7; Nm. 14:34; Ap. 2:10; Dn. 7:23; história

Doutrina dos Nicolaítas (Ap. 2:6,15) Provavelmente, as obras e doutrinas dos nicolaítas se referem ao engano e à idolatria.
Ap. 2:1-6,14,15; história

Éfeso (Ap. 2:1) a) Sinagoga que existia no tempo de João, localizada em Éfeso. A carta de Apocalipse foi destinada às sete igrejas; b) alguns estudiosos afirmam que Efésios representa também a igreja remanescente no período de 31-100 d.C. Portanto, o texto narra características literais da sinagoga local e escatológica no período mencionado: 31 d.C. (morte do Messias) e 100 d.C. (morte de João ocorreu próximo a esta data).
Ap. 1:11; 2:1-7; At.; Ef.; história

Ensinos dos Nicolaítas (Ap. 2:15) Provavelmente, as obras e doutrinas dos nicolaítas se referem ao engano e à idolatria.
Ap. 2:1-6,14,15; história

Esmirna (Ap. 2:8) a) Sinagoga que existia no tempo de João, localizada em Esmirna. A carta de Apocalipse foi destinada às sete igrejas; b) alguns estudiosos afirmam que Esmirna representa também a igreja remanescente no período de 100-313 d.C. Portanto, o texto narra características literais da sinagoga local e escatológica no período mencionado: 100 d.C. (morte de João) e 313 d.C. (edito de tolerância de Milão).
Ap. 1:11; 2:8-11; história

Espada afiada de dois gumes (Ap. 2:12) a) Escrituras, palavra do Criador; b) juízo; c) destruição.
Ap. 2:12;19:21; Hb. 4:12; 6:17; Ez. 21:9-11,14,28-30

Espada da minha boca (Ap. 2:16)	a) Juízo; b) destruição; c) escritura, palavra do Criador.	Ap. 2:12; 19:21; Hb. 4:12; 6:17; Ez. 21:9-11,14, 28-30
Estrela da manhã (Ap. 2:28)	a) Salvação; b) Messias.	Ap. 2:28; 22:16; II Pd. 1:16-19
Igreja em Éfeso (Ap. 2:1)	a) Sinagoga que existia no tempo de João, localizada em Éfeso. A carta de Apocalipse foi destinada às sete igrejas; b) alguns estudiosos afirmam que Efésios representa também a igreja remanescente no período de 31-100 d.C. Portanto, o texto narra características literais da sinagoga local e escatológica no período mencionado: 31 d.C. (morte do Messias) e 100 d.C. (morte de João ocorreu próximo a esta data).	Ap. 1:11; 2:1-7; At.; Ef.; história
Igreja em Esmirna (Ap. 2:8)	a) Sinagoga que existia no tempo de João, localizada em Esmirna. A carta de Apocalipse foi destinada às sete igrejas; b) alguns estudiosos afirmam que Esmirna representa também a igreja remanescente no período de 100-313 d.C. Portanto, o texto narra características literais da sinagoga local e escatológica no período mencionado: 100 d.C. (morte de João) a 313 d.C. (edito de tolerância de Milão).	Ap. 1:11; 2:8-11; história
Igreja em Pérgamo (Ap. 2:12)	a) Sinagoga que existia no tempo de João, localizada em Pérgamo. A carta de Apocalipse foi destinada às sete igrejas; b) alguns estudiosos afirmam que Pérgamo representa também a igreja remanescente no período de 313-538 d.C. Portanto, o texto narra características literais da sinagoga local e escatológica no período mencionado: 313 d.C. (Edito de tolerância de Milão) a 538 d.C. (início da supremacia papal).	Ap. 1:11; 2:12-17; At. 20:29; história
Igreja em Tiatira (Ap. 2:18)	a) Sinagoga que existia no tempo de João, localizada em Tiatira. A carta de Apocalipse foi destinada às sete igrejas; b) alguns estudiosos afirmam que Tiatira representa também a igreja remanescente no período de 538-1517 d.C. Portanto, o texto narra características literais da sinagoga local e escatológica no período mencionado: 538 d.C. (supremacia papal) a 1517 d.C. (início da reforma protestante).	Ap. 1:11; 2:18-29; história

DICIONÁRIO DANIEL E APOCALIPSE

Jezabel (Ap. 2:20)	a) Apostasia; b) imoralidade; c) idolatria; d) falsa religião; e) doutrinas da igreja de Roma são inseridas cada vez mais na vida dos "cristãos" no período de 538 d.C.-1517 d.C., perduram até os dias atuais.	I Rs 18:19; 21:25,26; Ap. 2:18-29; história
Maná (Ap. 2:17)	a) Pão de céu; b) Messias.	Jo. 6:49,50
Maná escondido (Ap. 2:17)	a) Pão do céu; b) Messias.	Jo. 6:31, 48, 49,57,58
Mão direita (Ap. 2:1)	a) Sustentação; b) proteção.	Sl.16:8; 18:35; 73:23; Is. 41:13; Jó 40:14
Nicolaítas (Ap. 2:6,15)	a) Provavelmente, se refere ao grupo herético existente em Éfeso, eles consideravam que não havia necessidade de mortificar os desejos carnais, contradizendo assim a lei do Criador; b) eram idólatras e falsos mestres; c) exerciam artes mágicas.	Ap. 2:1-6,14,15; história
Olhos como chama de fogo (Ap. 2:18)	a) Visão sobre todos os acontecimentos; b) discernimento de todos os atos realizados.	Dn. 10:6; Ap. 3:1; 4:5; 5:6; Êx.15:26; Lv. 10:19
Paraíso de Deus (Ap. 2:7)	Cidade do Soberano do universo.	Ap. 21:21, 23;22:14, 19; Lc. 24:23; II Co. 12:4
Pedra branca (Ap. 2:17)	a) Memorial; b) eternidade; c) pureza; d) justificação.	Êx. 28:9-12; Ap. 7:9; 19:8; Sl. 51:7; Is. 16:19
Pedrinha branca (Ap. 2:17)	a) Memorial; b) eternidade; c) pureza; d) justificação.	Êx. 28:9-12; Ap. 7:9; 19:8; Sl. 51:7; Is. 16:19
Pés semelhantes ao bronze polido (Ap. 2:18)	a) Destruição completa dos ímpios; b) força; c) resistência; d) dureza.	Ml. 4:1; Hb. 10:27; Dt. 9:3; 28:23; 33:27; Dn. 10:6; Ez. 1:7; II Sm. 22:35; Lv. 26:19; I Rs. 4:13

Pérgamo (Ap. 2:12)	a) Sinagoga que existia no tempo de João, localizada em Pérgamo. A carta de Apocalipse foi destinada às sete igrejas; b) alguns estudiosos afirmam que Pérgamo representa também a igreja remanescente no período de 313-538 d.C. Portanto, o texto narra características literais da sinagoga local e escatológica no período mencionado: 313 d.C. (Edito de tolerância de Milão) a 538 d.C. (início da supremacia papal).	Ap. 1:11; 2:12-17; At. 20:29; história
Primeiro e último (Ap. 2:8)	O Salvador é o Princípio e o Fim, sempre existiu e para sempre permanecerá.	Ap. 2:8; 21:5,6; 22:6; história
Prostituição (Ap. 2:20,21)	a) Falsa adoração; b) adoração a deuses, reverência a imagens de esculturas, pedras, árvores, entre outras divindades pagãs; c) adoração a deuses por meio dos sacrifícios de pessoas.	Ap. 2:14; 14:8; Jr. 3:1-3, 6-10; Ez. 16:16-34; Mq. 1:7
Sete candeeiros (Ap. 2:1)	Presença do Messias iluminando as sete igrejas.	Êx. 35:14, 39:37; Ap. 1:13, 20; 2:1; 21:23; Lv. 24:2. Jr. 25:10,11; Jo. 12:46
Sete candelabros (Ap. 2:1)	Presença do Messias iluminando as sete igrejas.	Êx. 35:14, 39:37; Ap. 1:13, 20; 2:1; 21:23; Lv. 24:2. Jr. 25:10,11; Jo. 12:46
Sete estrelas (Ap. 2:1)	Anjos das sete sinagogas.	Ap. 1:20
Sinagoga de Satanás (Ap. 2:9)	Localidade onde os "cristãos" se reuniam (reúnem) com finalidade de adorar ao Criador, entretanto suas obras demonstram o contrário. São pseudojudeus (cristãos).	Ap. 2:9; 3:9
Tiatira (Ap. 2:18)	a) Sinagoga que existia no tempo de João, localizada em Tiatira. A carta de Apocalipse foi destinada às sete igrejas; b) alguns estudiosos afirmam que Tiatira representa também a igreja remanescente no período de 538 d.C.-1517 d.C. Portanto, o texto narra características literais da sinagoga local e escatológica no período mencionado: 538 d.C. (supremacia papal) a 1517 d.C. (início da reforma protestante).	Ap. 1:11; 2:18-29; história

| Trono de Satanás (Ap. 2:13) | Local em que o anti-Cristo ou anti-Messias reina, atualmente está localizado na cidade do Vaticano. | Ap. 2:13; 17:18; II Jo 1:7; história |

APOCALIPSE 3

Símbolo	Significado	Referência
Anjo (Ap. 3:1)	a) Mensageiro; b) ajudador; c) cooperador.	I Sm. 29:9; Ap. 14:6,7; Mc. 16:15
Branco (Ap. 3:4)	a) Pureza; b) justiça do Salvador.	Ap. 3:4, 5; 7:9; 19:8; Is. 1:18; Sl. 51:7; Mt. 28:3
Cego (Ap. 3:17)	a) Ignora as verdades ou não dá a devida atenção; b) hipocrisia, falsos líderes religiosos; c) inoperantes e improdutivos.	Is. 42:18-20, 43:8; Mt. 15:1-14, 23:36; II Pd. 1:5-10
Chave de Davi (Ap. 3:7)	a) Controle, jurisdição; b) Messias é o único que pode condenar e salvar.	Is. 22:22; Mt. 16:19
Coluna no santuário (Ap. 3:12)	a) Integrante ou membro do santuário celestial; b) memorial; c) aliança entre os salvos e o Criador.	Gn. 28:22; I Tm. 3:15; II Sm. 18:18
Confessarei o seu nome (Ap. 3:5)	Declaração de justiça.	Ap. 3:5; Mt. 10:32
Coroa (Ap. 3:11)	a) Vitória; b) realeza, autoridade de rei; c) vida eterna; d) santidade.	Ap. 2:9,10; Tg. 1:12; Êx. 29:6; 39:30; Lv. 8:9; I Co. 9:25; II Tm. 4:8
Filadélfia (Ap. 3:7)	a) Sinagoga que existia no tempo de João, localizada em Filadélfia. A carta de Apocalipse foi destinada às sete igrejas; b) alguns estudiosos afirmam que Filadélfia representa também a igreja remanescente no período de 1798-1844 d.C. Portanto, o texto narra características literais da sinagoga local e escatológica no período mencionado: 1798 d.C. (fim da supremacia papal) a 1844 d.C. (início do juízo investigativo).	Ap. 1:11; 3:7-13; Dn. 8:13-14; história

Gravarei (Ap. 3:12)	Os salvos terão um novo caráter, nova identidade, a lei do Criador estará em suas mentes e em seus corações.	Ap. 3:12; Hb. 8:10
Igreja em Filadélfia (Ap. 3:7)	a) Sinagoga que existia no tempo de João, localizada em Filadélfia. A carta de Apocalipse foi destinada às sete igrejas; b) alguns estudiosos afirmam que Filadélfia representa também a igreja remanescente no período de 1798-1844 d.C. Portanto, o texto narra características literais da sinagoga local e escatológica no período mencionado: 1798 d.C. (fim da supremacia papal) a 1844 d.C. (início do juízo investigativo).	Ap. 1:11; 3:7-13; Dn. 8:13-14; história
Igreja em Laodiceia (Ap. 3:14)	Sinagoga que existia no tempo de João, localizada na cidade de Laodiceia. A carta de Apocalipse foi destinada às sete igrejas; b) alguns estudiosos afirmam que Laodiceia representa também a igreja remanescente no período de 1844 até a 2.ª vinda do Messias. Portanto, o texto narra características literais da sinagoga local e escatológica no período mencionado: 1844 d.C. (início do juízo investigativo) até a 2.ª vinda do Messias.	Ap. 1:11; 3:14-21; Dn. 8:13,14; III Jo. 1: 9-10; história
Igreja em Sardes (Ap. 3:1)	Sinagoga que existia no tempo de João, localizada na cidade de Sardes. A carta de Apocalipse foi destinada às sete igrejas. Alguns estudiosos afirmam que Sardes representa também a igreja remanescente no período de 1517-1798 d.C. Portanto, o texto narra características literais da sinagoga local e escatológica no período mencionado: 1517 d.C. (início da reforma protestante) a 1798 d.C. (fim da supremacia papal).	Ap. 1:11; 3:1-6; história
Ladrão (Ap. 3:3)	Chegada inesperada.	Ap. 16:15; I Ts. 5:2; 12:39; Ob.1:5

DICIONÁRIO DANIEL E APOCALIPSE

Laodiceia (Ap. 3:14)	Sinagoga que existia no tempo de João, localizada na cidade de Laodiceia. A carta de Apocalipse foi destinada às sete igrejas; b) alguns estudiosos afirmam que Laodiceia representa também a igreja remanescente no período de 1844 a 2.ª vinda do Messias. Portanto, o texto narra características literais da sinagoga local e escatológica no período mencionado: 1844 d.C. (início do juízo investigativo) até a 2.ª vinda do Messias.	Ap. 1:11; 3:14-21; Dn. 8:13, 14; III Jo. 1:9-10; história
Livro da Vida (Ap. 3:5)	a) Nome listados nos registros dos salvos; b) salvos que habitarão com o Criador.	Sl. 69:28; Dn. 12:1; Sl. 69:28; Ap. 13:8; 17:8; 20:15; 21:27; Fl. 4:3; Ml. 3:16
Não contaminaram suas vestiduras (Ap. 3:4)	a) Apresentam uma vida de justiça, pureza e santidade; b) estado de justiça, pureza e santidade de poucas pessoas da igreja de Sardes não foram contaminados.	Ap. 3:4,5; 7:9; 19:8; Sl. 51:7; Is. 1:18; Lv. 16:32
Nome de que vives e estás morto (Ap. 3:1)	Segundo o dicionário, a palavra "Sardes" significa "os que escapam ou os que saem". Mas a maioria da irmandade estava presa nas obras da carne. Por isso seu nome não condiz com seu verdadeiro estado espiritual.	Ap. 3:1,2,4
Nudez (Ap. 3:18)	a) Ato pecaminoso; b) ausência de revestimento do Salvador.	Gn. 3:7-11; Ef. 6:11-18
Ouro refinado (Ap. 3:18)	a) Fé; b) sabedoria.	I Pd. 1:7; Jó 31:24; Pv. 7:19; Tg. 2:5; Gl. 5:6
Porta aberta (Ap. 3:8)	a) Benevolência; b) favor do Eterno; c) concessão para entrar no céu; d) oportunidade.	Ct. 5:2; Mt. 7:7; 25:10, 11; Lc. 13:21; Jo. 10:9; I Co. 16:9; Ap. 4:1
Princípio da criação (Ap. 3:14)	Messias, o Salvador.	Jo. 1:1, 14

Rico (Ap. 3:17)	a) Acúmulo de riqueza material em detrimento da verdadeira riqueza espiritual; b) autossuficiência por causa do conhecimento teórico das escrituras.	Ap. 3:16-18; Lc. 12:15-21; Tt. 3:4-6
Roupas brancas (Ap. 3:18)	a) Pureza; b) justiça do Salvador; c) santidade.	Ap. 3:18; 19:8; Sl. 51:7; Is. 19:19
Santo, o verdadeiro (Ap. 3:7)	Criador, Todo-Poderoso, Soberano.	Ap. 3:7; 4:8; 6:10
Sete espíritos (Ap. 3:1)	a) Visão sobre todos os acontecimentos; b) discernimento de todos os atos realizados.	Ap. 4:5; 5:6; Dn. 10:6; Êx. 15:26; Lv. 10:19.
Sete estrelas (Ap. 3:1)	Anjos das sete igrejas.	Ap. 1:20
Sinagoga de Satanás (Ap. 3:9)	Localidade onde os "cristãos" se reuniam (reúnem) com finalidade de adorar ao Criador, entretanto suas obras demonstram o contrário. São pseudojudeus (cristãos); grupo de "cristãos", líderes religiosos infiltrados nas igrejas ou sinagogas que ensinam heresias e perseguem os remanescentes que ensinam as verdades genuínas.	Ap. 2:9; 3:9; At. 6:9-13; 18:12-17
Testemunha fiel (Ap. 3:14)	Messias, o Salvador.	Ap. 1:5
Vergonhosa nudez (Ap. 3:18)	a) Ato pecaminoso; b) ausência de revestimento do Salvador.	Gn. 3:7-11; Ef. 6:11-18
Vestiduras (Ap. 3:4,5,18)	a) Pureza; b) justiça do Salvador; c) santidade.	Ap. 3:18; 19:8; Sl. 51:7; Is. 19:19
Vomitar-te (Ap. 3:16)	a) Ser destruído; b) não possuir o reino celestial.	Lv. 18:25,28

APOCALIPSE 4

Símbolo	Significado	Referência
Águia (Ap. 4:7)	a) Velocidade; b) atributo do Messias.	Dt. 28:49; Hc. 1:8; Jó 9:25,26
Anciãos (Ap. 4:4)	a) Representantes da humanidade redimida; b) primícias que ajudam o Messias no santuário celestial; c) vinte e quatro homens santos que foram ressuscitados, transladados para o céu.	Ap. 4:4; 5:8; II Cr. 10:6; Mt. 17:13; 27:52,53; Gn. 5:24; II Rs. 2:11
Arco-Íris (Ap. 4:3)	a) Concerto entre o Eterno e o homem; b) benevolência.	Ap. 10:1; Gn. 9:11-17
Boi (Ap. 4:7)	a) Expiação pelo pecado; b) atributo do Messias.	Lv. 4:10; 8:2,14;9:4; Jo. 1:29,36
Cheio de olhos (Ap. 4:6)	a) Visão sobre todos os acontecimentos; b) discernimento de todos os atos realizados.	Ap. 3:1; 4:5; 5:6; Êx. 15:26; Lv. 10:19; Sl. 11:4; 66:7
Coroa (Ap. 4:4)	a) Vitória; b) realeza, autoridade de rei; c) santidade; d) vida eterna.	Ap. 2:9 e 10; Tg. 1:12; Êx. 29:6; 39:30; Lv. 8:9; I Co. 9:25; II Tm. 4:8
Esmeralda (Ap. 4:3)	Alusão a valor, preciosidade.	Ez. 27:16; 28:13
Homem (Ap. 4:7)	a) Sabedoria; c) atributo do Messias.	II Cr. 9:23; Pv. 17:24; Ec. 8:1
Jaspe (Ap. 4:3)	Alusão ao brilho.	Ap. 21:11
Jaspe e sardônio (Ap. 4:3)	a) Alusão à primeira e última pedra que estavam no peitoral do sacerdote, por isso pode ser uma referência ao Criador dos céus e da terra; b) brilho.	Êx. 28:15-20; Ap. 21:11

Leão (Ap. 4:7)	a) Classe especial de anjo, isto é, querubins; b) anjos envolvidos no conflito espiritual, são protetores, agregam características de um leão, isto é, poder de destruição e vigilância.	Ez. 10:14,20; Gn. 3:24; Jr. 4:7; Jz. 14:18; Pv. 30:30; Is. 21:8
Mar de vidro (Ap. 4:6)	a) Literalidade do texto, "como que mar de vidro"; b) reino dos céus; c) alusão ao mar de fundição, dessa forma representa: purificação, justificação.	Ap. 4:6; 15:2-4; I Rs. 7:23; Êx. 30:17-21; 33:8
Novilho (Ap. 4:7)	a) Expiação pelo pecado; b) atributo do Messias.	Lv. 8:2,14; Jo. 1:29,36
Olhos (Ap. 4:6)	a) Visão sobre todos os acontecimentos; b) discernimento de todos os atos realizados.	Ap. 3:1; 4:5; 5:6; Êx. 15:26; Lv. 10:19; Sl. 11:4; 66:7
Porta aberta (Ap. 4:1)	a) Benevolência; b) favor do Eterno; c) concessão para entrar no céu; d) oportunidade.	Ap. 4:1; Ct. 5:2; Mt. 7:7; 25:10,11; Lc. 13:21; Jo.10:9; I Co. 16:9;
Quatro seres viventes (Ap. 4:6,8,9)	Quatro querubins especiais que servem no trono do Criador do universo.	Ez. 1:5,6,10,15; 10:2-15,20; Ap. 4:6-8; 5:6,8,14; 6:1
Relâmpagos, vozes e trovões (Ap. 4:5)	a) Alusão ao Juízo, castigo; b) presença tremenda do Criador; c) voz majestosa do Soberano.	Êx. 19:16; 20:18; Jó 37:4; Dn. 10:6; Mt. 28:3; Is. 29:6.
Semelhante a jaspe e sardônio (Ap. 4:3)	a) Resplendor; b) brilho do Pai celestial.	Ap. 21:11
Sentado (Ap. 4:2,10)	a) Representa que o Soberano do universo está em posição de julgamento; b) realeza.	I Rs. 1:30,35,37,41-46; Jl. 3:12; Dn. 7:26; Sl. 9:4,7; 47:8; 89:14; 99:1; 103:19; Pv. 20:8; Hb. 8:1
Sete lâmpadas de fogo (Ap. 4:5)	a) Sete espíritos do Criador; b) sete espíritos do Soberano enviados por toda a terra; c) visão sobre todos os acontecimentos; e) discernimento de todos os atos realizados.	Ap. 3:1; 4:5; 5:6; Êx. 15:26; Lv. 10:19

DICIONÁRIO DANIEL E APOCALIPSE

Sete tochas de fogo (Ap. 4:5)	a) Sete espíritos do Criador; b) sete espíritos do Soberano enviados por toda a terra; c) visão sobre todos os acontecimentos; e) discernimento de todos os atos realizados.	Ap. 3:1; 4:5; 5:6; Êx. 15:26; Lv. 10:19
Trono (Ap. 4:2,9,10)	a) Representa que o Criador está reinando; b) realeza; c) juízo e justiça; d) santidade; e) majestade.	I Rs. 1:30,35, 37; Sl. 9:4,7; 47:8; 89:14; 99:1; 103:19; Pv. 20:8; Hb. 8:1
Vestidos de branco (Ap. 4:4)	a) Justiça; b) pureza; c) santidade.	Is. 1:18; Sl. 51:7; Mt. 28:3; Ap. 3:4, 5; 7:9; 19:8
Vinte e quatro anciãos (Ap. 4:4)	a) Representantes da humanidade redimida; b) primícias que ajudam o Messias no santuário; c) vinte e quatro homens santos que foram ressuscitados, transladados para o céu.	Ap. 4:4; 5:8; II Cr. 10:6; Mt. 17:13; 27:52, 53; Gn. 5:24; II Rs. 2:11
Voz de trovão (Ap. 4:7)	a) Juízo; b) advertência.	Êx. 9:23; Is. 29:6; 33:3; Jr. 25:30; Jó 36:33

APOCALIPSE 5

Símbolo	Significado	Referência
Anciãos (Ap. 5:5,6,8)	a) Representantes da humanidade redimida; b) primícias que ajudam o Messias no santuário celestial; c) no total são vinte e quatro homens santos que foram ressuscitados, transladados para o céu.	Ap. 4:4; II Cr. 10:6; Mt. 17:13; 27:52,53; Gn. 5:24; II Rs. 2:11
Anjo forte (Ap. 5:2)	Literalidade da figura de um anjo, que, por trazer uma mensagem poderosa, se torna forte; b) alguns estudiosos afirmam que pode ser o próprio Cordeiro (Messias).	Ap. 5:2; 10:1; 18:21
Cordeiro (Ap. 5:6,8,12,13)	Messias crucificado, ressurreto e magnífico.	Ap. 6:1,7,12; 7: 14; Jo 1:28, 29; Is. 53; I Co. 5:7

Desatar os selos (Ap. 5:2)	a) Autoridade sobre os eventos escatológicos, associado com poder salvífico; b) revelar, conhecer os eventos escatológicos.	Ap. 3:5; 5:5; Dn. 12:4; Is. 29:11
Harpa (Ap. 5:8)	a) Alegria; b) louvor.	Is. 24:8; I Cr. 25:3
Incenso (Ap. 5:8)	Orações.	Ap. 5:8
Israel (Ap. 5:8)	Seguidores do Messias.	Ap. 5:8; 8:3,4; Sl. 141:2
Leão da tribo de Judá (Ap. 5:5)	Messias.	I Ts. 5:2; II Pd. 3:10
Livro (Ap. 5:1,2,3,4,5,7,9)	a) Registros dos eventos escatológicos finais; b) registra os nomes dos salvos.	Ap. 3:5; 5:5; 13:8; 17:8; 20:15; 21:27; Dn. 12:1,4,9; Êx. 32:33; Sl. 69:28
Mão direita (Ap. 5:1)	a) Poder, autoridade; b) juízo.	Êx. 15:10; Sl. 18:35, 21:8, 48:10; Is. 45:1
Nem mesmo olhar para ele (Ap. 5:3)	a) Denota grande autoridade deste livro; b) elevado grau de santidade do livro.	Êx. 3:6; I Sm. 6:19
Quatro seres viventes (Ap. 5:6,8,14)	Quatro querubins especiais que servem no trono do Criador do universo.	Ez. 1:5,6,10,15; 10:2-15,20; Ap. 4:6-8; 5:6,8,14; 6:1
Raiz de Davi (Ap. 5:5)	Messias, o Salvador, é sustentador e mantenedor do universo.	Ap. 22:16; Is. 11:10; 53:2; Rm. 11:17,18; 15:12
Sangue (Ap. 5:9)	a) Redenção; b) remissão dos pecados, c) purificação; d) nova aliança.	Ap. 1:5; 5:9; Mt. 26:28; Lc. 22:20; Ef. 1:7; Cl. 1:4; Hb. 9:13, 14; I Pd. 1:18, 19; I Jo. 1:7
Selado (Ap. 5:1)	Necessidade de alguém com autoridade salvífica para desatar os selos e abrir o livro.	Is. 29:11; Ap. 1:5;5:5,6

DICIONÁRIO DANIEL E APOCALIPSE

Sentado no trono (Ap. 5:1,7,13)	a) Representa que o Soberano do universo, o Pai das luzes está em posição de julgamento; b) realeza.	I Rs. 1:30,35,37,41-46; Jl. 3:12; Dn. 7:26; Sl. 9:4, 7; 47:8; 89:14; 99:1; 103:19; Pv. 20:8; Hb. 8:1
Seres viventes (Ap. 5:8,11)	a) Serafins celestes; b) classe de anjos especiais.	Ap. 4:6-9; 6:1-7; Is. 6:2
Sete chifres (Ap. 5:6)	a) Poder; b) força destrutiva; c) consumição dos inimigos; d) reino, rei; e) capacidade de dispersar os inimigos (existe perfeição nesses atributos, por isso são sete).	Ap. 5:6; Dt. 33:17; I Rs. 22:11; II Cr. 18:10; Sl. 22:21; Mq. 4:13; Dn.7:24; 8:20,22; Zc.1:19,21
Sete olhos (Ap. 5:6)	a) Sete espíritos do Criador enviados por toda a terra; b) visão sobre todos os acontecimentos; c) discernimento de todos os atos realizados	Ap. 3:1; 4:5; 5:6; Êx.15:26; Lv. 10:19
Sete selos (Ap. 5:1)	Sete grandes eventos escatológicos finais.	Ap. 6; 8:1
Taças de ouro (Ap. 5:8)	a) Provavelmente, acompanhe o significado de "incenso", por isso, faz alusão às orações; b) ira, pragas, vingança, julgamento.	Ap. 5:8; 16:1-4; 17:1; 21:9
Vinte e quatro anciãos (Ap. 5:8)	a) Representantes da humanidade redimida; b) primícias que ajudam o Messias no santuário; c) vinte e quatro homens santos que foram ressuscitados, transladados para o céu.	Ap. 4:4; 5:8; II Cr. 10:6; Mt. 17:13; 27:52,53; Gn. 5:24; II Rs. 2:11
Um dos anciãos (Ap. 5:5)	a) Representantes da humanidade redimida; b) primícias que ajudam o Messias no santuário celestial; c) no total são vinte e quatro homens santos que foram ressuscitados, transladados para o céu.	Ap. 4:4; 5:8; II Cr. 10:6; Mt. 17:13; 27:52,53; Gn. 5:24; II Rs. 2:11

APOCALIPSE 6

Símbolo	Significado	Referência
Almas (Ap. 6:9)	a) Vidas; b) pessoas.	Ap. 18:11-13; 20:4; Gn. 2:7; Ez. 18:20; Ec. 9:5; At. 2:41

Altar (Ap. 6:9)	a) Holocausto; b) alusão aos fiéis sacrificados que estão debaixo da terra, nos sepulcros, alguns não tiveram inclusive essa oportunidade de enterro. Foram vítimas, sacrifícios unicamente por causa de sua fé ao Criador e da obediência aos mandamentos.	Ap. 6:9-11; Lv. 4:7,30; Dn. 7:25; Jo. 16:2; Êx. 27:1-8; 29:12; história
Arco (Ap. 6:2)	a) Êxito na guerra contra o mal; b) destruição dos maus; c) vitória no combate.	Ap. 6:2; Sl. 7:11,12; Lm. 2:4; Zc. 9:10; 10:4
Azeite (Ap. 6:6)	Espírito Santo.	Mt. 25:4; Zc. 4:2-6; Ap. 4:2-6
Balança (Ap. 6:5)	a) Engano; b) corrupção; c) comercialização, materialismo.	Os. 12:7,8; Pv. 11:1; 20:23; Mq. 6:11; história
Branco (a) (Ap. 6:2,11)	a) Pureza; b) justiça do Salvador; c) salvação.	Ap. 3:4,5; 7:9,13-17; 19:8; Is. 1:18; Sl. 51:7
Cavaleiro (Ap. 6:2)	Fiel e Verdadeiro, Verbo do Criador, o Messias como vencedor.	Zc. 10:3; Ap. 19:11-13; Sl. 45:2-5; Jo. 10:11,14,15
Cavaleiro (Ap. 6:4)	Líderes de Estado, imperadores, reis, ditadores, presidentes.	Ap. 6:4; Dn. 7;7,24,25; história
Cavaleiro (Ap. 6:5)	Falsos líderes religiosos mundiais que comercializam as escrituras. Estes têm como objetivo: enganar os membros, para extorqui-los financeiramente.	Ap. 6:5,6; Jo. 10:12,13; história
Cavaleiro (Ap. 6:8)	a) Adversário (Satanás); b) Morte; c) sistema papal.	Ap. 6:8; 12:6,9,14; 13:1-10; Jo. 8:44; 10:10; Dn. 7:24,25; 8:9-14; história
Cavalo (Ap. 6:2,4,5,8)	a) Povo do Criador em seu estado puro, majestoso; b) em outro contexto poderá indicar o oposto: povo rebelde; c) a abrangência desses cavalos é global. Ver o significado de cada cavalo, individualmente.	Is. 63:11-13; Zc. 10:3; Jr. 8:5,6

DICIONÁRIO DANIEL E APOCALIPSE

Cavalo amarelo (Ap. 6:8) a) Sistema religioso que persegue os fiéis com objetivo de destrui-los; b) alusão à morte, esta é cor quando alguém inicia o processo de decomposição. Ap. 6:7,8; Jr. 8:5,6; Lv. 13:30,36; história

Cavalo branco (Ap. 6:2) a) Povo do Criador em seu estado puro, majestoso; b) igreja remanescente, vitoriosa, pelos méritos do Cordeiro. Ap. 3:4,5; 6:1,2; 7:9; 9:9; 19:8,14; Is. 1:18; 63:11-13; Zc. 6:2-5; 10:3; Jr. 8:6; Sl. 51:7; Mt. 28:3

Cavalo preto (Ap. 6:5) a) Igreja em trevas espirituais, seu estado é pecaminoso; b) este grupo religioso, em nível mundial, não é liderado pelo Messias. Ap. 6:5,6; Jr. 8:5,6; Zc. 6:2-7; Jo. 10:12,13; história

Cavalo, vermelho (Ap. 6:4) Derramamento de sangue, guerra, matança. Na. 2:3; II Rs. 3:22,23; Zc. 6:2-5; história

Cavernas (Ap. 6:15) a) Cavernas literais; b) fortificações; c) subsolo; d) locais aparentemente seguros da terra. Ap. 6:15; Is. 32:14; 2:21

Céu recolheu-se como um pergaminho (Ap. 6:14) Evento que acontecerá com a segunda vinda do Messias. Ap. 6:14; Is. 34:2-5

Cevada (Ap. 6:6) Ensinamentos das escrituras adulterados, estes são comercializados com maior intensidade. Ap. 6:5,6; At. 20:27-31; história

Clamaram em grande voz (Ap. 6:10) Alusão ao clamor por juízo de todos os fiéis que foram e são mortos por causa de sua fé e da obediência às escrituras. Ap. 6:9-11; 8:3,4; 19:10; 20:4; Gn. 4:9,10; Tg. 5:4-6; Jo. 16:2; história

Cordeiro (Ap. 6:1,7,12,16) Messias crucificado, ressurreto e magnífico. Ap. 6:1,7, 2; 7:14; Jo 1:28, 29; Is. 53; I Co. 5:7

Coroa da vida (Ap. 6:2) a) Vitória; b) realeza, autoridade de rei; c) santidade; d) vida eterna. Ap. 2:9,10; Tg. 1:12; Êx. 29:6; 39:30; Lv. 8:9; I Co. 9:25; II Tm. 4:8

Debaixo do altar (Ap. 6:9)	Alusão aos fiéis sacrificados que estão debaixo da terra, nos sepulcros, alguns não tiveram inclusive essa oportunidade de enterro. Foram vítimas, sacrifícios unicamente por causa de sua fé ao Criador e da obediência aos mandamentos.	Ap. 6:9-11; Dn. 7:25; Jo. 16:2; Êx. 27:1-8; 29:12; Lv. 4:7,30; história
Denário (Ap. 6:6)	Moeda romana que equivale a um dia de trabalho. Nesse contexto, é uma alusão ao fato de que a verdade e os **falsos** ensinamentos das escrituras são comercializados por alto preço.	Mt. 20:2,13; Jo. 6:32, 35; história
Espada (Ap. 6:4)	a) Destruição; b) execução de leis punitivas.	Dn. 11:33; Os. 13:16; Na. 3:3; Rm. 13:4
Estrelas do céu caíram (Ap. 6:13)	Provavelmente se refere a eventos naturais que ocorreram no início do século XIX nos Estados Unidos.	Mt. 24:29; Mc. 13:24-25; história
Grande espada (Ap. 6:4)	a) Destruição; b) execução de leis punitivas.	Dn. 11:33; Os. 13:16; Na. 3:3; Rm. 13:4
Hades (Ap. 6:8)	a) Alusão ao local onde os ímpios serão lançados ou destruídos; b) alusão à morada eterna dos mortos.	Mt. 5:22; Sl. 9:17; Is. 14:15
Inferno (Ap. 6:8)	a) Alusão à destruição final, aniquilamento dos ímpios, perversos.	Mt. 5:22; Sl. 9:17; Is. 14:15; Ez. 18:20; II Pd. 3:7
Lua, toda como sangue (Ap. 6:12)	Evento que ocorreu em 19 de maio de 1780 em alguns países: Estados Unidos da América (EUA), Canadá, Inglaterra.	Mt. 24:29; Mc. 13:24-25; história
Matassem uns aos outros (Ap. 6:4)	Guerra civil.	Ap. 6:4; II Rs. 3:23; história
Montes e ilhas foram removidos (Ap. 6:14)	Evento literal que ocorrerá com o retorno no Messias.	Dn. 2:34,35; II Pd. 3:10
"Primeiro selo" (Ap. 6:1)	Este é um período que caracteriza a pureza espiritual dos fiéis. Estes têm como seu comandante o Messias. Tal selo inicia-se, provavelmente, com a ascensão do Salvador e transcende o tempo e espaço.	Ap. 6:1,2; 7:9; 9:9; 19:8; Is. 1:18; 63:11-13; Zc. 10:3; Jr. 8:6; Sl. 51:7; Mt. 28:3; história

DICIONÁRIO DANIEL E APOCALIPSE

Quarta parte (Ap. 6:8) Provavelmente, represente um quantitativo significativo de pessoas que foram e são mortas por causa de sua fé. Já ocorreram mais de 150 milhões de mortes. O sacrifício, genocídio dos judeus, está agregado nessa conta. — Nm. 15:1-5; 23:10; Jo. 16:2; Dn. 7:21,23,25; 8:11-13; história

Quarto selo (Ap. 6:7) Período significativo de grande perseguição e destruição dos que obedecem às escrituras. — Ap. 6:7,8; 13:1-7,15; Dn. 7:25; Jo. 16:2; história

Quatro seres viventes (Ap. 6:1) Quatro querubins especiais que servem no trono do Criador do universo. — Ez. 1:5,6,10,15; 10:2-15, 20; Ap. 4:6-8; 5:6,8,14; 6:1

Quinto selo (Ap. 6:9) Alusão ao clamor dos justos de todas as épocas, por justiça, vingança. Eles foram e são mortos por causa da obediência às escrituras e do espírito de profecia. — Ap. 6:9-11; 8:3,4; 19:10; 20:4; Jo. 16:2; Gn. 4:9,10 Tg. 5:4-6; história

Repousassem (Ap. 6:11) Morte física. — Ap. 6:11; At. 2:25-30

Segundo selo (Ap. 6:3) Este período é caracterizado por guerras locais e mundiais, em especial contra o povo do Criador. — Ap. 6:4; Dn. 7:25; II Tm. 3:12; Jo. 16:2; Et. 3:7-15; 7:4; Ag. 2:22; história

Selos (Ap. 6:1,3,5,7, 9,12) Eventos proféticos que se iniciam, provavelmente, com a ascensão do Messias para o céu e culminam no seu retorno. Atingem toda a terra. Ver significado de cada selo, separadamente. — Ap. 6-8; Zc. 6:2-5; Mt. 24; Mc. 13; Lc. 21; Jr. 32:10

Sexto selo (Ap. 6:12) Eventos catastróficos, climáticos que acometem a terra, culminam com o retorno do Salvador para buscar os seus filhos. — Ap. 6:12-17; história

Sol se tornou negro (Ap. 6:12) Evento que ocorreu em 19 de maio de 1780 em alguns países: EUA, Canadá e Inglaterra. — Mt. 24:29; Mc. 13:24-25; história

Terceiro selo (Ap. 6:5) a) Período caracterizado por grande corrupção, apostasia, pecado, engano e comercialização das escrituras sagradas; b) oposto ao primeiro selo. — Ap. 6:1,2,5,6; 18:2-5; At. 20:29; Lc. 19:45, 46; Jr. 23:1,2; história

Terremoto (Ap. 6:12)	Provavelmente se refere ao grande terremoto de Lisboa, em 1º de novembro de 1755.	Ap. 6:12; história
Três medidas de cevada por um denário (Ap. 6:6)	a) Fome das escrituras; b) escassez da verdade espiritual; c) escrituras adulteradas sendo comercializadas.	Am. 8:11,12; Mt. 4:4; Jo. 6:32,35; história
Três quilos de cevada por um denário (Ap. 6:6)	a) Fome das escrituras; b) escassez da verdade espiritual; c) "cevada" mais come que o trigo (alimento espiritual verdadeiro).	Am. 8:11,12; Mt. 4:4; Jo. 6:32,35
Trigo (Ap. 6:6)	a) Alimento espiritual genuíno; b) Salvador.	Mt. 4:4; Dt. 8:3; Jo. 6:32-35
Trono (Ap. 6:16)	a) Representa que o Criador está reinando; b) realeza; c) juízo e justiça; d) santidade; e) majestade.	I Rs. 1:30,35,37; Sl. 9:4,7; 47:8; 89:14; 99:1; 103:19; Pv. 20:8; Hb. 8:1
Trovão (Ap. 6:1)	Poder.	Ap. 6:1; 14:2; Jó 26:14
Um dos sete selos (Ap. 6:1)	Este é um período que caracteriza a pureza espiritual dos fiéis. Estes têm como seu comandante o Messias. Tal selo inicia-se, provavelmente, com a ascensão do Salvador e transcende o tempo e espaço.	Ap. 6:1,2; 7:9; 9:9; 19:8; Is. 1:18; 63:11-13; Zc. 10:3; Jr. 8:6; Sl. 51:7; Mt. 28:3
Uma medida de trigo por um denário (Ap. 6:6)	a) Comercialização das escrituras; b) escassez da verdade espiritual, fome das escrituras genuína.	Ap. 6:5, 6; Mt. 4:4; Am. 8:11,12; Ez. 36:29; história
Uma quilo de trigo por um denário (Ap. 6:6)	a) Comercialização das escrituras; b) escassez da verdade espiritual, fome das escrituras genuína.	Ap. 6:5,6; Mt. 4:4; Am. 8:11,12; Ez. 36:29; história
Vestiduras brancas (Ap. 6:11)	a) Vitória; b) justiça do Salvador, pureza; c) salvação.	Ap. 3:4, 5; 7:9, 13-17; 19:8; Is. 1:18; Sl. 51:7; Zc. 3:1-5; 3:4,5; Mt. 22:11-13
Vinho (Ap. 6:6)	a) Sangue do Cordeiro que tem o poder de salvar e purificar os pecados; b) redenção.	Hb. 9:12,14,19; Mt. 26:27,28; Lc. 10:34; Êx. 12:13

DICIONÁRIO DANIEL E APOCALIPSE

Voz de trovão (Ap. a) Juízo; b) advertência.
6:1)

Ap. 6:1; Êx. 9:23; Is.
29:6; 33:3; Jr. 25:30;
Jó 36:33

APOCALIPSE 7

Símbolo	Significado	Referência
Alvejaram no sangue do Cordeiro (Ap. 7:14)	a) Redenção, remissão dos pecados, purificação; b) nova aliança.	Ap. 1:5; 5:9;7:14; Mt. 26:28; Lc. 22:20; Ef. 1:7; Cl. 1:4; Hb. 9:13,14; I Pd. 1:18,19; I Jo. 1:7
Anciãos (Ap. 7:11,13)	a) Representantes da humanidade redimida; b) primícias que ajudam o Messias no santuário celestial; c) vinte e quatro homens santos que foram ressuscitados, transladados para o céu.	Ap. 4:4; 5:8; II Cr. 10:6; Mt. 17:13; 27:52, 53; Gn. 5:24; II Rs. 2:11
Branca (Ap. 7: 9)	a) Justiça; b) pureza.	Ap. 7:9; 19:8; Sl. 51:7; Is. 16:19
Cento e quarenta e quatro mil (Ap. 7:4)	a) Quantitativo simbólico dos remanescentes que serão selados, aguardarão vivos o retorno do Mestre (um grupo de salvos será ressuscitado e se unirá a esse grupo); b) esse grupo de pessoas presenciará a maior angústia de todos os tempos. Vivenciará grande batalha ou guerra espiritual, mas todos vencerão.	Ap. 7:4-8; 9:1-21; 22:4; Nm. 31:3-6; Ef. 2:20; Dn. 12:1,2
Cordeiro (Ap. 7:9,10,14,17)	Messias crucificado, ressurreto e magnífico.	Ap. 6:1,7,12; 7:14; Jo 1:28, 29; Is. 53; I Co. 5:7
Enxugará dos olhos toda lágrima (Ap. 7:17)	Alusão ao fato de que não haverá mais tristeza, luto e dor.	Sl. 119:28; Is. 25:8; Ap. 21:4
Fronte (Ap. 7:3)	a) Santidade; b) fisiologicamente é a área em que o Espírito Santo se comunica com o ser humano; c) caráter; d) discernimento; e) liberdade.	Ap. 7:3; 9:4; 14:1; 22:4; Êx. 13:16; 28:36-38; Ez. 3:7; 9:4

Termo	Significado	Referências
Lágrima (Ap. 7:19)	a) Ausência de tristeza, morte e angústia.	Sl. 119:28; Is. 25:8; Jr. 9:1; II Co. 2:4
Lavaram suas vestiduras e alvejaram no sangue do Cordeiro (Ap. 7:14)	a) Redenção, remissão dos pecados, purificação; b) nova aliança.	Ap. 1:5; 5:9; Mt. 26:28; Lc. 22:20; Ef. 1:7; Cl. 1:4; Hb. 9:13, 14; I Pd. 1:18, 19; I Jo. 1:7
Palmas nas mãos (Ap. 7:9)	a) Alegria; b) vitória; c) paz.	Jo. 12:13, 14; Lv. 23:40
Pé (Ap. 7:1,9)	a) Domínio; b) indicativo de guerra.	Dt. 11:24; Js. 1:3-5; 4:13; II Sm. 10:6; Is. 31:4
Quatro cantos (Ap. 7:1)	Totalidade da terra.	Is. 11:12; 41:9; Jr. 49:36; Ez. 7:2; Ap. 20:8; Jó 1:9
Quatro seres viventes (Ap. 7:11)	Quatro querubins especiais que servem no trono do Criador do universo.	Ez. 1:5,6,10,15; 10:2-15, 20; Ap. 4:6-8; 5:6,8,14; 6:1
Quatro ventos (Ap. 7:1)	a) Destruição sobre os elementos e moradores da terra; b) dispersão ou fuga da população devido ao caos.	Jr. 49:36; Zc. 2:6; Ez. 12:14
Selo (Ap. 7:3)	Segregação dos servos tementes ao Soberano, por meio da atuação do Espírito Santo. Isto é, num determinado período no futuro próximo, o Espírito Santo não estará mais disponível para todos. Característica significativa desses remanescentes é a obediência a todos os mandamentos.	Ef. 1:13; 4:30; II Co. 1:21,22; II Tm. 2:19; Ap. 22:11; Jo. 14:15
Testa (Ap. 7:3)	a) Santidade; b) fisiologicamente é a área em que o Espírito Santo se comunica com o ser humano; c) caráter; d) discernimento; e) liberdade.	Ap. 7:3; 9:4; 14:1; 22:4; Êx. 13:16; 28:36-38; Ez. 3:7; 9:4
Trono (Ap. 7:9)	a) Os salvos estarão ao lado do Soberano do universo, o qual reina; b) realeza; c) juízo e justiça; d) santidade; e) majestade.	I Rs. 1:30,35,37; Sl. 9:4,7; 47:8; 89:14; 99:1; 103:19; Pv. 20:8; Hb. 8:1

Vestiduras brancas (Ap. 7: 9,13) — a) Justiça; b) pureza.

Ap. 7:9; 19:8; Sl. 51:7; Is. 16:19

APOCALIPSE 8

Símbolo	Significado	Referência
Absinto (Ap. 8:11)	a) Alusão ao adversário (Satanás); b) adoração a deuses.	Ap. 8:10; Is. 14:11-14; Dt. 29:18
Águia (Ap. 8:13)	a) Mensageiros que com diligência advertem o mundo sobre os últimos acontecimentos; b) velocidade.	Ap. 8:13; 14:6-12; Os. 8:1; Jó 9:25, 26; Hc. 1:8; Dt. 28:49
Altar de ouro (Ap. 8:3)	a) Provavelmente, alusão às orações dos santos.	Ap. 8:3-5; Êx. 40:5; Hb. 9:3,4
Amargosas (Ap. 8:11)	a) Adulteração do plano da salvação pelo Adversário (Satanás); b) substituição da redenção por obras humanas, anulando a justificação pela fé.	Ap. 8:10,11; Êx. 15:23; Is. 12:2,3
Árvores (Ap. 8:7)	a) Habitantes de Jerusalém; b) povos descendentes geneticamente ou pela fé dos judeus; c) pessoas conhecedoras das escrituras.	Ap. 8:7; 9:4; Ez. 15:6; Gn. 49:22; Dn. 4:5,10,19-22; Sl. 1:1-3
Caiu do céu (Ap. 8:10)	Atuação do adversário (Satanás) contra os habitantes da terra.	Is. 14:12; Jó 1:16
Chamas (Ap. 8:8)	a) Repreensão; b) destruição; c) juízo por parte do Soberano.	Is. 10:16, 17; 66:15
Embarcações (Ap. 8:9)	a) Economia; b) comércio.	Is. 2:16; Pv. 31:14; I Rs. 22:48
Erva verde (Ap. 8:7)	a) Descendência dos justos; b) povo conhecedor dos mandamentos; c) habitantes.	Ap. 8:7; 9:4; Jó 5:25; II Rs. 19:21,26; Sl. 72:16; Is. 40:7; 66:14; II Rs. 19:21,26

Estrela (Ap. 8:10)	a) Alusão ao adversário (Satanás); b) absinto; c) deuses.	Ap. 9:1; Is. 14:11-14; At. 7:43
Estrelas (Ap. 8:12)	a) Messias; b) povo do Criador, sábios.	Ap. 8:12; 22:16; Nm. 24:17; Gn. 1:13-17; Hb. 6:4; Dn. 12:3; Dt. 1:10; 10:22; 28:62
Fontes de águas (Ap. 8:10)	Salvação. Ataque do adversário (Satanás) sobre o plano salvífico.	Ap. 8:10, 11; Is.12:2, 3
Grande estrela (Ap. 8:10)	a) Alusão ao adversário (Satanás); b) absinto; c) deuses.	Ap. 9:1; Is. 14:11-14; At. 7:43
Grande montanha (Ap. 8:8)	a) Nações; b) grande reino.	Ez. 35:2,7,8; Js. 24:4; Jr. 51:24,25; Am. 4:3; Is. 2:2-3; 11:9, 13:4, 41:15; Dn. 2:35,44,45
Granizo e fogo (Ap. 8:7)	a) Indignação, ira por parte do Criador; b) vindicação de santidade.	Ez. 38:21-23; Is. 30:30
Lua (Ap. 8:12)	a) Iluminação; b) Messias, Criador dos céus e da terra.	Ap. 8:12; 21:23; Is. 60:19, 20; Jr. 31:35; II Co. 4:6; Jo. 8:12; Hb. 6:4
Mar (Ap. 8:8)	a) Povos, nações, multidões; b) angústia.	Jr. 51:11,28,36,42; Ap. 17:15; Zc. 10:11
Meia hora (Ap. 8:1)	Equivale a sete dias. Este é o tempo que os salvos percorrerão da terra até a morada do Altíssimo. O céu ficará vazio nessa ocasião. Todos os anjos realizarão o acolhimento, atuando como guias turísticos. 1 dia -------24 horas-------360 dias (um ano) 1 hora -----60 minutos-----15 dias 28 minutos ----x X = 7 dias. Primeiramente, calculamos horas e depois minutos. Cerca de meia hora (28 minutos).	Ap. 8:1; Mt. 25:31; Ez. 4:6, 7; Nm. 14:34

DICIONÁRIO DANIEL E APOCALIPSE

Montanha (Ap. 8:8)	a) Nações, nação; b) grande reino.	Ez. 35:2,7,8; Js. 24:4; Jr. 51:24,25; Am. 4:3; Is. 2:2-3; 11:9, 13:4, 41:15; Dn. 2:35,44,45
Pé (Ap. 8:2)	a) Guerra, convocação; b) domínio.	Js. 1:3-5; 4:13; I Sm. 15:4; II Sm. 10:6
"Primeira" trombeta (Ap. 8:7)	Eventos trágicos que atingem o povo da aliança, guardiões das escrituras.	Ap. 8:7; 9:4; Jó 5:25; Ez. 15:6; I Co. 14:8; Js. 6:3-6,16,20,24
"Quarta" trombeta (Ap. 8:12)	Eventos que têm como alvos: o Criador do céu e da terra, o Messias, a manifestação do seu Espírito e os remanescentes fiéis. Dessa forma, percebe-se a ocorrência da apostasia generalizada na terra.	Ap. 8:112; 21:23; 22:5; Sl. 84:11; II Tm. 3:1-5; Jo. 8:12; Hb. 6:4; I Co. 14:8
Rios (Ap. 8:10)	a) Alimento espiritual genuíno; b) Espírito Santo.	Ap. 8:10,11; Is. 58:11; Jo. 7:37-39
Sangue (Ap. 8:8)	a) Destruição de almas; b) morte.	Gn. 9:4; Dt. 12:23; Ez. 22:27; 28:23
Saraiva e fogo (Ap. 8:7)	a) Indignação, ira por parte do Criador; b) vindicação de santidade.	Ez. 38:21-23; Is. 30:30
"Segunda" trombeta (Ap. 8:8)	Eventos trágicos que atingem os homens e a economia.	Ap. 8:8,9; 17:15; Ez. 35:2,7,8; Js. 24:4; Jr. 51:11-42; Is. 2:16; Pv. 31:14; I Co. 14:8
Sétimo selo (Ap. 8:1)	Período no qual o Messias, Soberano do universo, anjos e os salvos transitam da terra para o céu. Este acolhimento será uma viagem pelos locais em que o Soberano do universo criou.	Ap. 6:12-17; 8:1; II Co. 12:2; I Ts. 4:13-18
Sete trombetas (Ap. 8:2)	a) Aviso de guerra; b) convocação; c) destruição. Assim, se refere a sete eventos que atingem a terra e os seus moradores. Provavelmente, falta se cumprir somente as três últimas trombetas. Ver o significado de cada trombeta individualmente.	Ap. 8:2-12; 9:1-21; I Co. 14:8; Js. 6:3-6,16,20,24; Jr. 42:14; Lv. 23:24; Nm. 10:2,9; Sf. 1:14,16

Silêncio no céu cerca de meia hora (Ap. 8:1)	Equivale a sete dias. Este é o tempo que os salvos percorrerão da terra até a morada do Altíssimo. O céu ficará vazio nessa ocasião. Todos os anjos realizarão o acolhimento, atuando como guias turísticos. 1 dia -------24 horas-------360 dias (um ano) 1 hora -----60 minutos-----15 dias 28 minutos ----x X = 7 dias. Primeiramente, calculamos horas e depois minutos. Cerca de meia hora (28 minutos).	Ap. 8:1; Mt. 25:31; Ez. 4:6,7; Nm. 14:34
Sol (Ap. 8:12)	a) Messias, Soberano do universo; b) Espírito Santo.	Ap. 1:16; 8:12; 21:23; 22:5; Sl. 84:11; Ml. 4:2; Jo. 8:12; Mt. 17:2; II Co. 4:6; Gn. 1:13-17; Hb. 6:4
Terça parte (Ap. 8:7, 8, 9, 10, 11, 12)	Não é uma proporção literal, mas indicação que uma porcentagem significativa da população seria atingida, afetada pelos eventos.	Ez. 5:1-3, 11-13; história
"Terceira" trombeta (Ap. 8:10)	Eventos trágicos provocados pelo Adversário (Satanás), cujo ataque é o plano da salvação e os homens.	Ap. 8:10,11; Is. 12:2,3; 58:11; Jo. 7:37-39; I Co. 14:8
Tocha (Ap. 8:10)	Destruição.	Gn. 15:9, 10,17; Zc. 12:6
Trombeta (Ap. 8:7)	Eventos trágicos que atingem o povo da aliança, guardiões das escrituras.	Ap. 8:7; 9:4; Jó 5:25; Ez. 15:6; I Co. 14:8; Js. 6:3-6,16, 20,24
Trombeta (Ap. 8:8)	Eventos trágicos que atingem os homens e a economia.	Ap. 8:8 9; 17:15; Ez. 35:2,7,8; Js. 24:4; Jr. 51:11-42; Is. 2:16; Pv. 31:14; I Co. 14:8
Trombeta (Ap. 8:10)	Eventos trágicos provocados pelo Adversário (Satanás), cujo ataque é o plano da salvação e os homens.	Ap. 8:10,11; Is. 12:2, 3; 58:11; Jo. 7:37-39; I Co. 14:8

DICIONÁRIO DANIEL E APOCALIPSE

Trombeta (Ap. 8:12)	Eventos que têm como alvos: o Criador do céu e da terra, o Messias, a manifestação do seu Espírito e os remanescentes fiéis. Dessa forma, percebe-se a ocorrência da apostasia generalizada na terra.	Ap. 8:112; 21:23; 22:5; Sl. 84:11; II Tm. 3:1-5; Jo. 8:12; Hb. 6:4; I Co. 14:8
Trovões, vozes, relâmpagos e terremoto (Ap. 8:5)	a) Repreensão do Criador devido à maldade do povo; b) castigo; c) presença do Soberano do universo.	Êx. 9:23; 19:16-18; Jó 26:33; Is. 29:6; Sl. 104:7.
Um terço (Ap. 8:7, 8, 9, 10, 11, 12)	Não é uma proporção literal, mas indicação que uma porcentagem significativa da população seria atingida, afetada pelos eventos.	Ez. 5:1-3, 11-13; história

APOCALIPSE 9

Símbolo	Significado	Referência
Abadom (Ap. 9:11)	a) Abismo da destruição; b) destruição infernal; c) Adversário (Satanás).	Ap. 9:1,11; Jó 31:12; Jo. 10:10
Abismo (Ap. 9:1)	a) Destruição; b) juízos; c) morte.	Jó 26:6; Sl. 36:6; 55:23; 88:11; Rm. 10:7
Anjo do abismo (Ap. 9:11)	Adversário (Satanás).	Ap. 9:1, 11; Jó 31:12; Jo. 10:10
Ar (Ap. 9:2)	a) Espírito Santo.	At. 2:2-4; Jo. 3:8; 20:21,22
Árvore (Ap. 9:4)	a) Justo, fiel, obediente às escrituras sagradas; b) povo próspero por causa das bençãos vindas do céu.	Sl. 1:1-3; Gn. 49:22
Asas (Ap. 9:9)	a) Rapidez para guerrear; b) velocidade.	Ap. 9:9; Hc. 1: 6-9
Boca (Ap. 9:19)	a) Comunicação enganosa; b) insolência; b) mentira; d) orgulho.	Ap. 9:19; Dn. 7:8, 20; Mq. 6:12; I Rs. 22:22; I Sm. 2:3

Cabeça de leão (Ap. 9:17)	a) Líderes devoradores; b) poder político-religioso destruidor.	Ap. 9:7,8,17,18; 13:2; Is. 9:14-16
Cabelos de mulher (Ap. 9:8)	a) Igrejas apostatadas; b) sistema religioso corrompido.	Ap. 17:1,4,5; Os. 2:2-5; 3:1; Ez. 23:2-21; Jr. 6:2; II Co. 11:2; Ef. 5:22; Dn. 11:37
Cauda (Ap. 9:10,19)	a) Engano; b) profeta que ensina falsidade.	Is. 9:15
Cavaleiro (Ap. 9:17)	a) Líderes político-religiosos enganadores; b) sistema papal.	Ap. 6:4-8; 9:17-19; Jr. 8:5,6
Cavalo (Ap. 9:7,17,19)	a) Igreja em trevas espirituais, seu estado é pecaminoso, é liderada pelo Adversário; b) batalha.	Ap. 6:5,6; 9:7,19; Jr. 8:5,6; Zc. 6:2-7; Jo. 10:12,13; Pv. 21:31
Chave (Ap. 9:1)	Controle.	Ap. 9:1; Lc. 11:52
Cinco meses (Ap. 9:5)	Cento e cinquenta dias. No calendário judaico cada mês tem 30 dias.	Ez. 4:6,7; Nm. 14:34
Cobra (Ap. 9:19)	a) Astúcia; b) engano; c) Adversário (Satanás).	Gn. 3:1,4, 13,15; Ap. 12:9; 20:2; II Co. 11:3
Cor de fogo (Ap. 9:17)	Alusão a consumição, destruição.	Jó 22:20; Sl. 50:3; 68:2
Coroa (Ap. 9:7)	a) Realeza; b) autoridade de rei.	I Rs. 11:12; Et. 6:8
Couraça (Ap. 9:9, 17)	Alusão a guerra, pelejas.	I Sm.17:38; Jr. 46:3,4
Dentes de ferro (Ap. 9:9)	a) Força; b) crueldade.	Sl. 58:6; Pv. 30:14; Jr. 15:12
Dentes de leão (Ap. 9:8,17)	a) Matança; b) destruição.	Ap. 9:8; Pv. 30:14; Sl. 57:4; Nm. 23:24; Jr. 2:30
Duzentos milhões (Ap. 9:16)	Alusão ao grande quantitativo do exército.	Sl. 68:17; I Sm. 29:2; Dt. 33:2

DICIONÁRIO DANIEL E APOCALIPSE

Enxofre (Ap. 9:17,18)	Palavras com grande poder de destruição.	Gn.19:24; Dt. 29:23; Sl. 11:6
Erva (Ap. 9:4)	a) Descendência dos justos; b) povo temente, conhecedores dos mandamentos; c) habitantes fiéis.	Ap. 8:7; 9:4; Jó 5:25; II Rs. 19:21,26; Sl. 72:16; Is. 40:7; 66:14; II Rs. 19:21,26
Escorpiões (Ap. 9:3,10)	a) Castigo severo; b) jugo pesado.	I Rs. 12:11; II Cr. 10:11
Estrela (Ap. 9:1)	a) Adversário (Satanás); b) Absinto.	Ap. 9:1; Is. 14:11-14
Fogo (Ap. 9:17,18)	a) Falsos movimentos religiosos, os quais dizem que têm o Espírito do Criador; b) pregadores, profetas que realizam falsos milagres.	Ap. 9:17,18; 13:12-14; I Rs. 18:24,25,26
Fornalha (Ap. 9:2)	a) Aflição; b) destruição; c) morte eterna.	Is. 48:10; Ml. 4:1; Mt. 13:42
Fronte (Ap. 9:4)	a) Santidade; b) fisiologicamente é a área em que o Espírito Santo se comunica com o ser humano, tomada de decisão; c) caráter; d) discernimento; e) liberdade.	Êx. 13:16; 28:36-38; Ez. 3:7; 9:4; Ap. 7:3; 9:4; 14:1; 22:4
Fumaça (Ap. 9:2,17,18)	a) Povo rebelde, ímpios executando e comunicando maldades; b) destruição.	Ap. 9:2,17,18; Is. 9:18; 14:30,31; 65:2,5; Sl. 37:20; 68:1,2
Fumaceira (Ap. 9:2)	a) Impiedade; b) maldade; c) destruição.	Ap. 9:2,17,18; Is. 9:18; 14:30, 31; 65:2,5; Sl. 37:20; 68:1,2
Gafanhotos (Ap. 9:3,7)	a) Príncipes e chefes perversos; b) líderes de igrejas apostadas; c) líderes de Estado; d) destruição, guerra.	Ap. 9:3,7,8; Na. 3:1,17; Is. 33:4; 40:22; Jr. 51:14,27; Jz. 7:12; Jl. 2:25
Homem (Ap. 9:7)	a) Alusão à prática pecaminosa, à impureza; b) impiedade.	Jó 4:17; 15:14; Pv. 21:29; Dn. 7:8

Hora, o dia, o mês e o ano (Ap. 9:15)	Indicação de tempo exato.	Ap. 9:15
Leão (Ap. 9:8,17)	a) Matança; b) destruição.	Ap. 9:8; Nm. 23:24; Jr. 2:30; Pv. 30:14; Sl. 57:4
Mulher (Ap. 9:8)	a) Igrejas apostatadas; b) sistema religioso corrompido.	Ap. 17:1,4,5; Os. 2:2-5; 3:1; Ez. 23:2-21; Jr. 6:2; II Co. 11:2; Ef. 5:22; Dn. 11:37
Poço do abismo (Ap. 9:1)	a) Destruição; b) morte; c) perdição; d) abismo.	Ap. 9:1; Jó 26:6; Sl. 36:6; 55:23; 88:11; Rm. 10:7
Prostituição (Ap. 9:21)	a) Falsa adoração; b) adoração a deuses, reverência a imagens de esculturas, pedras, árvores, entre outras divindades pagãs.	Ap. 2:14;14:8; Jr. 3:1-3,6-10; Ez. 16:16-34; Mq. 1:7.
Quatro ângulos do altar (Ap. 9:13)	Alusão ao juízo.	Ez. 43:20
"Quinta" trombeta (Ap. 9:1)	a) Eventos relacionados com fim da obra do Espírito Santo, isto é, somente os salvos terão acesso à voz do Espírito do Criador; b) tais acontecimentos ocorrem após o selamento dos servos do Altíssimo, fechamento da porta da graça, benignidade, neste período o Adversário (Satanás) causará grande tormento sobre os ímpios.	Ap. 7:13; 9:1-4; 22:11; Sl. 84:11; II Tm. 3:1-5; Na. 3:1,17; At. 2:2-4; 22:11; Ef. 1:13; 4:30; Lc.13:25
Relva (Ap. 9:4)	a) Descendência dos justos; b) povo temente, conhecedor dos mandamentos; c) habitantes fiéis da terra.	Ap. 8:7; 9:4; Jó 5:25; II Rs. 19:21,26; Sl. 72:16; Is. 40:7; 66:14; II Rs. 19:21,26
Rio Eufrates (Ap. 9:14)	a) Nação; b) local no qual habitam os ímpios; c) local em que habitam os adoradores de deuses.	Js. 24:2,15; Jr. 46:7,8,10; Êx. 23:31; Nm. 22:5; Dt. 1:7
Rosto como de homem (Ap. 9:7)	a) Prática pecaminosa, impureza; b) impiedade.	Jó 4:17; 15:14; Pv. 21:29; Dn. 7:8

DICIONÁRIO DANIEL E APOCALIPSE

Selo (Ap. 9:4) — Segregação dos servos tementes ao Soberano, por meio da atuação do Espírito Santo. Isto é, determinado período no futuro próximo, o Espírito Santo não estará mais disponível para os homens ímpios. Característica significativa desses remanescentes é a obediência a todos os mandamentos.

Ap. 7:3; 22:11; Ef. 1:13; 4:30; II Co. 1:21,22; II Tm. 2:19; Jo 14:15

Serpente (Ap. 9:19) — a) Astúcia; b) engano; c) Adversário (Satanás).

Gn. 3:1,4,13,15; Ap. 12:9; 20:2; II Co. 11:3

"Sexta" trombeta (Ap. 9:13,14) — Eventos relacionados com o derramamento de três pragas sobre os ímpios, provocados por atuação do Adversário (Satanás) e dos falsos profetas. Tais eventos ocorrerão após o selamento e provocarão grande mortandade.

Ap. 9:13,14,20,21; Jr. 8:5, 6; Jo. 10:10; Is. 9:15

Sol (Ap. 9:2) — a) Messias; b) Soberano do Universo; c) o Adversário (Satanás) efetuará terrível ataque ao Criador, ao Messias e às boas novas da salvação.

Ap. 1:16; 21:23; 22:5; Sl. 84:11; Ml. 4:2; Mt 17:2; Ef. 5:21-23; Lc. 16:8; I Ts. 5:8

Terça parte (Ap. 9:15,18) — Não é uma proporção literal, mas indicação que uma porcentagem significativa da população seria atingida, afetada pelos eventos.

Ez. 5:1-3, 11-13; história

Testa (Ap. 9:4) — a) Santidade; b) fisiologicamente é a área em que o Espírito Santo se comunica com o ser humano, tomada de decisão; c) caráter; d) discernimento; e) liberdade.

Êx. 13:16; 28:36-38; Ez. 3:7; 9:4; Ap. 7:3; 9:4; 14:1; 22:4

Trombeta (Ap. 9:1) — a) Eventos relacionados com o fim da obra do Espírito Santo, isto é, somente os salvos terão acesso à voz do Espírito do Criador; b) tais acontecimentos ocorrem após o selamento dos servos do Altíssimo, nesse período o Adversário (Satanás) causará grande tormento sobre os ímpios.

Ap. 7:13; 9:1-4; 22:11; Sl. 84:11; II Tm.3:1-5; Na. 3:1, 17; At. 2:2-4; 22:11; Ef. 1:13; 4:30

Trombeta (Ap. 9:13,14) — Eventos relacionados com o derramamento de três pragas sobre os ímpios, provocados por atuação do Adversário (Satanás) e dos falsos profetas. Tais eventos ocorrerão após o selamento e provocarão grande mortandade.

Ap. 9:13,14,20,21; Jr. 8:5,6; Jo. 10:10; Is. 9:15

| Um terço (Ap. 9:15,18) | Não é uma proporção literal, mas indicação que uma porcentagem significativa da população seria atingida, afetada pelos eventos. | Ez. 5:2,11-13 |

| Vinte mil vezes dez milhares (Ap. 9:16) | Alusão ao grande quantitativo do exército. | Sl. 68:17; I Sm. 29:2; Dt. 33:2 |

APOCALIPSE 10

Símbolo	Significado	Referência
Amargo (Ap. 10:9,10)	a) Pesares ou rejeição por anunciar a mensagem profética; b) grupos de pessoas que no século XIX sofreram decepção, por datar a segunda volta do Messias e esta não se cumprir.	Ap. 10:7-11; Nm. 5:24,27; Ez. 3:1-7; Rt. 1:13,14,20, 21; história
Anjo forte (Ap. 10:1)	Messias.	Ap. 1:15,16; 10:1
Anjo poderoso (Ap. 10:1)	Messias.	Ap. 1:15,16; 10:1
Arco (Ap. 10:1)	a) Benignidade; b) resplendor.	Gn. 9:13,16; Ez. 1:28
Colunas de fogo (Ap. 10:1)	a) Iluminação do caminho; b) resplendor.	Êx. 13:21; Nm. 9:12,19
Coma-o (Ap. 10:9)	Absorver as palavras de advertências e proféticas, em seguida admoestar ao povo.	Ez. 2:9,10; 3:1-4,11
Doce como mel (Ap. 10:9,10)	a) Mensagem profética de advertência, a qual é agradável e saborosa para os mensageiros fiéis, entretanto para os ouvintes soa como falsas palavras; b) grupos de pessoas que no século XIX estudaram com afinco as profecias de Daniel relacionadas ao tempo do fim, em seguida disseminaram esse conhecimento.	Ez. 3:2,3,17; Sl. 119:103; história
Face era como o sol (Ap. 10:1)	a) Vitória; b) esplendor; c) justiça.	Jz. 5:31; Jó 37:21,22; Sl. 37:6; Ml. 4:2; Ap. 1:16

DICIONÁRIO DANIEL E APOCALIPSE

Livrinho (Ap. 10:2,9,10)	a) Palavras proféticas e de advertências; b) para alguns estudiosos faz alusão a eventos específicos do livro de Daniel.	Ap. 10:11; Ez. 2:9,10; 3:1-4; Dn. 8:26; 12:4; história
Mar (Ap. 10:2)	a) Povos, nações, multidões. Nesse contexto, essas nações causaram destruição ao império romano; b) angústia.	Jr. 51:11,28,36,42; Ap. 17:15; Zc. 10:11
Mel (Ap. 10:9,10)	a) Mensagem profética de advertência, a qual é agradável e saborosa para os mensageiros fiéis, entretanto para os ouvintes ecoa como falsas palavras; b) grupos de pessoas que no século XIX estudaram com afinco as profecias de Daniel relacionadas ao tempo do fim, em seguida disseminaram esse conhecimento.	Ez. 3:2,3,17; Sl. 119:103, história
Mistério de Deus (Ap. 10:7)	Ciência da data e hora do retorno do Salvador.	Ap. 10:6,7;11:19; Cl. 1:26,27; Am. 3:7
Nuvem (Ap. 10:1)	a) Majestade; b) benevolência; c) beneficência.	Êx. 24:16; 40:34; I Rs. 8:11; Os. 6:4; Pv. 16:15
Pé (Ap. 10:2)	Domínio global.	Ap. 10:2; Dt. 11:24; Js. 1:3-5
Rosto era como o sol (Ap. 10:1)	a) Vitória; b) esplendor; c) justiça.	Jz. 5:31; Jó 37:21,22; Sl. 37:6; Ml. 4:2; Ap. 1:16
Sete trovões (Ap. 10:3)	a) Juízos; b) advertências.	Êx. 9:23; Is. 29:6; 33:3; Jr. 25:30; Jó 36:33
Terra (Ap. 10:2)	Local pouco povoado ou populoso. Escatologicamente é o contrário de água, mar.	Ap. 17:15
Trombeta (Ap. 10:7)	Eventos relacionados com descrição do dia em que retornará o Messias, do juízo sobre os maus e da recompensa para os salvos. Aleluia!	Ap. 10:6,7; 11:15-19; I Co. 14:8
Trovões (Ap. 10:3)	a) Juízo; b) advertência.	Êx. 9:23; Is. 29:6; 33:3; Jr. 25:30; Jó 36:33

APOCALIPSE 11

Símbolo	Significado	Referência
Arca do testemunho (Ap. 11:19)	a) Arca do concerto; b) trono do Altíssimo.	Êx. 23:10-22; Hb. 1:14
Besta que surge do abismo (Ap. 11:7)	a) Adversário (Satanás); b) ateísmo na França durante a segunda metade do século XVIII; c) rei, reino.	Ap. 9:1,11; Dn. 7:17; história
Caniço (Ap. 11:1)	a) Vacilar e tremer. Consequências devido à desobediência; b) nação, rei.	I Rs. 14:15; II Rs. 18:21
Candeeiro (Ap. 11:4)	a) Igrejas; b) escrituras; c) servos do Messias.	Ap. 1:13,20; Sl. 119:105; Mt. 5:14; Êx. 27:20
Candelabro (Ap. 11:4)	a) Igrejas; b) escrituras; c) servos do Messias.	Ap. 1:13,20; Sl. 119:105; Mt. 5:14; Êx. 27:20
Mede (Ap. 11:1)	a) Repreensão, destruição do povo pelos seus inimigos; b) juízo; c) caos.	II Rs. 21:13; Is. 28:17; 34:11; 65:7; Ap. 11;1,2
Mil duzentos e sessenta dias (Ap. 11:3)	Período equivalente a 1.260 anos, isto é, de 538-1798 d.C.	Ez. 4:6,7; Nm. 14:34; Dn. 7:25; história
Pano saco Ap. 11:3)	a) Luto, pranto; b) grande lamento.	Is. 22:12; 58:5; Lm. 2:10
Pisarão a cidade santa (Ap. 11:2)	a) Domínio sobre os fiéis; b) destruição dos seguidores do Cordeiro, mais de **150** milhões foram mortos no período de 538 a 1798. O principal algoz pelo martírio foi o sistema papal.	Sl. 91:13; Lc. 10:19; Dn. 8:10-13; 7:21,23,25; Jo. 16:2; II Ts. 2:3-10; história
Quarenta e dois meses (Ap. 11:2)	a) Mil duzentos e sessenta dias, isto é, mil e duzentos e sessenta anos (cada dia equivale a um ano), o mês no calendário judaico tem 30 dias, portanto 42 x 30 = 1.260; b) época de grandes trevas espirituais e perseguição aos servos do Altíssimo, período de 538 a 1798 d.C. (Idade Média).	Ez. 4:6,7; Nm. 14:34; Ap. 11:3; 12:6; 13:5; Dn. 7:25; história

Relâmpagos, vozes, trovões, terremoto e grande saraivada (Ap. 11:19)	a) Voz do Criador anunciando o dia do seu retorno; b) alusão à repreensão do Soberano devido à maldade do povo.	Ap.10:6,7; 11:18,19; Êx. 9:23; 19:16-19; Jó 26:33; Is. 29:6; Sl. 104:7
Subiram ao céu (Ap. 11:12)	Os profetas, as escrituras, a mensagem foram ressuscitados, reerguidos, resgatados e exaltados.	I Rs. 2:12; Jn. 2:7; Dn. 4:22
"Sétima" trombeta (Ap. 11:15)	Eventos relacionados com descrição do dia em que retornará o Messias, advento do juízo sobre os maus e a recompensa para os salvos. Aleluia!	Ap. 10:6,7; 11:15-19; Êx. 19:16-19; I Co. 14:8
Sodoma e Egito (Ap. 11:8)	a) Corrupção generalizada; b) promiscuidade, rebeldia; c) violência; d) ateísmo, idolatria; e) Paris na segunda metade do século XVIII.	Gn. 18:20; 19:5; Jd. 7; Êx. 5:2; 7:11; Is. 19:1,3; Jr. 46:25; história
Testemunhas (Ap. 11:3)	a) Servos do Altíssimo; b) profetas; c) escrituras (novo e antigo testamento).	Is. 43:1,10,12; Ap. 1:13,20; 11:3,4,10; 17:6; At. 1:8; Jo. 5:39
Três dias e meio (Ap. 11:9,11)	a) Três anos e meio; b) alguns estudiosos afirmam que este período se iniciou no dia 10 de novembro de 1973. Milhares foram mortos, exemplares das escrituras foram queimadas durante este período.	Ez. 4:6,7; Nm. 14:34; história
Trombeta (Ap. 11:15)	Eventos relacionados com descrição do dia em que retornará o Messias, do juízo sobre os maus e a recompensa para os salvos. Aleluia!	Ap. 10:6,7; 11:15-19; Êx. 19:16-19; I Co. 14:8
Vinte e quatro anciãos (Ap. 11:16)	a) Representantes da humanidade redimida; b) primícias que ajudam o Messias no santuário; c) vinte e quatro homens santos que foram ressuscitados, transladados para o céu.	Ap. 4:4; 5:8; II Cr. 10:6; Mt. 17:13; 27:52,53; Gn. 5:24; II Rs. 2:11
Trono (Ap. 11:16)	a) Estes anciãos ocupam uma posição de realeza; b) juízo e justiça; c) santidade; d) majestade.	Ap. 7:9; 11:18; I Rs. 1:30,35,37; Sl. 9:4,7; 47:8; 89:14; 99:1; 103:19; Pv. 20:8; Hb. 8:1

| Vozes (Ap. 11:19) | Revelação do dia em que retornará o Salvador, para buscar os seus filhos. | Ap. 10:6,7;11:19; Êx. 19:16-19; Cl. 1:26,27; Am. 3:7 |

APOCALIPSE 12

Símbolo	Significado	Referência
Águia (Ap.12:14)	Velocidade.	Dt. 28:49; Hc. 1:8; Jó 9:25,26
Areia do mar (Ap. 12:17)	Multidão de pessoas ímpias.	Ap. 12:17; 20:8; Rm. 9:27; Js. 11:2-4;
Cabeças (Ap.12:3)	a) Reis; b) reinos; c) alusão às sete cabeças do capítulo sete de Daniel (quatro cabeças da Grécia, agregadas com as cabeças de Babilônia, Média-Pérsia e Roma imperial), ou seja, estes sistemas de governo foram marionetes nas mãos do Adversário, (Satanás); d) alguns estudiosos afirmam que se referem aos papas; e) outros pesquisadores afirmam que são as quatro cabeças da Grécia, agregadas com as cabeças de Babilônia, Média-Pérsia e Roma em suas duas fases imperial e papal.	Dn. 7:3-7,17,23; Ap. 12:1-6; 17:9; história
Cauda (Ap. 12:4)	a) Engano; b) profeta que ensina falsidade.	Is. 9:15
Chifres (Ap. 12:3)	a) Dez reinos que têm poder, isto é, dez tribos que integravam o império romano, originando nações europeias; Anglos (Inglaterra), Francos (França), Visigodos (norte da Espanha), Suevos (Portugal), Vândalos (sul da Espanha), Germanos (Alemanha), Burgundos (Suíça), Ostrogodos (Áustria), Lombardos (norte da Itália), Hérulos (sul da Itália); b) alguns estudiosos também afirmam que são dez blocos mundiais, que se formarão neste tempo do fim, os quais terão como rei principal a besta de Apocalipse 17.	Dn. 7:24; 8:20,22; Ap. 17:12; Zc. 1:18-21; Ez. 1:18,19; Dt. 33:17; IRs. 22:11; II Cr. 18:10; Sl. 22:21; Mq. 4:13; história
Cordeiro (Ap. 12:11)	Messias crucificado, ressurreto e magnífico.	Ap. 6:1,7, 12; 7: 14; Jo 1:28, 29; Is. 53; I Co. 5:7

DICIONÁRIO DANIEL E APOCALIPSE

Coroa (Ap. 12:1)	a) Vitória; b) realeza, autoridade de rei; c) santidade; d) vida eterna.	Ap. 2:9,10; Tg. 1:12; Êx. 29:6; 39:30; Lv. 8:9; I Co. 9:25; II Tm. 4:8
Coroas (Ap. 12:3)	Reinado. Neste contexto histórico Roma imperial e principalmente papal reinou de forma cruel, dizimando conforme alguns pesquisadores mais de 150 milhões de "cristãos".	II Sm. 1:10; Dn. 7:21,23, 25; 8:10-13; II Ts. 2:3-10; história
Deserto (Ap. 12:6,14)	a) Locais ou caminhos solitários; b) geograficamente territórios com escassez de pessoas, sem ofertas de atividades comerciais.	Sl.102:6; 107:4; Mt. 14:13-15
Dez chifres (Ap. 12:3)	a) Dez reinos que têm poder, isto é, dez tribos que integravam o império romano, originando nações europeias; Anglos (Inglaterra), Francos (França), Visigodos (norte da Espanha), Suevos (Portugal), Vândalos (sul da Espanha), Germanos (Alemanha), Burgundos (Suíça), Ostrogodos (Áustria), Lombardos (norte da Itália), Hérulos (sul da Itália); b) alguns estudiosos também afirmam que são dez blocos mundiais, que se formarão neste tempo do fim, os quais terão como rei principal a besta de Apocalipse 17.	Dn. 7:24; 8:20,22; Ap. 17:12; Zc. 1:18-21; Ez. 1:18,19; Dt. 33:17; IRs. 22:11; II Cr. 18:10; Sl. 22:21; Mq. 4:13; história
Diademas (Ap. 12:3)	Coroa, reinado. Neste contexto histórico Roma imperial e principalmente papal reinou de forma cruel, dizimaram, conforme alguns pesquisadores, mais de 150 milhões de "cristãos".	II Sm. 1:10; Dn. 7:21,23,25; 8:10-13; II Ts. 2:3-10; história
Doze estrelas (Ap. 12:1)	a) Povo do Criador; b) totalidade dos remanescentes.	Gn. 15:5; 22:17; 37:9; Dt. 1:10; 10:22; 28:62; Hb. 11:12; Ap. 1:16,20; Dn. 12:3
Dragão (Ap. 12:3, 4, 9, 13, 16, 17, 18)	a) Adversário (Satanás); b) império romano; c) finalmente, o dragão também é representado pelo sistema papal, especialmente na Idade Média; d) reino, rei.	Ap. 12:3-9; 20:2 Mt. 2:13-18; Dn. 7:8,17,20,23;8:9-12; II Ts. 2:3-9; Ap. 13:1,2; história

Termo	Significado	Referências
Estrelas (Ap. 12:1)	Povo do Criador.	Ap. 1:16; 20; 12:1; Gn. 15:5; 22:17; 37:9; Dt. 1:10; 10:22; 28:62; Hb. 11:12; Dn. 12:3
Estrelas (Ap. 12:4)	Anjos que foram expulsos dos céus.	Is. 14:12,13; Ez. 28:14; Ap. 9:1
Filho (Ap. 12:4,5,13)	Messias.	Is. 7:14; 9:6; Lc. 1:31; Ap. 14:13; Dn. 7:13,14
Grávida (Ap. 12:2)	Alusão à igreja, povo do Criador, que geraria o Filho, o qual foi e é o Salvador da humanidade.	Ap. 12:1-5; Ef. 5:22-27; Is. 7:14; Mt. 2:13-15
Lua (Ap. 12:1)	a) Iluminação do caminho por onde deve andar; b) proclamação das boas novas da salvação.	Ap. 12:1; Gn. 1:14-17; Is. 60:19,20; Jr. 31:35; Ef. 6:15; Sl. 119:105; Hb. 6:4
Miguel (Ap. 12:7)	Messias.	Ap. 12:7; Dn. 10:13,21; 12:1
Mil duzentos e sessenta dias (Ap. 12:6)	Período equivalente a 1.260 anos, isto é, de 538-1798 d.C.	Ez. 4:6,7; Nm. 14:34; Dn. 7:25; história
Mulher (Ap. 12:1, 6, 13, 14, 15, 16, 17)	a) Representa o povo do Altíssimo; b) igreja pura, verdadeira.	Ap. 12:1; Ef. 5:22-27; Is. 54:1,5,6; II Co. 11:2; Ct. 6:10; Êx. 1:15-22
Pé (Ap. 12:17)	a) Domínio; b) guerra.	Ap.12:17; I Sm. 15:4; 17:8, 51; II Sm. 10:6
Rio (Ap. 12:15,16)	a) Nações, povos; b) poder que objetivou destruir os fiéis, sistema papal, o qual utilizou como principais ferramentas: o engano, apoio do Estado, representado pelos países que, obedecendo à soberania papal, saíram para perseguir esse grupo.	Ap. 17:15; Jr. 46:7,8; Dn. 7:25; história

DICIONÁRIO DANIEL E APOCALIPSE

Sangue (Ap. 12:11)	a) Redenção, remissão dos pecados, purificação; b) nova aliança.	Ap. 1:5; 5:9; Mt. 26:28; Lc. 22:20; Ef. 1:7; Cl. 1:4; Hb. 9:13,14; I Pd. 1:18,19; I Jo. 1:7
Sol (Ap. 12:1)	a) Messias; b) evangelho; c) povo fiel revestido da presença do Messias.	Ap. 1:16; 21:23; 22:5; Sl. 84:11; Ml. 4:2; Mt. 17:2; Ef. 5:21-23; Lc. 16:8; I Ts. 5:8
Serpente (Ap. 12:9,14,15)	a) Adversário (Satanás); b) engano, corrupção.	Ap. 12:9; 20:2; II Co. 11:3; Gn. 3:1,4,13,15
Sete cabeças (Ap. 12:3)	a) Reis; b) reinos; c) alusão às sete cabeças do capítulo sete de Daniel (quatro cabeças da Grécia, agregadas com as cabeças de Babilônia, Média-Pérsia e Roma imperial), ou seja, estes sistemas de governo foram marionetes nas mãos do Adversário, (Satanás); d) alguns estudiosos afirmam que se referem aos papas; e) outros pesquisadores afirmam que são as quatro cabeças da Grécia, agregadas com as cabeças de Babilônia, Média-Pérsia e Roma em suas duas fases imperial e papal.	Dn.7:3-7,17,23; Ap. 12:1-6; 17:9; história
Sete coroas (Ap. 12:3)	Reinado. Neste contexto histórico Roma imperial e principalmente papal reinou de forma cruel, dizimaram, conforme alguns pesquisadores, mais de 150 milhões de "cristãos".	II Sm. 1:10; Dn. 7:21,23,25; 8:10-13; II Ts. 2:3-10; história
Sete diademas (Ap. 12:3)	Sete coroas, reinado. Neste contexto histórico Roma imperial e principalmente papal reinou de forma cruel, dizimaram, conforme alguns pesquisadores, mais de 150 milhões de "cristãos".	II Sm. 1:10; Dn. 7:21,23,25; 8:10-13; II Ts. 2:3-10; história
Tempo (Ap. 12:14)	Ano literal.	Dn. 4: 16, 23; 11:13; 7:25

Termo	Definição	Referências
Tempo, tempos e metade de um tempo (Ap. 12:7)	Mil duzentos e sessenta anos. Cada tempo equivale a um ano. Um ano é igual a 360 dias, calendário judaico. Portanto, este período abarca 1.260 dias, que em profecia são 1.260 anos. Iniciou-se em 538 d.C. com a supremacia papal e finalizou em 1798 d.C. com a prisão do papa. Tempo caracterizado por grande matança aos "cristãos", promovida pelo sistema papal, e por trevas aos ensinamentos das escrituras.	Ap. 11:2,3; 13:5; Ez. 4:6,7; Nm. 14:34; Dn. 7:25; 12:7; história
Terça parte (Ap. 12:4)	Não é uma proporção literal, mas indicação que uma porcentagem significativa dos anjos foram enganados pelo Adversário e, com ele, foram lançados na terra.	Ez. 5:1-3,11-13
Terra (Ap. 12:16)	a) Local pouco povoado ou populoso. No contexto profético é o contrário de água, mar; b) alguns estudiosos afirmam que é uma representação dos Estados Unidos, que socorreu a igreja, a qual sofria terrível perseguição na Europa.	Ap. 17:15; história
Trono (Ap. 12:5)	a) Representa que o Criador está reinando; b) realeza; c) juízo e justiça; d) santidade; e) majestade.	I Rs. 1:30,35,37; Sl. 9:4,7; 47:8; 89:14; 99:1; 103:19; Pv. 20:8; Hb. 8:1
Um terço (Ap. 12:4)	Não é uma proporção literal, mas indicação que uma porcentagem significativa dos anjos foram enganados pelo Adversário e, com ele, foram lançados na terra.	Ez. 5:2,11-13
Vermelho (Ap. 12:3)	a) Derramamento de sangue, guerra contra os fiéis; b) pecado, corrupção.	II Rs. 3:22; Na. 2:3; Is. 1;18; história
Vestida do Sol (Ap. 12:1)	a) Messias; b) evangelho; c) este povo fiel está revestido da presença do Messias.	Sl. 84:11; Ml. 4:2; Mt. 17:2; Ef. 5:21-23 Sl. 104:2; Lc. 16:8; I Ts. 5:8

APOCALIPSE 13

Símbolo	Significado	Referência
Besta (Ap. 13:1, 4, 12, 14, 15, 17, 18)	É um animal, em profecia representa rei ou reino, dessa forma, analisando o contexto, diagnostica-se que essa besta é o sistema papal. Roma concedeu grande autoridade ao bispo de Roma (v.2), a terra se curva a essa autoridade (v.3), diz que tem o poder para perdoar pecados, afirma que o Messias fracassou na cruz, blasfêmia (v. 5 e 6).	Ap. 13:1-10; Dn. 7:16,17,23; Gn. 3:14; história
Besta (Ap. 13:11)	É um animal, em profecia representa rei ou reino, dessa forma, analisando o contexto, diagnostica-se que essa besta são os Estados Unidos. Essa nação surge de um local não populoso (v. 11), diferente das outras bestas que surgem em local de certa forma populoso e povoado. Têm a sua independência reconhecida no ano em que o papado recebe sua ferida (1798). É uma superpotência militar e política, pois faz com que a terra adore ao papado, além de ordenar a morte dos "rebeldes" (v. 12, 15), é uma nação religiosa (v.13).	Ap. 13:1-10; 17:15; Gn. 3:14; Dn. 7:16,17,23; história
Besta (Ap. 13:12)	Papado ou sistema papal. Ver o significado de besta (Ap. 13:1).	Ap. 13:1-10; Gn. 3:14; Dn. 7:16,17,23; história
Besta emergir da terra (Ap. 13:11)	É um animal, em profecia representa rei ou reino, dessa forma, analisando o contexto, diagnostica-se que essa besta são os Estados Unidos. Essa nação surge de um local não populoso (v.11), diferente das outras bestas que surgem em local de certa forma populoso e povoado. Têm a sua independência reconhecida no ano que o papado recebe sua ferida (1798). É uma superpotência militar e política, pois faz com que a terra adore ao papado (v. 12), é uma nação religiosa (v. 13) e ordena a morte dos "rebeldes" (v. 15).	Ap. 13:1-10; 17:15; Gn. 3:14; Dn. 7:16,17,23; história

Blasfêmia (Ap. 13:1,5)	a) Pontífice máximo, Vossa santidade, Vigário de Cristo; b) se titular como o Altíssimo; c) perdoar pecados; d) insensibilidade e resistência à voz do Espírito Santo; e) mentira e engano.	Mc. 14:61-64; Mt. 12:31; 26:61-65; Jo. 10:33; Lc. 5:20,21; Ap. 2:9; Ez. 35:12; história
Cabeça como golpeada de morte (Ap. 13:3)	a) Prisão e morte do papa Pio VI; b) possibilidade também, embora remota, de ser o atentado contra o papa João Paulo II.	Ap. 13:1-3,14; história
Calcule o número da besta (Ap. 13:18)	a) Alguns estudiosos afirmam que é a soma (666) da numeração em algarismos romanos do título outorgado ao Papa, "Vicarius Filli Dei", Vigário do filho de Deus; b) a maioria dos teólogos tem outra opnião, ver o significado "número do seu nome".	Ap. 13:18; 15:2; Mt. 15:7,8; história
Cativeiro (Ap. 13:10)	Condução do papa Pio VI pelo general francês para o local em que ficaria preso, França.	II Rs. 25:27; II Cr. 28:5,11-17; história
Chifre (Ap. 13:11)	a) Dois reinos, isto é, igreja e Estado; b) poder; c) rei; reino; d) força; e) poder político-religioso que persegue o povo do Eterno.	Ap. 13:11; Dn. 8:1-7; Mt. 22:19-21; Jo. 18:36; Ap. 17:12; Zc. 1:18,19; Ez. 29:21
Chifres (Ap. 13:1)	a) Dez reinos; b) dez reis; c) dez blocos mundiais que se formarão nesses últimos dias; c) alguns pesquisadores afirmam também que são as dez tribos que integravam o império romano; d) força destrutiva; e) poderes.	Dn. 7:24; 8:20,22; Ap. 13:1; 17:12; Dt. 33:17; I Rs. 22:11; II Cr. 18:10; Ez. 1:18,19; Sl. 22:21; Mq. 4:13; Zc. 1:19,21
Cordeiro (Ap. 13:8,11)	a) Messias; b) Salvador crucificado, ressurreto e magnífico.	Ap. 6:1,7,12; 7:14; Jo 1:28, 29; Is. 53; I Co. 5:7
Coroa (Ap. 13:1)	Coroa, reinado. "São os chifres" que reinam.	II Sm. 1:10; II Cr. 23:11
Descer fogo do céu à terra (Ap. 13:13)	a) Pseudoprofetas; b) pregadores que realizam falsos milagres; c) falsos movimentos religiosos, os quais dizem que tem o Espírito do Criador.	Ap. 13:12-14; I Rs. 18:24,25,26; história

DICIONÁRIO DANIEL E APOCALIPSE

Dez chifres (Ap. 13:1) a) Dez reinos; b) dez reis; c) dez blocos mundiais que se formarão nesses últimos dias; c) alguns pesquisadores afirmam também que são as dez tribos que integravam o império romano; d) força destrutiva; e) poderes.
Dn. 7:24; 8:20,22; Ap. 13:1; 17:12; Dt. 33:17; I Rs. 22:11; II Cr. 18:10; Ez. 1:18,19; Sl. 22:21; Mq. 4:13; Zc. 1:19,21

Diadema (Ap.13:1) Coroa, reinado. "São os chifres" que reinam.
II Sm. 1:10; II Cr. 23:11

Dois chifres (Ap. 13:11) a) Poder religioso e de Estado (civil) dos Estados Unidos; b) dois reinos, dois reis; c) força destrutiva; d) capacidade de dispersar os adversários.
Ap. 13; 11; Dn. 7:24; 8:20, 22; Dt. 33:17; I Rs. 22:11; II Cr. 18:10; Ez. 1:18, 19; Sl. 22:21; Mq. 4:13; Zc. 1:19, 21

Dragão (Ap. 13:2,4) a) Adversário (Satanás); b) império romano.
Ap. 12:3-9; 13:1,2; 20:2; Mt. 2:13-18; Dn. 7:7,17,23; história

Espada (Ap. 13:10) a) Poder civil para penalizar; b) prisão do papa Pio VI pelo general francês Berthier; c) atentado contra o papa João Paulo II.
Rm. 13:1-4; Mt. 26:52; história

Ferida mortal foi curada (Ap. 13:3) Se cumprirá quando o sistema papal tiver o mesmo poder que tinha na Idade Média, com prerrogativas para prender e tentar matar os fiéis remanescentes.
Ap. 13:3; Rm. 13:4; Mt. 26:52; Dn. 7:25; 12:7; história

Fogo do céu faz descer à terra (Ap. 13:13) a) Pseudoprofetas; b) pregadores que realizam falsos milagres; c) falsos movimentos religiosos, os quais dizem que tem o Espírito do Criador.
Ap. 9:17,18; 13:12-14; I Rs. 18:24,25, 26; história

Fronte (Ap. 13:16) a) Por falta de sensibilidade à voz do Espírito Santo, grande amostra da população será enganada, isto é, obedecerá de forma racional ao estratagema do Maligno; b) tomada de decisão em favor dos princípios do sistema papal; c) obediência de forma consciente ao decreto de santificação do domingo.
Ap. 7:3; 13:14-17; 14:1; 22:4; Ez. 3:7; Rm. 4:11; Dn. 7:25; Êx. 20:8-12; Ez. 9:4, 20:20

95

Homem (Ap. 13:18)	a) Alusão à prática pecaminosa, impureza; b) impiedade.	Jó 4:17; 15:14; Pv. 21:29; Dn. 7:8
Imagem da besta (Ap. 13:14,15)	a) Imposição de normas, decretos para que a terra espelhe, se assemelhe ao sistema papal; b) união da igreja de Roma com o sistema evangélico e Estado para favorecer o sistema papal, tem também como finalidade impor a lei dominical nos Estados Unidos da América.	Ap. 13:11-15; Gn. 1:26; Dn. 3; história
Imagem em honra à besta (Ap. 13:14,15)	a) Imposição de normas, decretos para que a terra espelhe, se assemelhe ao sistema papal; b) união da igreja de Roma com o sistema evangélico e Estado para favorecer o sistema papal, tem também como finalidade impor a lei dominical nos Estados Unidos da América.	Ap. 13:11-15; Gn. 1:26; Dn. 3
Leão (Ap. 13:2)	Sistema dos papas tem características culturais, políticas, religiosas e de guerras semelhantes ao império da Babilônia. Como exemplos: orgulho, luxo, ostentação, tortura, homicídios cruéis, assassinar toda a família de suas vítimas, lançar seus inimigos na fornalha ou fogueiras.	Ap. 13:2; Dn. 2:5, 12,37,38; 4:30; 7:4,17; Jr. 4:7; 27:22; 29:10; história
Leopardo (Ap. 13:2)	Sistema dos papas tem características culturais, políticas, religiosas e de guerras semelhantes ao império da Grécia. Como exemplos: adoração aos deuses, rapidez em conquistar as guerras, repartição das terras, tecnologias para matar seus adversários.	Ap. 13:1,2; Dn. 7:4-7,17; história
Leopardo. Urso. Leão. Dragão. (Ap. 13:2)	Agregação das estratégias malignas dos impérios da Babilônia, Medo-Pérsia, Grécia e Roma, aplicadas contra os cristãos pelo sistema do papado. Observação: ver o significado de cada animal individualmente.	Dn. 1:1,3; 2:5,13; 3:6,19,20; 6:16; 7:17; Ap. 12:13; 13:7; Mt. 2:13-18; história
Livro da Vida (Ap. 13:8)	a) Nomes listados nos registros dos salvos; b) salvos que habitarão com o Criador.	Sl. 69:28; Dn. 12:1; Sl. 69:28; Ap. 13:8; 17:8; 20:15; 21:27; Fl. 4:3; Ml. 3:16

DICIONÁRIO DANIEL E APOCALIPSE

Mão (Ap. 13:16)	a) Falsa garantia de prosperidade, vitória, proteção, vida longa, livre-arbítrio para exercer todo tipo de comercialização, se tão somente obedecer aos ditames do sistema papal. Esse grupo tem ciência de que são decretos ilegais, mas optará em seguir a Besta; b) de acordo com o contexto, há evidências que significam trabalho, atividade, ou seja, grande amostra da população optará em santificar o domingo, para não perder o emprego, ter acesso aos bens públicos e liberdade para viajar, entre outras atividades comerciais.	Ap. 13:12-17; Gn. 48:13-19; Jó 40:14; Sl. 73:23; Pv. 3:16; Is. 41:13; Ec. 2:1,11; 4:6; 9:10; Êx. 20:8-12; Ez. 9:4, 20:20; Rm. 4:11; Dn. 7:25
Mar (Ap. 13:1)	Povos, nações, multidões.	Ap. 17:15; Jr. 51:11, 28, 36, 42; Zc. 10:11
Marca (Ap. 13:16,17)	a) Aliança de adoração que os ímpios farão a favor do Adversário e do sistema papal; b) característica espiritual que segrega os que adoram ao papado, Adversário (Satanás); c) decreto dominical, isto é, obrigatoriedade da humanidade para santificar o domingo; d) imposição de instrumento de adoração maligna, pelo Estado, inicialmente nos Estados Unidos, em seguida os países do mundo adotarão as mesmas regras.	Ap. 13:13-17; 14:11; 16:2; 19:20; Êx. 31:13,16,17; Ez. 9:1-6; Is. 44:13; Os. 2:2; At. 28:11
Morto à espada (Ap. 13:10)	a) Prisão do papa Pio VI pelo general francês Berthier; b) atentado contra o papa João Paulo II.	Rm. 13:1-4; Mt. 26:52; história
Nome da besta (Ap. 13:17)	Caráter, identidade semelhante ao sistema papal.	Gn. 11:4; 38:29; 41:15,51,52
Nomes de blasfêmia (Ap. 13:1)	a) Pontífice máximo, Vossa santidade, Vigário de Cristo, Papa; b) se titular como o Altíssimo; c) perdoar pecados; d) insensibilidade e resistência à voz do Espírito Santo; e) mentira e engano.	Mc. 14:61-64; Mt. 12:31; 26:61-65; Jo. 10:33; Lc. 5:20,21; Ap. 2:9; Ez. 35:12;
Primeira besta (Ap. 13:12)	Papado ou sistema papal. Ver o significado de besta (Ap. 13:1).	Ap. 13:1-10; Dn. 7:16,17,23; Gn. 3:14; história

Quarenta e dois meses (Ap. 13:5)	a) Mil duzentos e sessenta dias, isto é, mil e duzentos e sessenta anos (cada dia equivale a um ano), o mês no calendário judaico tem 30 dias, portanto 42 x 30 = 1.260; b) época de grande treva espiritual e perseguição aos servos do Altíssimo, este período foi de 538-1798 d.C., Idade Média; c) alguns pesquisadores compreendem que é um período de três anos e meio de reinado do anticristo, ou seja, 42 x 30 = 1.260 dias. Este valor divide por 360, portanto igual a 3,5 anos.	Ez. 4:6,7; Nm. 14:34; Ap. 11:3; 12:6; 13:5; Dn. 7:25; história
Seiscentos e sessenta e seis (Ap. 13:18)	a) Adoração à imagem da besta, ou seja, reverência aos decretos papais; b) adoração ao sistema papal, que tem um grande alcance no controle da economia mundial; c) adoração aos prazeres ou às riquezas materiais, em detrimento das leis do Altíssimo.	Ap. 13:14-18; I Rs. 10:14; Nm.7:88; Dn. 3:1; Mt. 15:7, 8
Sete cabeças (Ap. 13:1)	a) Alusão às sete cabeças de Daniel capítulo sete: quatro cabeças da Grécia, agregado com as cabeças de Babilônia, Média-Pérsia e Roma imperial; b) alguns estudiosos acreditam que se referem aos papas; c) outros pesquisadores afirmam que são os impérios: Egito, Assíria, Babilônia, Pérsia, Grécia, Roma e o sistema papal.	Dn. 7:3-7,17,23; Ap. 12:1-6; 17:9; história
Sinais (Ap. 13:13)	a) Falsos milagres; b) falsas curas operadas pelos falsos profetas; c) operação de falsas maravilhas.	Mt. 24:24; Mc. 13:22; Jo. 4:53,54; 6:14; 12:17,18; 20:30
Terra (Ap. 13:11)	a) Local pouco povoado ou populoso. No contexto profético é o contrário de água, mar; b) alguns estudiosos afirmam que é uma representação dos Estados Unidos, que socorreu a igreja, a qual sofria terrível perseguição na Europa. Ver o significado da "besta emergir da terra".	Ap. 17:15; história
Uma das cabeças da besta parecia ter sofrido um ferimento (Ap. 13:3)	a) Prisão e morte do papa Pio VI; b) possibilidade remota de ser o atentado contra o papa João Paulo II.	Ap. 13:1-3,14; história

DICIONÁRIO DANIEL E APOCALIPSE

Urso (Ap. 13:2)	Sistema papal tem características culturais, políticas, religiosas e de guerras semelhantes ao império da Média-Pérsia. Como exemplos: o mitraísmo, adoração a ídolos, aprisionar pessoas com os leões.	Ap. 13:1,2; Dn. 7:5,17; história

APOCALIPSE 14

Símbolo	Significado	Referência
Anciãos (Ap. 14:3)	a) Representantes da humanidade redimida; b) primícias que ajudam o Messias no santuário; c) vinte e quatro homens santos que foram ressuscitados, transladados para o céu.	Ap. 4:4; 5:8; II Cr. 10:6; Mt. 17:13; 27:52,53; Gn. 5:24; II Rs. 2:11
Anjo (Ap. 14:6,8,9)	a) Mensageiro; b) ajudador; c) cooperador.	Ap. 14:6, 7; I Sm. 29:9; Mc. 16:15
Atormentado com fogo e enxofre (Ap. 14:10)	Morte definitiva dos ímpios, aniquilação.	Ap. 14:10 20:11-15; Is. 33:12-14; Ez. 18:20; II Pd. 3:7
Babilônia (Ap. 14:8)	a) Confusão religiosa, sistema religioso corrompido; b) liderança, gestão exercida pelo sistema da igreja de Roma.	Ap. 14:8; Gn. 11:9; Is. 21:9; Jr. 51:47; Dn. 3:1,14
Besta (Ap. 14:9,14)	É um animal, em profecia representa rei ou reino. Dessa forma, analisando o contexto, em especial Apocalipse 13, diagnostica-se que essa besta é o sistema papal.	Ap. 13:1-10,12,14,15,17; Dn. 7:16,17,23; Gn. 3:14; história
Cálice (Ap. 14:10)	Ira do Criador, abatendo os ímpios.	Ap. 14:10; Sl. 75:7,8
Ceifa (Ap. 14:14,15)	Fim do mundo, consumação dos séculos.	Ap. 14:14,15; Mt. 13:39
Cento e quarenta e quatro mil (Ap. 14:1,3)	Quantitativo simbólico dos remanescentes que foram selados, aguardarão em vida o retorno do Mestre. Um grupo de remanescentes será ressuscitado e se unirá a esse grupo. Esse grupo de pessoas presenciará a maior angústia de todos os tempos. Vivenciará grande batalha ou guerra espiritual, mas todos vencerão.	Ap. 22:4; Nm. 31:3-6; Ef. 2:20; Dn. 12:1,2

Cerca de trezentos quilômetros (Ap. 14:20)	Alusão à grande mortandade dos ímpios no dia do juízo.	Ap. 14:18-20; 20:7,8; 22:14,15
Comprados (Ap. 14:3)	a) Os salvos foram resgatados do mundo de pecado pelo sangue do Messias e agora têm uma nova vida; b) libertação.	Ap. 5:9, 10; II Co. 6:19, 20; I Co. 7:21-23; Cl 1:13,14; Is. 35:9,10; 51:11; 52:3
Cordeiro (Ap. 14:1,4,10)	Messias crucificado, ressurreto e magnífico.	Ap. 6:1,7,12; 7:14; Jo 1:28,29; Is. 53; I Co. 5:7
Coroa (Ap. 14:14)	a) Vitória; b) realeza, autoridade de rei; c) santidade; d) vida eterna.	Ap. 2:9,10; Tg. 1:12; Êx. 29:6; 39:30; Lv. 8:9; I Co. 9:25; II Tm. 4:8
Evangelho eterno (Ap. 14:6)	a) Boas notícias sobre o Messias e seu reino; b) evangelho verdadeiro; c) anúncio para toda a terra adorar ao Criador.	Ap. 14:7; Mt. 9:35; 24:14; Mc. 1:1;16:15; Rm. 1:16; Sl. 82:8; Gl. 1:9,11
Filho do homem (Ap. 14:14)	Messias.	Mt. 20:28; Is. 7:14, 9:6; Lc. 1:31; Dn. 7:13,14
Foice (Ap. 14:15,16,17,18)	Ceifa dos ímpios no dia do juízo.	Ap. 14:14-20; Jl. 3:12-14
Fora da cidade (Ap. 14:20)	a) Alusão aos ímpios que serão destruídos fora da cidade celestial; b) alusão aos mortos que serão "enterrados", isto é, consumidos, aniquilados fora da cidade celestial.	Ap. 22:14,15; Is. 34:3; II Cr. 33:15; Lc. 7:12; At. 7:58; 14:19
Forte trovão (Ap. 14:2)	a) Juízo; b) advertência.	Êx. 9:23; Is. 29:6; 33:3; Jr. 25:30; Jó 36:33
Fronte (Ap. 14:1,9)	a) Santidade; b) fisiologicamente é a área em que o Espírito Santo se comunica com o ser humano, tomada de decisão; c) caráter; d) discernimento; e) liberdade.	Ap. 7:3; 9:4; 14:1; 22:4; Êx. 13:16; 28:36-38; Ez. 3:7; 9:4

DICIONÁRIO DANIEL E APOCALIPSE

Fumaça (Ap. 14:11) Castigo sobre os ímpios, desaparecimento total desse grupo. — Ap. 14:11,12; Sl. 37:20; Gn. 19:28

Harpista (Ap. 14:2) a) Louvor para o Altíssimo; b) alegria; c) poder. — Ap. 14:3; Gn. 31:27; Sl. 33:2; 43:4; Is. 24:8; I Cr. 25:3; II Rs. 3:15

Hora do juízo (Ap. 14:7) Alguns estudiosos afirmam que o juízo iniciou-se no ano 1844, com o juízo investigativo. Esse período tem sua origem com o fim das duas mil trezentas tardes e manhãs. Finalmente é concluído após o milênio, com a destruição, aniquilamento dos ímpios e do Adversário, Satanás. — Dn. 8:13-14; Ap. 3:14-21; 20:11-15; Ez. 18:20; II Pd. 3:7

Imagem da besta (Ap. 14:9,14) a) Imposição de normas, decretos para que a terra espelhe, se assemelhe ao sistema papal; b) união da igreja de Roma com o sistema evangélico e Estado para favorecer o sistema papal, tem também como finalidade impor a lei dominical nos Estados Unidos da América. — Ap. 13:11-15; Gn. 1:26; Dn. 3; história

Monte Sião (Ap. 14:1) a) Cidade do Grande Rei; b) reino celestial; c) habitação do Soberano. — Sl. 48:2; 74:2; Mq. 4:7

Mulheres (Ap. 14:4) a) Sistema religioso corrompido; b) Igrejas falsas. — Ap.17:1,4,5; Os. 2:2-5; 3:1; Ez. 23:2-21; Jr. 6:2; II Co. 11:2; Ef. 5:22; Dn. 11:37

Mão (Ap. 14:9) a) Falsa garantia de prosperidade, vitória, proteção, vida longa, livre-arbítrio para exercer todo tipo de comercialização, se tão somente obedecer aos ditames do sistema papal. Esse grupo tem ciência de que são decretos ilegais, mas optarão em seguir a Besta; b) de acordo com o contexto pode indicar: trabalho, atividade, ou seja, grande amostra da população optará em santificar o domingo, para não perder o emprego, ter acesso aos bens públicos e liberdade para viajar, entre outras atividades comerciais. — Ap. 13:12-17; Gn. 48:13-19; Jó 40:14; Sl. 73:23; Pv. 3:16; Is. 41:13; Ec. 2:1,11; 4:6; 9:10; Êx. 20:8-12; Ez. 9:4, 20:20; Rm. 4:11; Dn. 7:25

Marca na fronte (Ap. 14:9)	a) Por falta de sensibilidade à voz do Espírito Santo, grande amostra da população será enganada, isto é, obedecerá de forma racional ao estratagema do Maligno; b) tomada de decisão em favor dos princípios do sistema papal; c) obediência de forma consciente ao decreto da santificação do domingo; d) aliança de adoração que os ímpios farão a favor do Adversário e do sistema papal.	Ap. 7:3; 13:14-17; 14:1; 16:2; 22:4; Êx. 20:8-12; 31:13,16,17; Ez. 3:7; 9:1-6; Rm. 4:11; Dn. 7:25; Ez. 9:1-6, 20:20; Is. 44:13
Marca na testa (Ap. 14:9)	a) Por falta de sensibilidade à voz do Espírito Santo, grande amostra da população será enganada, isto é, obedecerá de forma racional ao estratagema do Maligno; b) tomada de decisão em favor dos princípios do sistema papal; c) obediência de forma consciente ao decreto da santificação do domingo; d) aliança de adoração que os ímpios farão a favor do Adversário e do sistema papal.	Ap. 7:3; 13; 14:1; 16:2; 22:4; Êx. 20:8-12; 31:13, 16, 17; Ez. 3:7; 9:1-6; Rm. 4:11; Dn. 7:25; Ez. 9:1-6, 20:20; Is.44:13
Mil e seiscentos estádios (Ap. 14:20)	Cerca de trezentos quilômetros, ou seja, alusão à grande mortandade dos ímpios no dia do juízo.	Ap. 14:18-20; 20:7,8; 22:14, 15
Nome (Ap. 14:1)	a) Vitória; b) benção, identidade.	Ap. 3:12; Nm. 6:27; Dt. 28:10
Nome (Ap. 14:11)	Caráter, identidade semelhante ao sistema papal.	Ap. 13:17; Gn. 11:4; 38:29; 41:15, 51,52
Pé (Ap. 14:1)	Vitória.	Ap. 14:1; Js. 1:3-5; Sl. 48:2; 74:2
Prostituição (Ap. 14:8)	a) Falsa adoração; b) adoração a deuses, reverência a imagens de esculturas, pedras, árvores entre outras divindades pagãs; c) adoração a deuses por meio dos sacrifícios de pessoas.	Ap. 2:14; 14:8; Jr. 3:1-3,6-10; Ez. 16:16-34; Mq. 1:7
Quatro seres viventes (Ap. 14:3)	Quatro querubins especiais que servem no trono do Criador do universo.	Ez. 1:5,6,10,15; 10:2-15,20; Ap. 4:6-8; 5:6,8,14; 6:1
Santuário (Ap. 14:17)	Morada do Altíssimo.	Ap. 7:15;11:19; Hb.8:2,5; 9:24

DICIONÁRIO DANIEL E APOCALIPSE

Seara (Ap. 14:15)	Ímpios da terra no estágio de serem ceifados.	Ap. 14:14-20; Jl. 3:12-14
Sentado no trono (Ap. 14:14)	a) Representa que o Soberano do universo está em posição de julgamento; b) realeza.	I Rs. 1:30,35,37,41-46; Jl. 3:12; Dn. 7:26; Sl. 9:4,7; 47:8; 89:14; 99:1; 103:19; Pv. 20:8; Hb. 8:1
Testa (Ap. 14:1,9)	a) Santidade; b) fisiologicamente é a área em que o Espírito Santo se comunica com o ser humano, tomada de decisão; c) caráter; d) discernimento; e) liberdade.	Ap. 7:3; 9:4; 14:1; 22:4; Êx. 13:16; 28:36-38; Ez. 3:7; 9:4
Trono (Ap. 14:3)	a) Representa que o Criador está reinando; b) realeza; c) juízo e justiça; d) santidade; e) majestade.	I Rs. 1:30, 35, 37; Sl. 9:4,7; 47:8; 89:14; 99:1; 103:19; Pv. 20:8; Hb. 8:1
Uvas (Ap. 14:18)	Povos ímpios.	Is. 63:1-5; Jr. 6:9; 8:12,13; Jl. 3:12-14
Vinho (Ap. 14:8)	a) Falsa adoração; b) doutrinas falsas, em especial a imortalidade da alma e a santificação do domingo.	Ap. 2:14;14:8; Jr. 3:1-3, 6-10; 51:7; Is. 51:21; Dn. 5:4
Vinho da cólera (Ap. 14:10)	Destruição dos ímpios.	Ap.14:19; 16:19; Sl.75:7,8; Jr. 25:15,16
Voz como de muitas águas (Ap. 14:2)	a) Vozes de multidão de povos; b) voz de estrondo; c) voz semelhante ao trovão.	Ap.17:15; Ez. 1:24; Ap. 14:2;19:6
Voz de trovão (Ap. 14:2)	a) Juízo; b) advertência.	Êx. 9:23; Is. 29:6; 33:3; Jr. 25:30; Jó 36:33

APOCALIPSE 15

Símbolo	Significado	Referência
Besta (Ap. 15:2)	É um animal, em profecia representa rei ou reino, dessa forma, analisando o contexto, em especial Apocalipse 13, diagnostica-se que essa besta é o sistema papal.	Ap. 13:1-10,12,14,15,17; Dn. 7;16, 17, 23; Gn.3:14; história
Cinta de ouro (Ap. 15:6)	a) Fidelidade; b) justiça; c) verdade.	Dn. 10:5; Is. 11:5; Ef. 6:14
Cordeiro (Ap. 15:3)	Messias crucificado, ressurreto e magnífico.	Ap. 6:1,7,12; 7:14; Jo. 1:28, 29; Is. 53; I Co. 5:7
Fumaça (Ap. 15:8)	a) Presença magnífica do Altíssimo; b) indicativo de julgamento.	Ap. 15:7,8; Is. 6:1-8; Êx. 19:18; Sl. 18:6-8; 22:7-9
Harpa (Ap. 15:3)	a) Louvor para o Altíssimo; b) alegria; c) poder.	Ap. 14:3; Gn. 31:27; Sl. 33:2; 43:4; Is. 24:8; I Cr. 25:3; II Rs. 3:15
Imagem da besta (Ap. 15:2)	a) Imposição de normas, decretos para que a terra espelhe, se assemelhe ao sistema papal; b) união da igreja de Roma com o sistema evangélico e Estado para favorecer o sistema papal, tem também como finalidade impor a lei dominical nos Estados Unidos da América.	Ap. 13:11-15; Gn. 1:26; Dn. 3
Mar de vidro (Ap. 15:2)	a) Literalidade do texto, "como que mar de vidro"; b) reino dos céus; c) alusão ao mar de fundição, dessa forma representa: purificação, justificação.	Ap. 4:6; 15:2-4; I Rs. 7:23; Êx. 30:17-21; 33:8
Número do seu nome (seiscentos e sessenta e seis) (Ap. 15:2)	a) Adoração à imagem da besta, ou seja, reverência aos decretos papais; b) adoração ao sistema papal, tem um grande alcance no controle da economia mundial; c) adoração aos prazeres ou às riquezas materiais, em detrimento das leis do Altíssimo.	I Rs. 10:14; Nm. 7:88; Dn. 3:1; Ap. 13:14-18

DICIONÁRIO DANIEL E APOCALIPSE

Quatro seres viventes (Ap.15:7)	Quatro querubins especiais que servem no trono do Criador do universo.	Ez. 1:5,6,10,15; 10:2-15,20; Ap.4:6-8; 5:6,8,14; 6:1
Santuário (Ap. 15:5,6,8)	Morada do Altíssimo.	Ap.7:15;11:19; Hb.8:2,5; 9:24
Sete taças (Ap. 15:7)	a) Sete pragas, vingança, cólera, julgamento, ira do Todo-Poderoso sobre os ímpios; b) destruição dos maus.	Ap. 5:8; 15:7;16:1; 17:1; 21:9; Is. 51:17; Zc. 12:2
Taças (Ap. 15:7)	a) Vingança, praga, cólera, julgamento, ira do Todo-Poderoso sobre os ímpios; b) destruição dos maus.	Ap. 5:8; 15:7;16:1; 17:1; 21:9; Is. 51:17; Zc. 12:2
Vestido de linho (Ap. 15:6)	a) Veste santa, santidade; b) justiça, pureza.	Ap. 19:8; Lv. 16:32

APOCALIPSE 16

Símbolo	Significado	Referência
Águas secaram (Ap. 16:12)	Alusão ao rompimento do apoio do Estado e da população ao sistema religioso dominante.	Is. 8:7; Js. 24:2, 15; Ap.16:10-14; 17:1,15; Jr. 46:7,8
Armagedom (Ap. 16:16)	Etimologia da palavra significa "monte de Megido", local de várias batalhas. Portanto, a batalha final ocorrerá depois do milênio, com a destruição final dos ímpios.	II Cr. 35:22; Ap.16:13-16; 20:7-10
Babilônia (Ap. 16:19)	a) Confusão religiosa, sistema religioso corrompido; b) sistema religioso liderado pelo sistema papal.	Ap.14:8; 16:19; 17:1,5; Gn.11:9; Is .21:9; Jr. 51:47; Dn. 3:1,14
Besta (Ap. 16:2,10,13)	É um animal, em profecia representa rei ou reino. Dessa forma, analisando o contexto, em especial Apocalipse 13, diagnostica-se que essa besta é o sistema papal.	Ap. 13:1-10,12,14,15,17; Dn. 7;16, 17, 23; Gn. 3:14

PEDRO DE OLIVEIRA SILVA

Cálice (Ap. 16:19)	Ira do Criador, destruindo os ímpios.	Ap.14:10,19;16:19; Sl.75:7,8; Jr. 25:15,16
Cidade (Ap. 16:19)	Provavelmente é a cidade, país do Vaticano.	Ap. 2:13; 17:18
Dragão (Ap. 16:13)	Satanás (Adversário).	Ap. 12:3-9; 13:1,2; 20:2,10
Falso profeta (Ap. 16:13)	Líderes religiosos apostatados, nesse grupo estão incluídas as falsas lideranças do espiritismo, evangélicos e protestantes.	Ap. 9:10-19; 16:13-16;19:20; At. 13:6; Êx. 8:7; Is. 9:15
Grande Babilônia (Ap. 16:19)	a) Sistema religioso liderado pelo sistema papal; b) confusão religiosa, sistema religioso corrompido.	Ap.14:8; 16:19; 17:1,5; Gn.11:9; Is. 21:9; Jr. 51:47; Dn. 3:1,14; história
Grande cidade (Ap. 16:19)	Provavelmente, é o país do Vaticano.	Ap. 2:13; 17:18
Imagem da besta (Ap. 16:2)	a) Imposição de normas, decretos para que a terra espelhe, se assemelhe ao sistema papal; b) união da igreja de Roma com o sistema evangélico e Estado para favorecer o sistema papal, tem também como finalidade impor a lei dominical nos Estados Unidos da América.	Ap. 13:11-15; Gn. 1:26; Dn. 3
Marca (Ap. 16:2)	a) Aliança de adoração que os ímpios farão a favor do Adversário e do sistema papal; b) característica espiritual que segrega os que adoram ao papado, Adversário (Satanás); c) decreto dominical, isto é, obrigatoriedade da humanidade para santificar este dia; d) imposição de instrumento de adoração maligna, pelo Estado, inicialmente nos EUA, em seguida os países do mundo adotarão as mesmas regras.	Ap. 13:13-17; 14:11; 16:2; 19:20; Êx. 31:13,16,17; Ez. 9:1-6; Is. 44:13; Os. 2:2; At. 28:11; história
Nu (Ap. 16:15)	Ato pecaminoso.	Ap. 3:18; Gn. 3:7-11; Ef. 6:11-18
"Primeira praga" (Ap.16:2)	Atinge com úlceras a um quantitativo significativo dos habitantes da terra, os quais adoram ao sistema papal e reverenciam o domingo como dia especial. As sete pragas têm duração de um ano.	Ap. 13:13-17; 14:11; 16:2; 18:8; 19:20

DICIONÁRIO DANIEL E APOCALIPSE

"Quarta praga " (Ap.16:8)
Atinge o sol, isto é, aquecerá e provocará lesões a um quantitativo significativo da população, que não adora ao Criador dos céus e da terra.
Ap.16:8,9; Ag. 2:17

"Quinta praga" (Ap.16:10)
Atinge ao Vaticano, líderes da igreja de Roma, os quais serão acometidos com úlceras e grande angústia.
Ap.16:10-11

Rãs (Ap. 16:13)
Alusão aos falsos milagres operados pelos profetas, que se dizem seguidores do Todo-Poderoso.
Ap.16:13; Êx. 8:6,7

Reis (Ap. 16:12)
Alusão ao Messias e ao seu Pai.
Ap.16:2; Is. 41:25; 45:1

Rio (Ap. 16:12)
a) Povos; b) nação, Estado; c) provavelmente, perda do apoio popular ao falso sistema religioso.
Ap.16:10-14; 17:15; Is. 8:7; Js. 24:2, 15; Jr. 46:7,8

Rio Eufrates (Ap. 16:12)
a) Povos; b) nação, Estado; c) provavelmente, perda do apoio popular ao falso sistema religioso.
Ap.16:10-14; 17:15; Is. 8:7; Js. 24:2, 15; Jr. 46:7,8

Santuário (Ap. 16:1,17)
Morada do Altíssimo.
Ap.7:15;11:19; Hb. 8:2,5; 9:24

"Segunda praga" (Ap.16:3)
Atinge a um quantitativo significativo dos mares e seres vivos que povoam este habitat.
Ap.16:2

Semelhante a rãs (Ap. 16:13)
Alusão aos falsos milagres operados pelos profetas que se dizem seguidores do Todo-Poderoso.
Ap.16:13; Êx. 8:6,7

Sete pragas (Ap.16:2-17)
Sete acontecimentos trágicos que acometem os ímpios, o planeta; tais eventos durarão um ano, ocorrem após o selamento e finalmente antecedem a volta do Messias.
Ap. 13:13-17; 14:11; 16:2-21; 18:8; 19:20

"Sétima praga" (Ap.16:17)
Atinge o clima, geografia do planeta, dessa forma, tragédias catastróficas, como terremotos e chuvas de pedra, provocarão grande matança a um quantitativo significativo dos homens e ao sistema papal.
Ap. 13:1-10,12,14,15,17; 16:17-21; Ag. 2:17

"Sexta praga" (Ap.16:12)	Atinge ao sistema religioso apostatado, o qual perderá o apoio populacional.	Ap.16:12-16; 17:15; Is. 8:7; Js. 24:2, 15
Taça (Ap. 16:1-4,10,12,17)	a) Vingança, praga, juízos, cólera, julgamento, ira do Todo-Poderoso sobre os ímpios; b) destruição dos maus. É importante ressaltar que as pragas não atingem os justos. Durante esses eventos o Espírito Santo estará disponível somente para os justos.	Ap. 5:8; 15:7;16:1-21; 17:1; 21:9; Is. 51:17; Zc.12:2
Talento (Ap.16:21)	Cerca de 35 kg.	Ap.16:19; bíblia Nova Versão Internacional
"Terceira praga" (Ap.16:4)	Atinge a um quantitativo significativo dos rios, lagos, fontes.	Ap.16:4-7
Trono (Ap. 16:17)	a) Representa que o Criador está reinando; b) realeza; juízo e justiça; c) santidade; d) majestade.	I Rs. 1:30,35, 37; Sl.9:4,7; 47:8; 89:14; 99:1; 103:19; Pv.20:8; Hb.8:1
Trono da besta (Ap. 16:10)	Local em que o anti-Cristo ou anti-Messias reina, atualmente está localizado na cidade do Vaticano.	Ap. 2:13;13:1-10, 12, 14,15,17; 17:18; Dn. 7:16, 17,23; Gn. 3:14
Veste (Ap. 16:15)	a) Justiça; b) pureza; c) santidade.	Ap. 7:9; 19:8; Sl. 51:7; Is. 1:18; 16:19

APOCALIPSE 17

Símbolo	Significado	Referência
Abominações (Ap. 17:4,5)	a) Idolatria; b) falsa adoração; c) adoração ao sol, a imagens de esculturas.	Ez. 8:6, 9-16; Jr. 13:27
Adornada (Ap.17:4)	Pompa, orgulho.	Êx. 33:5,6
Água (Ap. 17:1)	Povos, multidões, nações e línguas.	Ap. 17:15
Babilônia (Ap.17:5)	a) Confusão religiosa, sistema religioso corrompido; b) liderança, gestão exercida pela igreja de Roma.	Ap. 14:8; Gn.11:9; Is. 21:9; Jr. 51:47; Dn. 3:1, 14

DICIONÁRIO DANIEL E APOCALIPSE

Besta escarlate (Ap. 17:3,12) a) Oitavo rei; b) retorno da supremacia papal dominando o mundo. De certa maneira neste contexto, algo trágico e inédito irá acontecer, pois sobre a influência de Satanás (Adversário), o sistema religioso dominante será atingido, a igreja de Roma em especial será alvo de destruição, e seus líderes serão assassinados. Ap. 17:8, 11, 16; 12:3; 13:3; 18:2, 8, 9; I Sm. 28:11, 13-15, 19; Rm. 10:7; Sl. 30:3; Dt. 32:22

Besta vermelha (Ap. 17:3,12) a) Oitavo rei; b) retorno da supremacia papal dominando o mundo. De certa maneira neste contexto, algo trágico e inédito irá acontecer, pois sobre a influência de Satanás (Adversário), o sistema religioso dominante será atingido, a igreja de Roma em especial será alvo de destruição, e seus líderes serão assassinados. Ap. 17:8, 11, 16; 12:3; 13:3; 18:2, 8, 9; I Sm. 28:11, 13-15, 19; Rm. 10:7; Sl. 30:3; Dt. 32:22

Blasfêmia (Ap. 17:3) a) Se titular como o Altíssimo; b) perdoar pecados; c) insensibilidade e resistência a voz do Espírito Santo; d) mentira e engano. Ap. 2:9; Mc. 14:61-64; Mt. 12:31; 26:61-65; Jo. 10:33; Lc. 5:20,21; Ez. 35:12

Cálice de ouro (Ap. 17:4) a) Abominações, imundícias; b) idolatria. Ap. 17:4; Dt. 20:18; I Rs. 21:26; Lv. 18:22; Jr. 7:30; Ez. 36:25

Cordeiro (Ap. 17:14) Messias crucificado, ressurreto e magnífico. Ap. 6:1,7,12; 7: 14; Jo 1:28, 29; Is. 53; I Co. 5:7

Dez chifres (Ap. 17:3,16) a) Dez reis, os quais ainda não receberam reino; b) dez blocos mundiais; c) Poder; d) força destrutiva; e) consumição dos inimigos. Ap. 17:12; Dn. 2: 41-44; Dt. 33:17; I Rs. 22:11; II Cr.18:10; Sl. 22:21; Mq. 4:13; história

Deserto (Ap. 17:3) Alusão ao local no qual se encontra a igreja pura, verdadeira. Isto é, o sistema religioso apostatado está localizado no mesmo ambiente geográfico da igreja (pessoas) remanescente. Política do ecumenismo. Ap.12:6, 14; Sl.102:6; 107:4; Mt. 14:13-15

Embriagada com o sangue (Ap.17:5)	O sistema da igreja de Roma, por meio das suas lideranças, se embriagou com o sangue dos remanescentes; sob a liderança papal, dizimou os "cristãos" na Idade Média. Esse poder causou grande matança, mais de 150 milhões de "cristãos" foram eliminados de forma cruel.	Dn. 8:10-13; 7:21,23,25; Jo. 16:2; II Ts. 2:3-10; história
Escarlate (Ap. 17:3)	a) Pecado, corrupção; b) derramamento de sangue, guerra contra os fiéis.	Ap.17:3,6; II Rs. 3:22; Na. 2:3; Is. 1;18; história
Fronte (Ap. 17:5)	a) Caráter, identidade; b) oposição, rebeldia; c) coração duro.	Ap. 17:4; Jr. 3:1-3; Ez. 3:8,9
Hora (Ap. 17:12)	Quinze dias. Um dia profético equivale a um ano ou seja 360 dias (calendário judaico), cada dia tem 24 horas, portanto 1 hora é igual a 15 dias. 24 h ------360 dias 1 h ----------x x = 15 dias.	Ez. 4:6,7; Nm. 14:34
Livro da Vida (Ap. 17:8)	a) Nome listados nos registros dos salvos; b) salvos que habitarão com o Criador.	Sl. 69:28; Dn. 12:1; Sl. 69:28; Ap. 13:8; 17:8; 20:15; 21:27; Fl. 4:3; Ml. 3:16
Mãe (Ap.17:5)	a) liderança, gestão exercida pelo sistema da igreja de Roma. Suas filhas são as religiões apóstatas; b) precursora.	Ap.14:4; 17:4; Os. 2:2-5;3:1; Jr.50:12-14; Ez.16:2, 15, 44, 59; 23: 2-21; Dn. 7:8; história
Meretriz (Ap. 17:1,15,16)	a) Cidade que domina os reis da terra; b) país do Vaticano, localizado em Roma; c) principal movimento religioso enganoso; d) ensino apostatado que prostituiu outras denominações; e) idolatria promovida pelo sistema da igreja de Roma, a liderança dessa igreja foi responsável pela matança de milhares dos santos.	Ap. 17:1-7, 18; Os. 2:5; 3:1; Ez. 16:16-34; 23:2-21; Jr. 3:1-3, 6-10; 6:2; Mq. 1:7; II Co. 11:2; Ef. 5:22; história

DICIONÁRIO DANIEL E APOCALIPSE

Meretrizes (Ap. 17:5) a) Religiões; b) igrejas apostatadas; c) adúlteras, que seguem direta e indiretamente a "igreja mãe", igreja de Roma.

Ap. 17:5; Os. 4:11-14; Ez. 16:16-34; 23: 2-21; Jr. 3:1-3, 6-10; 6:2; Mq. 1:7; II Co. 11:2; Ef. 5:22; história

Mistério (Ap.17:5) Atuação por meio do ocultismo, sociedades secretas. Exercendo assim por séculos o monopólio, a liderança de Estado e do sistema religioso, de forma secreta.

Ap.17:5; Cl. 1:26

Mulher (Ap. 17:2) a) Cidade que domina os reis da terra; b) país do Vaticano, localizado em Roma; c) principal movimento religioso enganoso; d) ensino apostatado que prostituiu outras denominações e) idolatria promovida pelo sistema da igreja de Roma, a liderança dessa igreja foi responsável pela matança de milhares dos santos.

Ap. 17:1-7, 18; Os. 2:5; 3:1; Ez. 16:16 -34; 23: 2-21; Jr. 3:1-3, 6-10; 6:2; Mq. 1:7; II Co. 11:2; Ef. 5:22; história

Nomes de blasfêmia (Ap. 17:3) a) Pontífice máximo, Vossa santidade, Vigário de Cristo; b) se titular como o Altíssimo; c) perdoar pecados; d) insensibilidade e resistência à voz do Espírito Santo; e) mentira e engano.

Ap. 2:9; Mc. 14:61-64; Mt. 12:31; 26:61-65; Jo. 10:33; Lc. 5:20,21; Ez. 35:12; história

Ouro, de pedras preciosas e de pérolas (Ap. 17:4) Riqueza material da igreja de Roma.

Ap. 17:4; história

Práticas repugnantes (Ap. 17:5) a) Idolatria; b) falsa adoração; c) adoração ao sol, a imagens de esculturas.

Ez. 8:6, 9-16; Dt. 20:18; Jr. 13:27

Prostituição (Ap.17:4) a) Falsa adoração; b) adoração a deuses, reverencia a imagens de esculturas, pedras, árvores, entre outras divindades pagãs; c) adoração a deuses por meio dos sacrifícios de pessoas.

Ap. 2:14;14:8; Jr. 3:1-3, 6-10; Ez. 16:16-34; Mq. 1:7

Prostituíram os reis da terra (Ap.17:2) a) Idolatria pela adoração a deuses, reverência a imagens de esculturas, pedras, árvores, entre outras divindades pagãs; b) falsa adoração.

Ap. 2:14;14:8; Jr. 3:1-3, 6-10; Ez. 16:2, 15-34,59; Os 2:1; Is. 50:1; Mq. 1:7

Púrpura e verme-lho (Ap. 17:4)	a) Algumas cores das roupas que os cardeais e bispos da igreja de Roma se vestem; b) estes cardeais e bispos fazem parte da realeza; c) idolatria; d) riqueza.	I Sm. 1:24; Jr.10:9; Dn. 5:16; Et. 8:15; Mc.15:15; Lm. 4:5; Lc.16:19; história
Púrpura e de escarlata (Ap. 17:4)	a) Algumas cores das roupas que os cardeais e bispos da igreja de Roma se vestem; b) estes cardeais e bispos fazem parte da realeza; c) idolatria; d) riqueza.	I Sm. 1:24; Jr.10:9; Dn. 5:16; Et. 8:15; Mc.15:15; Lm. 4:5; Lc.16:19; história
Reis da terra (Ap. 17:2)	Líderes políticos mundiais, reis, presidentes, ministros, entres outras autoridades de Estado.	Ap. 17:2, 12; 18:3; 19:18
Sangue (Ap.17:6)	Vida.	Lv. 17:11; Dt. 12:23
Sentada (Ap. 17:1)	Localizada no meio da multidão, nos países do mundo, com isso, dissemina a impiedade e prostituição espiritual.	Ap. 17:1;15; Zc. 5:5-8
Sete cabeças (Ap. 17:3)	a) Sete montes e também sete reis; b) Roma é conhecida como a cidade dos sete montes.	Ap. 17:9; Dn. 2,7,8; história
Taça (Ap. 17:1)	a) Vingança, praga, Juízos, cólera, julgamento, ira do Todo-Poderoso sobre os ímpios; b) destruição dos maus.	Ap. 5:8; 15:7;16; 17:1; 21:9; Is. 51:17; Zc.12:2
Testa (Ap. 17:5)	a) Caráter, identidade; b) oposição, rebeldia; c) coração duro.	Ap.17:4; Jr. 3:1-3; Ez. 3:8,9
Uma hora (Ap. 17:12)	Quinze dias. Um dia profético equivale a um ano, ou seja, 360 dias (calendário judaico), cada dia tem 24 horas, portanto 1 hora é igual a 15 dias. 24 h ------360 dias 1 h ---------x x = 15 dias.	Ez. 4:6,7; Nm. 14:34
Vermelho (Ap. 17:3)	a) Pecado, corrupção; b) derramamento de sangue, guerra contra os fiéis.	Ap.17:3,6; II Rs. 3:22; Na. 2:3; Is. 1;18; história

DICIONÁRIO DANIEL E APOCALIPSE

Vinho de sua devassidão (Ap. 17:2)	a) Devassidão; b) dissoluções, concupiscências, borracheiras, orgias, bebedices, detestáveis idolatrias; c) prática de impurezas; d) imortalidade da alma, santificação do domingo.	Ap. 14:8; 17:2; I Pd. 4:1-5; Ef. 4:17-19; 5:18; Dn. 5:4; Jr. 51:7; Êx. 20:8-11; Ez.18:20; história

APOCALIPSE 18

Símbolo	Significado	Referência
Almas humanas (Ap. 18:13)	O sistema religioso corrupto da igreja-mãe e de suas filhas sempre objetivou as pessoas (almas) em prol de dízimos, ofertas e doações.	Ap.18:11-13; 20:4; Gn. 2:7; Ez. 18:20; Ec. 9:5
Anjo (Ap.18:1)	a) Mensageiro, ajudador, cooperador; b) servos do Altíssimo que transmitem a verdade presente.	I Sm. 29:9; Ap. 14:6,7; Mc. 16:15
Artífice (Ap.18:22)	Obras, imagens, deuses de esculturas.	Dt. 27:15; Is. 40:20
Ave (Ap. 18:2)	Pessoas.	Pv. 27:8; Ec.10:20; Is. 46:11
Babilônia (Ap.18:2,10,18)	a) Confusão religiosa, sistema religioso corrompido; b) liderança político-religioso, exercido pelo sistema da igreja de Roma.	Ap.14:8; Gn.11:9; Is. 21:9; Jr. 51:47; Dn. 3:1, 14
Cálice (Ap. 18:6)	Juízos, sofrimentos.	Sl. 11:6; 75:8; Jr. 25:17
Candeia (Ap.18:23)	a) Espírito Santo; b) Salvação; c) presença do Messias; d) palavra profética.	Ap.18:23; Jo.1:4,6-9; 8:12; 14:26; I Jo.1:4,7; II Pd.1:19; Jr. 25:10
Cidade (Ap. 18:16,18)	a) Cidade que domina os reis da terra; b) país do Vaticano, localizado em Roma; c) principal movimento religioso enganoso; d) ensino apostatado que prostituiu outras denominações; e) idolatria promovida pelo sistema da igreja de Roma.	Ap. 17:1-7, 18; Os. 2:5; 3:1; Ez. 16:16 -34; 23: 2-21; Jr. 3:1-3, 6-10; 6:2; Mq. 1:7; II Co. 11:2; Ef. 5:22; história

Dia (Ap. 18:8)	Um ano.	Ez. 4:6,7; Nm. 14:34; Ap.16
Grande cidade (Ap. 18:16,19,21)	a) Cidade que domina os reis da terra; b) país do Vaticano, localizado em Roma; c) principal movimento religioso enganoso; d) ensino apostatado que prostituiu outras denominações; e) idolatria promovida pelo sistema da igreja de Roma.	Ap. 17:1-7, 18; Os.2:5; 3:1; Ez. 16:16-34; 23: 2-21; Jr. 3:1-3, 6-10; 6:2; Mq. 1:7; II Co. 11:2; Ef. 5:22; história
Harpista (Ap.18:22)	a) Alegria; b) falsa adoração ao Soberano do universo; c) poder.	Ap.18:22; Gn. 31:27; Is. 24:8; Sl. 33:2; 43:4; I Cr. 25:3; II Rs. 3:15
H o r a (A p . 18:10,17,19)	Quinze dias. Um dia profético equivale a um ano, ou seja, 360 dias (calendário judaico), cada dia tem 24 horas, portanto 1 hora é igual a 15 dias. 24 h ------360 dias. 1 h ----------x x = 15 dias.	Ez. 4:6,7; Nm. 14:34; Ap.17:12
Luz de candeia (Ap.18:23)	a) Espírito Santo; b) Salvação; c) presença do Messias; d) palavra profética.	Ap.18:23; Jo.1:4,6-9; 8:12; 14:26; I Jo.1:4,7; II Pd.1:19 Jr. 25:10
Luxúria (Ap. 18:3,9)	Enriquecimento, ostentação oriundos de forma ilícita, isto é, com sonegação, engano e brutalidade. Utilizando as ferramentas religiosas como meio. Assim os metais preciosos, como exemplo a exploração na América do Sul, destinavam-se ao sistema da igreja de Roma, o banco central também é controlado pelos missionários da Companhia de Jesus.	Os. 4:12; Ez. 23:21; história
Mercadores (Ap. 18:3, 11, 23)	a) Bancários; b) empresários; c) comerciantes; d) líderes religiosos.	I R s . 1 0 : 1 5 ; 10:28; Gn. 23:16; Ez.27:13-27
Navio (Ap. 18:17,19)	a) Economia; b) sustento.	Pv. 31:10,14; Ez.27:3

DICIONÁRIO DANIEL E APOCALIPSE

Negociantes (Ap. 18:3, 11, 23)	a) Bancários; b) empresários; c) comerciantes; d) líderes religiosos.	I Rs. 10:15; 10:28; Gn. 23:16; Ez. 27:13-27
Noiva (Ap.18:23)	Povo fiel, remanescentes.	Ap. 21:2,9; Mt. 25:1-13; Mc. 2:18-20; Is. 62:1,5; Jr. 25:10
Noivo (Ap.18:23)	Soberano do universo, Criador do céu e da terra.	Ap. 21:2,9; Mt. 25:1-13; Mc. 2:18-20; Is. 62:1,5; Jr. 25:10
Pedra de moinho (Ap. 18:21)	Alusão à destruição da Babilônia simbólica.	Ap. 18:21; Mc. 9:42; Jz. 9:53;
Pedra de moinho (Ap. 18:22)	Comercialização.	Dt. 24:6; Êx.11:5; Jr. 25:10,11
Pó sobre a cabeça (Ap. 18:19)	Luto, amargura.	Ez. 27:30,31; Jó 2:12
Prostituição (Ap.18:3)	a) Falsa adoração; b) adoração a deuses, reverência a imagens de esculturas, pedras, árvores, entre outras divindades pagãs; c) adoração a deuses por meio dos sacrifícios de pessoas.	Ap. 2:14;14:8; Jr. 3:1-3, 6-10; Ez. 16:16-34; Mq. 1:7
Púrpura, e de escarlata (Ap. 18:16)	a) Algumas cores das roupas que os cardeais e bispos da igreja de Roma se vestem; b) estes cardeais e bispos fazem parte da realeza; c) idolatria; d) riqueza.	I Sm. 1:24; Jr.10:9; Dn. 5:16; Et. 8:15; Mc.15:15; Lm. 4:5; Lc.16:19; história
Reis da terra (Ap. 18:3,9)	Líderes políticos mundiais, reis, presidentes, ministros, entres outras autoridades de Estado.	Ap. 17:2, 12; 18:3; 19:18; Sf.1:8
Um só dia (Ap. 18:8)	Um ano.	Ez. 4:6,7; Nm. 14:34; Ap.16
Vinho de sua devassidão (Ap. 18:3)	a) Devassidão; b) dissoluções, concupiscências, borracheiras, orgias, bebedices, detestáveis idolatrias; c) prática de impurezas; d) imortalidade da alma, santificação do domingo.	Ap. 14:8; 17:2; I Pd. 4:1-5; Ef.4:17-19; 5:18; Dn. 5:4; Jr. 51:7; Êx. 20:8-11; Ez.18:20; história

APOCALIPSE 19

Símbolo	Significado	Referência
Aves (Ap. 19: 17,21)	Alusão ao destino trágico e final dos maus.	Dt. 28:26; Jr.7:33
Besta (Ap.19:19,20)	É um animal, em profecia representa rei ou reino. Dessa forma, analisando o contexto, em especial Apocalipse 13, diagnostica-se que essa besta é o sistema papal.	Ap. 13:1-10,12,14,15,17; Dn. 7:16, 17, 23; Gn. 3:14; história
Bodas (Ap.19:7)	Celebração da festa de casamento do Messias com sua igreja, isto é, com pessoas fiéis, remanescentes.	Ap.19:7; 21:2,9; Mt. 25:1-13; Mc. 2:18-20; Is. 62:1,5; Jr. 25:10; Ef. 5:22-28
Branco (Ap. 19:14)	a) Pureza; b) justiça do Salvador; c) santidade.	Ap. 3:4, 5; 7:9, 13-17; 19:8; Sl. 51:7; Is.16:18
Cavaleiro (Ap. 19:11)	Fiel e Verdadeiro, Verbo do Criador, Messias.	Ap. 6:2; 19:11-13; Jo.1:1-4,10, 14; Sl. 45:2-5
Cavaleiro (Ap. 19: 18)	Alusão à derrota dos líderes de Estado, do falso sistema religioso, enfim homens e mulheres que guerreiam contra o Soberano e seu povo.	Ap. 6:4-6; Dn. 7;7, 24, 25; Êx.15:1,21; Gn. 49:17; Jo.10: 12,13
Cavalo (Ap. 19:18)	Igreja em trevas espirituais, seu estado é pecaminoso, a mesma batalha contra o Cordeiro e é liderada pelo Adversário.	Ap. 6:5,6; 9:7,19; 19:18; Jr. 8:5,6; Zc. 6:2-7; Jo.10:12,13; Pv. 21:31
Cavalo branco (Ap. 19:11,14)	a) Povo do Criador em seu estado puro, majestoso; b) igreja remanescente; c) igreja vencedora pelos méritos do Cordeiro.	Ap. 3:4,5; 7:9; 3:4,5; 9:9; 19:8,14; Is. 1:18; 63:11-13; Zc. 6:2-5; 10:3; Jr. 8:6; Sl. 51:7; Mt. 28:3
Cetro de ferro (Ap. 19:15)	a) Destruição dos ímpios; b) os salvos participarão do julgamento contra os ímpios e anjos maus.	Ap. 2:27; Nm. 24:17; Sl. 1:5; 2:9; I Co. 6:3; Jó 24:1

DICIONÁRIO DANIEL E APOCALIPSE

Cordeiro (Ap. 19:7,9)	Messias crucificado, ressurreto e magnífico.	Ap. 6:1,7,12; 7: 14; Jo 1:28, 29; Is. 53; I Co. 5:7
Diademas (Ap.19:12)	Coroa, reinado.	II Sm. 1:10; II Cr.23:11
Enxofre (Ap. 19:20)	Fim trágico e doloroso dos adoradores do Adversário (Satanás).	Ap. 21:8; Lc. 17:29,30; Sl. 11:6; Gn. 19:24
Espada afiada (Ap. 19:15,21)	a) Juízo; b) Destruição; c) palavra do Criador.	Ap. 2:12;19:15,21; Hb. 4:1 6:17; Ez. 21:9-11,14, 28-30
Esposa (Ap. 19:7)	Povo fiel, remanescentes.	Ap.19:7; 21:2,9; Mt. 25:1-13; Mc. 2:18-20; Is. 62:1,5; Jr. 25:10; Ef. 5:22-28
Exército (Ap. 19:19)	Povo pertencente ao Soberano do universo.	Gn. 15:5; 22:17; 37:9; Dt.1:10; 10:22; 28:62
Exércitos (Ap. 19:19)	Alusão aos ímpios, os quais, liderados pelo Enganador (Satanás), tentarão invadir a cidade santa, quando esta descer do céu.	Êx.14:4, 28; Ap. 20:7-9
Falso profeta (Ap. 19:20)	Líderes religiosos apostatados, nesse grupo estão incluídas as falsas lideranças do espiritismo, evangélicos e protestantes.	Ap. 9:10-19; 16:13-16;19:20; At. 13:6; Êx .8:7; Is. 9:15
Fumaça (Ap. 19:3)	Castigo sobre os ímpios, desaparecimento total deste grupo.	Sl. 37:20; Ap. 14:11,12; Gn.19:28
Grande meretriz (Ap.19:2)	Igreja-mãe (igreja de Roma).	Ap.14:4;17:1,5; Ez 16:2, 15, 59; Dn. 7:8; Os. 2:5; 3:1; Ez. 23:2-21; história
Grande prostituta (Ap.19:2)	Igreja-mãe (igreja de Roma).	Ap.14:4;17:1,5; Ez 16:2,15, 59; Dn. 7:8; Os. 2:5; 3:1; Ez. 23: 2-21; história

Imagem (Ap.19:20)	a) Imposição de normas, decretos para que a terra espelhe, se assemelhe ao sistema papal; b) união da igreja de Roma com o sistema evangélico e Estado para favorecer o sistema papal, tem também como finalidade impor a lei dominical nos Estados Unidos da América.	Ap. 13: 11-15; Gn. 1:26; Dn. 3; história
Lago de fogo (Ap. 19:20)	a) Segunda morte; b) alusão à morte final da besta e do falso profeta, este sistema terá uma morte mais trágica comparada com os demais mortos.	Ap.19:20; 20:10,14; 21:8; Ez. 18:20; II Pd.3:7
Lançados vivos (Ap. 19:20)	Esses poderes (besta e falso profeta) irão subsistir até o retorno do Salvador. Após o milênio, ressuscitarão e novamente tentarão destruir os fiéis, mas cairá fogo do céu e serão destruídos. Ambos terão um fim com maior tormento, finalmente serão aniquilados.	Ap. 19:20,21; 20:1-10, 15; Dn. 2:44,45
Linho finíssimo (Ap. 19:8,14)	Atos de justiça dos santos.	Ap. 19:8; Is. 61:10
Manto tinto de sangue (Ap.19:13)	Vingança, furor.	Ap.19:13,16; Is. 59:17,18; 63:1-5
Marca (Ap.19:20)	a) Aliança de adoração que os ímpios farão a favor do Adversário e do sistema papal; b) característica espiritual que segrega os que adoram ao papado, Adversário (Satanás); c) decreto dominical, isto é, obrigatoriedade da humanidade para santificar esse dia; d) imposição de instrumento de adoração maligna, pelo Estado, inicialmente nos Estados Unidos, em seguida os países do mundo adotarão as mesmas regras.	Ap. 13:13-17; 14:11; 16:2; 19:20; Êx. 31:13,16,17; Ez. 9:1-6; Is. 44:13; Os. 2:2; At. 28:11
Meretriz (Ap.19:2)	Igreja-mãe (igreja de Roma).	Ap.14:4;17:1,5; Ez. 16:2,15, 59; Dn. 7:8; Os. 2:5; 3:1; Ez. 23: 2-21; história
Montado no cavalo (Ap. 19: 19)	a) Fiel e Verdadeiro; b) Verbo do Criador; c) Messias.	Ap. 6:2; 19:11-13; Jo.1:1-4,10, 14; Sl. 45:2-5

DICIONÁRIO DANIEL E APOCALIPSE

Multidão (Ap.19:1,6)	Quantitativo dos salvos.	Ap.7:9
Noiva (Ap. 19:7)	Povo fiel, remanescentes.	Ap.19:7; 21:2,9; Mt. 25:1-13; Mc. 2:18-20; Is. 62:1,5; Jr. 25:10; Ef. 5:22-28
Olhos como chama de fogo (Ap. 19:12)	a) Fogo consumidor; b) visão sobre todos os acontecimentos; c) discernimento de todos os atos realizados.	Jó 15:30; Dn. 3:22; Jl. 2:5; Dn. 10:6; Ap. 3:1; 4:5; 5:6; Êx.15:26; Lv. 10:19
Pisa o lagar do vinho (Ap. 19:15)	a) Destruição das nações, dos ímpios; b) execução de vingança pelo Todo-Poderoso.	Is. 63:1-5; Lm.1:15; Jl.3:13
Prostituta (Ap.19:2)	Igreja-mãe (Igreja de Roma).	Ap.14:4;17:1,5; Ez 16:2, 15, 59; Dn. 7:8; Os. 2:5; 3:1; Ez. 23: 2-21; história
Prostituição (Ap.19:2)	a) Falsa adoração; b) adoração a deuses, reverência a imagens de esculturas, pedras, árvores, entre outras divindades pagãs; c) adoração a deuses por meio dos sacrifícios de pessoas.	Ap. 2:14;14:8; Jr. 3:1-3, 6-10; Ez. 16:16 -34; Mq. 1:7
Quatro seres viventes (Ap. 19:4)	Quatro querubins especiais que servem no trono do Criador do universo.	Ez. 1:5,6,10,15; 10:2-15,20; Ap.4:6-8; 5:6,8,14; 6:1
Reis da terra (Ap. 19:19)	Líderes políticos mundiais, reis, presidentes, ministros, entres outras autoridades de Estado.	Ap. 17:2, 12; 18:3; 19:18,19
Sentado (Ap.19:4)	a) Representa que o Soberano do universo está em posição de julgamento; b) realeza.	I Rs. 1:30,35, 37, 41-46; Jl. 3:12; Dn. 7:26; Sl. 9:4,7; 47:8; 89:14; 99:1; 103:19; Pv. 20:8; Hb. 8:1
Sinais (Ap.19:20)	a) Falsos milagres, pseudocuras operadas pelos falsos profetas; b) operação de falsas maravilhas.	Mt. 24:24; Mc.13:22; Jo. 4:53 e 54; 6:14;12:17 e 18; 20:30;

Sol (Ap. 19:16)	a) Messias, Soberano do universo; b) justiça.	Ap.1:16; 21:23; 22:5; Sl. Sl. 37:6; 84:11; Ml. 4:2; Mt 17:2
Testemunho de Jesus (Ap. 19:10)	Espírito da profecia.	Ap. 19:10
Trono (Ap.19:4,5)	a) Representa que o Criador está reinando; b) realeza; c) juízo e justiça; d) santidade; e) majestade.	I Rs. 1:30,35, 37; Sl. 9:4,7; 47:8; 89:14; 99:1; 103:19; Pv. 20:8; Hb. 8:1
Verbo de Deus (Ap.19:13)	Messias	Jo.1:1-5,10,14
Vinte e quatro anciãos (Ap. 19:4)	a) Representantes da humanidade redimida; b) primícias que ajudam o Messias no santuário; c) vinte e quatro homens santos que foram ressuscitados, transladados para o céu.	Ap. 4:4; 5:8; II Cr. 10:6; Mt. 17:13; 27:52, 53; Gn. 5:24; II Rs. 2:11

APOCALIPSE 20

Símbolo	Significado	Referência
Abismo (Ap. 20:1,3)	a) Terra em caos; b) Juízos vindo dos céus; c) morte, destruição.	Ap. Gn.1:1,2; Jr. 4:23-28; Sl. 36:6; 55:23; 88:11; Jó 26:5,6; Rm.10:7
Almas dos decapitados (Ap. 20:4)	Vidas, pessoas. Nesse caso alusão aos mártires que tiveram suas vidas ceifadas por adorarem ao Criador dos céus e da terra.	Gn. 2:7; Ez. 18:20; Dn. 7:21,23,25; 8:10-13,24; Jo. 16:2; II Ts. 2:3-10; Ez. 18:20
Atormentados de dia e de noite (Ap. 20:10)	Alusão ao final trágico dos poderes: Diabo, besta e falso profeta. Serão afligidos por certo tempo e finalmente aniquilados.	Ap. 20:14; Ez. 38, 39; II Pd. 3:7
Besta (Ap. 20:4)	É um animal, em profecia representa rei ou reino. Dessa forma, analisando o contexto, em especial Apocalipse 13, diagnostica-se que essa besta é o sistema papal.	Ap. 13:1-10,12,14,15,17; Dn. 7:16, 17, 23; Gn. 3:14; história

DICIONÁRIO DANIEL E APOCALIPSE

Branco (Ap. 20:11)	a) Justiça; b) pureza; c) santidade.	Is. 1:18; Sl. 51:7; Ap. 3:4, 5; 7:9, 13-17; 19:8
Chave (Ap. 20:1)	a) Jurisdição; b) controle.	Ap. 3:7; Is. 22:22; Mt. 16:19; Lc.11:52
Chave do abismo (Ap. 20:1)	Somente o Criador tem o poder para condenar os ímpios.	Ap.1:18; 20:1; Mt. 16:19; Ap. 3:7
Corrente (Ap. 20:1)	Alusão ao período em que o Adversário (Satanás) ficará "acorrentado", com seus demônios, isto é, limitado a viver na terra em caos.	Ap. 20:1-8; Ap. Gn.1:1,2; Jr. 4:23-28.
Deu o mar os mortos que nele estavam (Ap. 20:13)	Alusão à terra que devolveu os mortos para serem julgados.	Ap. 20:11-15; I Pd.3:7
Dragão (Ap. 20:2)	Adversário (Satanás).	Ap. 12:3-9; 13:1,2; 20:2,10
Falso profeta (Ap. 20:10)	Líderes religiosos apostatados, nesse grupo estão incluídas as falsas lideranças do espiritismo, evangélicos e protestantes.	Ap.9:10-19;16:13-16;19:20; At. 13:6; Êx. 8:7; Is. 9:15
Fronte (Ap. 20:4)	a) Por falta de sensibilidade à voz do Espírito Santo, grande amostra da população será enganada, isto é, obedecerá de forma racional ao estratagema do Maligno; b) tomada de decisão em favor dos princípios do sistema papal; c) obediência de forma consciente ao decreto da santificação do domingo.	Ap. 7:3; 13:14-17; 14:1; 22:4; Ez. 3:7; Rm. 4:11; Dn. 7:25; Êx. 20:8-12; Ez. 9:4, 20:20
Gogue e Magogue (Ap. 20:8)	Ímpios em rebelião contra o Eterno. Este grupo de pessoas será ressuscitado após o milênio e se unirá ao Adversário para tentar destruir a cidade santa que desceu do céu, porém fogo descerá do céu e os consumirá.	Ap. 20:7-10; Ez. 38 e 39
Imagem (Ap. 20:4)	a) Imposição de normas, decretos para que a terra espelhe, se assemelhe ao sistema papal; b) união da igreja de Roma com o sistema evangélico e Estado para favorecer o sistema papal, tem também como finalidade impor a lei dominical nos Estados Unidos da América.	Ap. 13: 11-15; Gn. 1:26; Dn. 3

Inferno (Ap. 20:14)	a) Alusão ao local em que os ímpios serão lançados, destruídos, aniquilados; b) alusão à morada eterna, ao aniquilamento dos mortos.	Mt. 5:22; Sl. 9:17; Is.14:15; Ez. 18:20; II Pd. 3:7
Lago de fogo (Ap. 20:10, 14, 15)	a) Local de tormento e morte, estes poderes (Diabo, besta e falso profeta) terão um fim mais trágico, sofrimento mais lento, devido à carga de pecado, então, finalmente serão aniquilados; b) alusão à destruição, ao aniquilamento, ao fim do mal; c) segunda morte.	Ap.19:20; 20:10,14; 21:8; Ez. 18:20; II Pd. 3:7
Livro da Vida (Ap. 20:12, 15)	a) Nome listados nos registros dos salvos; b) salvos que habitarão com o Criador.	Sl. 69:28; Dn. 12:1; Sl. 69:28; Ap. 13:8; 17:8; 20:15; 21:27; Fl. 4:3; Ml. 3:16
Livros (Ap. 20:12)	No céu existem livros que registram os atos cometidos aqui na terra, outros nomeiam os nomes dos salvos.	Dn.7:10; Sl. 69:28; 139:116; Ap. 3:5; 13:8; 17:8; 20:12, 15; 21:27
Mão (Ap. 20:4)	a) Falsa garantia de prosperidade, vitória, proteção, vida longa, livre-arbítrio para exercer todo tipo de comercialização, se tão somente obedecer aos ditames do sistema papal. Esse grupo tem ciência de que são decretos ilegais, mas optará em seguir a Besta; b) de acordo com o contexto há evidências de que significa trabalho, atividade, ou seja, grande amostra da população optará em santificar o domingo, para não perder o emprego, ter acesso aos bens públicos e ter liberdade para viajar, entre outras atividades comerciais.	Ap. 13:12-17; Gn. 48:13-19; Jó 40:14; Sl.73:23; Pv. 3:16; Is. 41:13; Ec. 2:1, 11; 4:6; 9:10; Êx. 20:8-12; Ez. 9:4; 20:20; Rm. 4:11; Dn. 7:25
Marca (Ap. 20:4)	a) Aliança de adoração que os ímpios farão a favor do Adversário e do sistema papal; b) característica espiritual que segrega os que adoram ao papado, Adversário (Satanás); c) decreto dominical, isto é, obrigatoriedade da humanidade para santificar este dia; d) imposição de instrumento de adoração maligna, pelo Estado, inicialmente nos EUA, em seguida os países do mundo adotarão as mesmas regras.	Ap. 13:13-17; 14:11; 16:2; 19:20; Êx. 31:13,16,17; Ez. 9:1-6; Is. 44:13; Os. 2:2; At.28:11

DICIONÁRIO DANIEL E APOCALIPSE

Mil anos (Ap. 20:2, 3, 4, 5, 6, 7)	Corresponde ao milênio, período em que o Adversário (Satanás) ficará na terra sozinho, com seus demônios, isto é, sem ninguém para tentar, pois os salvos estarão no céu e todos os ímpios estarão mortos. Após esse períodos os ímpios e o Adversário (Satanás) serão aniquilados.	Ap. 20:1-10; 21:8; Ez. 18:20; II Pd. 3:7
Prisão (Ap. 20:2,5,7)	Alusão ao período em que o Adversário (Satanás) ficará na terra sozinho, com seus demônios, isto é, sem ninguém para tentar, pois os salvos estarão no céu e todos os ímpios estarão mortos. É uma prisão, tortura psicológica por mil anos.	Ap. 20:1-8
Posto em pé (Ap. 20:12)	Alusão ao julgamento, juízo final.	Ap. 20:12,13
Quatro cantos da terra (Ap. 20:8)	Totalidade da terra.	Is. 11:12; 41:9; Jr. 49:36; Ez.7:2; Ap. 20:8; Jó 1:9
Testa (Ap. 20:4)	a) Por falta de sensibilidade à voz do Espírito Santo, grande amostra da população será enganada, isto é, obedecerá de forma racional ao estratagema do Maligno; b) tomada de decisão em favor dos princípios do sistema papal; c) obediência de forma consciente ao decreto da santificação do domingo.	Ap. 7:3; 13:14-17; 14:1; 22:4; Ez.3:7; Rm. 4:11; Dn. 7:25; Êx. 20:8-12; Ez. 9:4, 20:20
Testemunho de Jesus (Ap. 20:4)	a) Espírito da profecia; b) anúncio das boas notícias a respeito do Messias e do seu reino.	Ap.19:10;20:4; Jo.1:7,8; 3:11;5:39
Trono (Ap. 20:4)	Os salvos, com os vinte e quatro anciãos, participarão do julgamento do Adversário (Satanás), dos anjos caídos (demônios) e dos ímpios.	Ap. 4:4; 20:4; I Co. 6:2,3; I Rs. 1:30,35, 37; Sl. 9:4,7; 47:8; 89:14; 99:1; 103:19; Pv. 20:8; Hb. 8:1
Trono (Ap. 20:11,12)	a) Representa que o Criador está reinando; b) realeza; c) juízo e justiça; d) santidade; e) majestade.	I Rs. 1:30,35, 37; Sl. 9:4,7; 47:8; 89:14; 99:1; 103:19; Pv. 20:8; Hb. 8:1

APOCALIPSE 21

Símbolo	Significado	Referência
Água da vida (Ap. 21:6)	Vida eterna.	Jo. 4:14; Ez. 47:9, 12; Sl.1:3; 36:7,8,9; Is. 66:12
Alfa e Ômega (Ap. 21:6)	a) Primeira e última letra do alfabeto grego, portanto o Soberano do universo é o Princípio e o Fim, sempre existiu e para sempre permanecerá!; b) o Messias tem o mesmo atributo.	Ap. 2:8; 21:5,6; 22:6; história
Cento e quarenta e quatro côvados (Ap. 21:17)	a) Aproximadamente sessenta e seis metros; b) alguns estudiosos afirmam que este versículo não é literal.	Ap. 21:17; história
Cordeiro (Ap. 21:9, 14, 22, 23, 27)	Messias crucificado, ressurreto e magnífico.	Ap. 6:1,7,12; 7:14; Jo. 1:28, 29; Is. 53; I Co. 5:7
Doze mil estádios (Ap. 21:16)	a) A nova Jerusalém, cidade do Altíssimo, que desce do céu, tem 2.220 km de largura, 2.220 km de comprimento e 2.220 km de altura. Área total de 4.928.400 km². Equivalente a 58% do Brasil ou aproximadamente 50% dos Estados Unidos. É a capital do universo; b) alguns estudiosos afirmam que este versículo não é literal.	Ap. 21:16; geografia
Enxugará dos olhos toda lágrima (Ap. 21:4)	Alusão que não haverá mais tristeza, luto e dor.	Ap. 21:4; Sl. 119:28; Is. 25:8
Esposo (Ap. 21:1)	Soberano do universo, Criador do céu e da terra.	Ap. 21:2,9; Ef. 5:23,25; Mt. 25:1-13; Mc. 2:18-20; Is. 62:1,5; Jr. 25:10
Lago (Ap. 21:8)	a) Segunda morte; b) local de tormento e aniquilamento.	Ap.19:20; 20:10,14; 21:8; Ez. 18:20; II Pd. 3:7

DICIONÁRIO DANIEL E APOCALIPSE

Mar (Ap. 21:1)	a) Provavelmente, mar de água localizada acima do firmamento; b) barreira física.	Gn.1:2; 7:11; I Pd. 3:5; Am. 9:6; Ap.1:9
Noiva (Ap. 21:9)	Povo fiel, remanescentes.	Ap.19:7,8; 21:2,9; Mt. 25:1-13; Mc. 2:18-20; Is. 62:1,5; Jr. 25:10
Sete taças (Ap. 21:9)	a) Vingança, sete pragas, cólera, julgamento, ira do Todo-Poderoso sobre os ímpios; b) destruição dos maus.	Ap. 5:8; 15:7;16:1; 17:1; 21:9; Is. 51:17; Zc.12:2
Taças (Ap. 21:9)	a) Vingança, praga, cólera, julgamento, ira do Todo-Poderoso sobre os ímpios; b) destruição dos maus. Ver Apocalipse 16.	Ap. 5:8; 15:7;16:1; 17:1; 21:9; Is. 51:17; Zc.12:2
Tabernáculo (Ap. 21:3)	Morada do Altíssimo que descerá para a terra.	Ap. 21:2,3; Hb. 8:2; 9:11; 46:4; II Cr.7:1
Trono (Ap. 21:3.5)	a) Representa que o Criador está reinando, realeza; b) justiça; c) santidade; d) majestade.	I Rs. 1:30,35, 37; Sl. 9:4,7; 47:8; 89:14; 99:1; 103:19; Pv. 20:8; Hb. 8:1
Vara de ouro (Ap. 21:15,16)	Alusão à majestade, ao valor, à preciosidade dos instrumentos utilizados na cidade do Soberano.	Ez. 42:16,17

APOCALIPSE 22

Símbolo	Significado	Referência
Água da vida (Ap. 22:1, 2, 17)	Vida eterna.	Ez. 47:9, 12; Sl.1:3; 36:7, 8, 9; Is. 66:12
Alfa e Ômega (Ap. 21:6)	a) Primeira e última letra do alfabeto grego, portanto o Soberano do universo é o Princípio e o Fim, sempre existiu e para sempre permanecerá!; b) o Messias tem o mesmo atributo.	Ap. 2:8; 21:5,6; 22:6; história

Árvore da vida (Ap. 22:2,14,19)	a) Alusão à vida eterna, b) abastecimento alimentar; c) sinal de ausência de doenças; d) prosperidade.	Ap. 22:2; Gn. 3:22; Ez. 47:12; Sl.1:3; Pv. 3:18; Jr.17;7,8
Cães (Ap. 22:15)	a) Falsos pastores e profetas; b) maus obreiros; c) pseudosseguidores do Messias; d) malfeitores.	Is. 56:10,11; Fl. 3:2; Sl. 22:16
Cidade santa (Ap. 22:19)	a) Morada do Altíssimo que descerá para a terra; b) nova Jerusalém.	Ap. 21:2,3; Hb. 8:2; 9:11; 46:4; II Cr.7:1
Continue o injusto fazendo injustiça (Ap. 22:11)	Em breve o Espírito Santo não estará mais disponível para os ímpios, isto é, a porta da graça, benignidade, estará fechada. Tal acontecimento ocorrerá antes das pragas.	Ap. 9:20,21; 16:9; 11; 22:11; Dn.12:1; Lc. 13:25; Gn.7:16
Cordeiro (Ap. 22:1,3)	Messias crucificado, ressurreto e magnífico.	Ap. 6:1,7,12; 7: 14; Jo 1:28, 29; Is. 53; I Co. 5:7
Descendente de Davi (Ap. 22:16)	Messias, oriundo da geração de Davi.	Mt.1:1; II Sm.7:16; Is.11:1-10
Estrela da manhã (Ap. 22:16)	Resplendor, brilho do Messias.	Ap. 22:16; II Pd. 1:16-19
Folhas (Ap. 22:2)	Alusão a uma vida sem doenças.	Ap. 22:2; Ez. 47:12; Gn. 3:22; Jr.17:7,8
Fronte (Ap. 22:4)	a) Santidade; b) identidade; c) caráter; d) discernimento; e) liberdade.	Êx. 13:16; 28:36-38; Ez. 3:7; 9:4; Ap. 7:3; 9:4; 14:1; 22:4
Fruto (Ap. 22:2)	Alusão à vida eterna, ao mantimento, à prosperidade, à ausência de seca e intempéries.	Ap. 22:2; Gn. 3:22; Ez. 47:12; Gn.1:29; Jr.17:7,8
Geração de Davi (Ap. 22:16)	Messias, oriundo da geração de Davi.	Mt.1:1; II Sm.7:16; Is.11:1-10
Injusto fazendo injustiça (Ap. 22:11)	Em breve o Espírito Santo não estará mais disponível para os ímpios, isto é, a porta da graça, benignidade, estará fechada. Tal acontecimento ocorrerá antes das pragas.	Ap. 9:20,21; 16:9; 11; 22:11; Dn.12:1; Gn.7:16

DICIONÁRIO DANIEL E APOCALIPSE

Lavam as suas vestes (Ap. 22:14)	a) Redenção, remissão dos pecados, purificação; b) nova aliança.	Ap.1:5; 5:9; Mt. 26:28; Lc. 22:20; Ef.1:7; Cl.1:4; Hb. 9:13, 14; I Pd. 1:18,19; I Jo. 1:7
Lavam as suas vestiduras no sangue do Cordeiro (Ap. 22:14)	a) Redenção, remissão dos pecados, purificação; b) nova aliança.	Ap.1:5; 5:9; Mt. 26:28; Lc. 22:20; Ef.1:7; Cl.1:4; Hb. 9:13, 14; I Pd. 1:18,19; I Jo. 1:7
Noiva (Ap. 22:17)	Povo fiel, remanescentes.	Ap. 21:2,9; Mt. 25:1-13; Mc. 2:18-20; Is. 62:1,5; Jr. 25:10
Nome (Ap. 22:4)	a) Vitória; b) benção; c) identidade.	Ap. 3:12; Nm. 6:27; Dt. 28:10
Raiz (Ap. 22:16)	Messias, o Salvador, é estandarte, sustentador e mantenedor do universo.	Ap. 5:5; 22:16; Is.11:1-10; 53:2; Rm.11:17,18; 15:12
Rio da água da vida (Ap. 22:1,2)	a) Alusão à prosperidade, ao mantimento, à alegria, à paz, à vida eterna, à saúde; b) rio literal.	Jo. 4:14; Ez. 47:9, 12; Sl.1:3; 36:7,8; 46:4,5; Is. 48:18; 66:12; Gn.1:29
Sede (Ap. 22:17)	Desejo por salvação.	Ap. 22:17; Jo. 4:14; Sl.119:74
Testa (Ap. 22:4)	a) Santidade; b) identidade; c) caráter; d) discernimento; e) liberdade.	Êx. 13:16; 28:36-38; Ez. 3:7; 9:4; Ap. 7:3; 9:4; 14:1; 22:4
Trono (Ap. 22:1,3)	Representa que o Criador está reinando, realeza; justiça; santidade; majestade.	I Rs. 1:30,35,37; Sl. 9:4,7; 47:8; 89:14; 99:1; 103:19; Pv.20:8; Hb.8:1

DANIEL E APOCALIPSE: LETRA A

Abadom (Ap. 9:11)	a) Abismo da destruição; b) destruição infernal; c) Adversário (Satanás).	Ap.9:1,11; Jó 31:12; Jo. 10:10
Abaterá a três (Dn. 7:24)	O sistema papal foi o principal responsável pela destruição dos hérulos, ostrogodos e lombardos.	Dn. 7:8,20; 8:9-12; história
Abismo (Ap. 9:1)	a) Destruição; b) juízos; c) morte.	Jó 26:6; Sl. 36:6; 55:23; 88:11; Rm.10:7
Abismo (Ap. 20:1,3)	a) Terra em caos; b) juízo vindo dos céus; c) morte, destruição.	Ap. Gn.1:1,2; Jr. 4:23-28; Sl.36:6; 55:23; 88:11; Jó 26:5,6; Rm.10:7
Abominação desoladora (Dn. 12:11)	Imposição do decreto dominical, todos serão obrigados a reverenciar este dia, em detrimento do real dia de santificação, sábado. Esse decreto é adotado inicialmente nos Estados Unidos, em seguida outros países oficializam essa ilegalidade.	Dn. 12:11; Ap. 13:11-18; Mt. 24:15
Abominação desoladora (Dn. 11:31)	a) Idolatria; b) o sistema papal com a tentativa de substituir o Messias, alegando total poder para perdoar pecados e prerrogativas salvíficas.	Dn. 9:27; Mt. 24:15; II Ts. 2:3, 4; Dt. 17:2-4; 27:15; Pv. 11:11; história
Abominações (Ap. 17:4,5)	a) Idolatria; b) falsa adoração; c) adoração ao sol, a imagens de esculturas.	Ez. 8:6, 9-16; Jr. 13:27
Absinto (Ap. 8:11)	a) Alusão ao adversário (Satanás); b) adoração a deuses.	Ap. 8:10; Is. 14:11-14; Dt. 29:18
Acabar a destruição do poder do povo santo (Dn.12:7)	Outra versão relata "e quando tiverem acabado de espalhar o poder do povo santo, todas estas coisas se cumprirão". Ou seja quando o evangelho puro for disseminado com o poder do Espírito Santo ao mundo, os acontecimentos finais e o selamento dos justos ocorrerão.	Ap. 9:4,20,21; 16:9, 11; 20:1-15; 22:11; Dn.12:1,7; Gn.7:16; bíblia israelita com estudo judaicos
Adornada (Ap.17:4)	Pompa, orgulho.	Êx.33:5,6

DICIONÁRIO DANIEL E APOCALIPSE

Água (Ap. 17:1)	Povos, multidões, nações e línguas.	Ap. 17:15
Água da vida (Ap. 21:6)	Vida eterna.	Jo. 4:14; Ez. 47:9, 12; Sl.1:3; 36:7,8,9; Is. 66:12
Água da vida (Ap. 22:1,2,17)	Vida eterna.	Ez. 47:9, 12; Sl.1:3; 36:7,8,9; Is. 66:12
Águas secaram (Ap. 16:12)	Alusão ao rompimento do apoio do Estado e da população ao sistema religioso dominante.	Is. 8:7; Js. 24:2, 15; Ap.16:10-14; 17:1,15; Jr. 46:7, 8
Águia (Dn.7:4)	Velocidade.	Dt. 28:49; Hc. 1:8; Jó 9:25, 26
Águia (Ap. 4:7)	a) Velocidade; b) atributo do Messias.	Dt. 28:49; Hc. 1:8; Jó 9:25, 26
Águia (Ap. 8:13)	a) Mensageiros que com diligência advertem o mundo sobre os últimos acontecimentos; b) velocidade.	Ap. 8:13; 14:6-12; Os. 8:1; Jó 9:25, 26; Hc. 1:8; Dt. 28:49
Águia (Ap.12:14)	Velocidade.	Dt. 28:49; Hc. 1:8; Jó 9:25, 26
Alfa e ômega (Ap. 1:8)	a) Primeira e última letra do alfabeto grego, portanto o Soberano do universo é o Princípio e o Fim, sempre existiu e para sempre permanecerá!; b) o Messias tem o mesmo atributo.	Ap. 2:8; 21:5, 6; 22:6; história
Alfa e Ômega (Ap.21:6)	a) Primeira e última letra do alfabeto grego, portanto o Soberano do universo é o Princípio e o Fim, sempre existiu e para sempre permanecerá!; b) o Messias tem o mesmo atributo.	Ap. 2:8; 21:5,6; 22:6; história
Alguns do exército e das estrelas lançaram por terra e os pisaram (Dn. 8:10)	a) O sistema papal dizimou os "cristãos" remanescentes na Idade Média. Esse poder causou grande matança, mais de 150 milhões de "cristãos" foram eliminados de forma cruel; b) alguns estudiosos afirmam que este versículo se aplica também a matanças exercidas pelo império romano.	Dn. 7:21,23,25; 8:10-13; Jo. 16:2; II Ts. 2:3-10; Gn. 15:5; 22:17; 37:9; Dt.1:10; 10:22; 28:62; história

PEDRO DE OLIVEIRA SILVA

Aliança com muitos (Dn. 9:27)	a) Aliança do Messias com Israel; b) exclusividade dessa nação como povo especial, portador das boas notícias. No ano 34 d.C., com a morte de Estevão houve a conversão dos gentios, sem necessariamente se tornarem judeus ou praticarem a circuncisão.	At. 1- 7; 8:1; 10-11; 13-15; Hb. 10:1
Almas (Ap. 6:9)	a) Vidas; b) pessoas.	Ap.18:11-13; 20:4; Gn. 2:7; Ez. 18:20; Ec. 9:5; At. 2:41
Almas dos decapitados (Ap. 20:4)	Vidas, pessoas. Neste caso alusão aos mártires que tiveram suas vidas ceifadas por adorarem ao Criador dos céus e da terra.	Gn. 2:7; Ez. 18:20; Dn.7:21,23,25; 8:10-13,24; Jo. 16:2; II Ts. 2:3-10; Ez. 18:20
Almas humanas (Ap. 18:13)	O sistema religioso corrupto da igreja-mãe e de suas filhas sempre objetivou as pessoas (almas) em pró dos dízimos, ofertas e doações.	Ap.18:11-13; 20:4; Gn. 2:7; Ez. 18:20; Ec. 9:5
Altar (Ap. 6:9)	a) Holocausto; b) alusão aos fiéis sacrificados que estão debaixo da terra, nos sepulcros, alguns não tiveram inclusive essa oportunidade de enterro. Foram vítimas, sacrifícios unicamente por causa de sua fé no Criador e obediência aos mandamentos.	Ap. 6:9-11; Lv.4:7,30; Dn. 7:25; Jo. 16:2; Êx. 27:1-8; 29:12; história
Altar de ouro (Ap. 8:3)	a) Provavelmente, alusão às orações dos santos.	Ap. 8:3-5; Êx. 40:5; Hb. 9:3,4
Alvejaram no sangue do Cordeiro (Ap. 7:14)	a) Redenção, remissão dos pecados, purificação; b) nova aliança.	Ap.1:5; 5:9;7:14; Mt. 26:28; Lc. 22:20; Ef.1:7; Cl.1:4; Hb. 9:13, 14; I Pd. 1:18,19; I Jo. 1:7
A m a r g o (Ap.10:9,10)	a) Pesares ou rejeição por anunciar a mensagem profética; b) grupos de pessoas que no século XIX sofreram decepção, por datar a segunda volta do Messias e a mesma não se cumprir.	Ap.10:7-11; Nm. 5:24,27; Ez. 3:1-7; Rt. 1:13,14,20,21; história
Amargosas (Ap. 8:11)	a) Adulteração do plano da salvação pelo Adversário (Satanás); b) substituição da redenção por obras humanas, anulando a justificação pela fé.	Ap. 8:10,11; Êx.15:23; Is.12:2,3

DICIONÁRIO DANIEL E APOCALIPSE

Termo	Definição	Referências
Ando no meio dos sete candeeiros (Ap. 2:1)	Presença do Messias iluminando as sete igrejas.	Êx. 35:14, 39:37; Ap. 1:13,20; 21:23; Lv. 24:2. Jr. 25:10, 11; Jo. 12:46
Ancião (Dn. 7:9)	Criador do Universo.	Dn. 4:34; 7:13
Anciãos (Ap. 4:4)	a) Representantes da humanidade redimida; b) primícias que ajudam o Messias no santuário celestial; c) vinte e quatro homens santos que foram ressuscitados, transladados para o céu.	Ap. 4:4; 5:8; II Cr. 10:6; Mt. 17:13; 27:52,53; Gn. 5:24; II Rs. 2:11
Anciãos (Ap. 5:5,6,8)	a) Representantes da humanidade redimida; b) primícias que ajudam o Messias no santuário celestial; c) no total são vinte e quatro homens santos que foram ressuscitados, transladados para o céu.	Ap. 4:4; II Cr. 10:6; Mt. 17:13; 27:52,53; Gn. 5:24; II Rs. 2:11
Anciãos (Ap. 7:11,13)	a) Representantes da humanidade redimida; b) primícias que ajudam o Messias no santuário celestial; c) vinte e quatro homens santos que foram ressuscitados, transladados para o céu.	Ap. 4:4; 5:8; II Cr. 10:6; Mt. 17:13; 27:52,53; Gn. 5:24; II Rs. 2:11
Anciãos (Ap. 14:3)	a) Representantes da humanidade redimida; b) primícias que ajudam o Messias no santuário; c) vinte e quatro homens santos que foram ressuscitados, transladados para o céu.	Ap. 4:4; 5:8; II Cr. 10:6; Mt. 17:13; 27:52,53; Gn. 5:24; II Rs. 2:11
Animais (Dn. 7:3)	a) Reinos; b) reis.	Dn. 7;16, 17,23
Animal (Dn7:7)	a) Roma; b) império romano.	Dn. 7:23; história
Animal foi morto (Dn. 7:11)	a) Queda do poder império-religioso, liderado pelo sistema papal; b) declínio do sistema papal.	Ap. 18:2, 18-21; 19:20; Dn. 7:26
Anjo (Ap. 2:1,8,12,18)	a) Mensageiro; b) ajudador; c) cooperador.	I Sm. 29:9; Ap. 14:6, 7; Mc. 16:15
Anjo (Ap. 3:1)	a) Mensageiro; b) ajudador; c) cooperador.	I Sm. 29:9; Ap. 14:6, 7; Mc. 16:15
Anjo (Ap.18:1)	a) Mensageiro, ajudador, cooperador; b) servos do Altíssimo que transmitem a verdade presente.	I Sm. 29:9; Ap. 14:6,7; Mc. 16:15

Anjo (Ap. 14:6,8,9)	a) Mensageiro; b) ajudador; c) cooperador.	Ap. 14:6, 7; I Sm. 29:9; Mc. 16:15
Anjo do abismo (Ap. 9:11)	Adversário (Satanás).	Ap. 9:1,11; Jó 31:12; Jo. 10:10
Anjo forte (Ap. 5:2)	Literalidade da figura de um anjo, o qual, por trazer uma mensagem poderosa, se torna forte; b) alguns estudiosos afirmam que pode ser o próprio Cordeiro (Messias).	Ap. 5:2; 10:1; 18:21
Anjo forte (Ap. 10:1)	Messias.	Ap. 1:15,16; 10:1
Anjo poderoso (Ap. 10:1)	Messias.	Ap. 1:15,16; 10:1
Antipas (Ap. 2:13)	a) Era bispo de Pérgamo, durante o reinado de Nero, foi discípulo do apóstolo João; b) mensageiro da palavra, combatia os sacrifícios aos deuses, o que provocou a reprovação dos sacerdotes pagãos. Morreu no templo de Ártemis. Portanto, parte da irmandade de Pérgamo, permanecia na pureza do evangelho.	Ap. 2:13; história
Aparência era terrível (Dn. 2:31)	a) Alusão ao poder de destruição dessas nações prefigurada pelos diferentes metais; b) forma perversa, dos diferentes crimes que essas nações cometeriam contra o povo do Eterno.	Dn. 7:7, 19; 11:31; Is. 18:2; Jz. 10:9; 15:8; I Sm. 4:17
Aquele (Ap. 2:1)	Messias, Salvador do mundo.	Ap.1:13,18
Ar (Ap. 9:2)	a) Espírito Santo.	At. 2:2-4; Jo. 3:8; 20:21,22
Arca do testemunho (Ap. 11:19)	a) Arca do concerto; b) trono do Altíssimo.	Êx. 23:10-22; Hb. 1:14
Arco (Ap. 6:2)	a) Êxito na guerra contra o mal; b) destruição dos maus; c) vitória no combate.	Ap. 6:2; Sl. 7:11, 12; Lm. 2:4; Zc. 9:10; 10:4
Arco (Ap. 10:1)	a) Benignidade; b) resplendor.	Gn. 9:13, 16; Ez. 1:28

DICIONÁRIO DANIEL E APOCALIPSE

Arco-Íris (Ap. 4:3)	a) Concerto entre o Eterno e o homem; b) benevolência.	Ap. 10:1; Gn. 9:11-17
Areia do mar (Ap. 12:17)	Multidão de pessoas ímpias.	Ap. 12:17; 20:8; Rm. 9:27; Js.11:2-4;
Armagedom (Ap. 16:16)	Etimologia da palavra significa "monte de Megido", local de várias batalhas. Portanto, a batalha final ocorrerá depois do milênio, com a destruição final dos ímpios.	II Cr. 35:22; Ap.16:13-16; 20:7-10
Armará as suas tendas (Dn. 11:40)	a) Morada do anti-Messias (anti-Cristo) em Jerusalém; b) alusão à construção de igreja(s) romana(s) em Jerusalém.	Dn. 11:36-40; história
Artelhos (Dn. 2:41, 42)	a) São dez reinos (blocos mundiais) com poder político-religioso que surgirão nesses últimos dias, essa união durará pouco tempo e esses reis não conseguirão seus objetivos; b) alguns estudiosos afirmam que são as dez tribos da Europa, que se formaram com a queda do império romano.	Dn. 2:41-44;7:24; Ap. 17:12; Jr. 18:6; história
Artífice (Ap.18:22)	Obras, imagens, deuses de esculturas.	Dt. 27:15; Is. 40:20
Árvore (Dn. 4: 10)	Rei Nabucodonosor.	Dn. 4: 22
Árvores (Ap. 8:7)	a) Habitantes de Jerusalém; b) povo descendente geneticamente ou pela fé dos judeus; c) pessoas conhecedoras das escrituras.	Ap. 8:7; 9:4; Ez. 15:6; Gn. 49:22; Dn. 4:5,10,19-22; Sl.1:1-3
Árvore (Ap. 9:4)	a) Justo, fiel, obedientes às escrituras sagrada; b) povo próspero por causa das bençãos vindas do céu.	Sl.1:1-3; Gn. 49:22
Árvore da vida (Ap. 2:7)	a) Alusão à vida eterna; b) abastecimento alimentar; c) sinal de ausência de doenças; d) prosperidade.	Ap. 22:2; Gn. 3:22; Ez. 47: 12; Sl.1:3; Pv. 3:18; Jr.17;7,8
Árvore da vida (Ap. 22:2,14,19)	a) Alusão à vida eterna, b) abastecimento alimentar; c) sinal de ausência de doenças; d) prosperidade.	Ap. 22:2; Gn. 3:22; Ez. 47: 12; Sl.1:3; Pv. 3:18; Jr.17;7,8
Asas (Dn. 7:4)	a) Rapidez; b) velocidade.	Hc. 1:6-9

133

Asas (Dn. 7:6)	a) Grande rapidez; b) enorme velocidade.	Hc. 1:6-9
Asas (Ap. 9:9)	a) Rapidez para guerrear; b) velocidade.	Ap. 9:9; Hc. 1:6-9
Asas foram arrancadas (Dn. 7:4)	Babilônia prefigurado por Nabucodonosor, estacionou em seu crescimento, pois o rei foi atingido por uma doença, licantropia.	Dn. 4:20-37; 7:17
Assentou (Dn. 7:9)	Indica início do julgamento.	Lc.2 2:30; Dn. 7:10; 12:1; Mt. 19:28; Ap. 20:4
Assentou-se o tribunal (Dn. 7:10)	Indica início do julgamento.	Lc. 22:30; Dn. 7:10; 12:1; Mt. 19:28; Ap. 20:4
Assolador (Dn. 9:27)	Sistema papal que causou grande assolação sobre o povo do Criador, além de perverter, adulterar as escrituras, usurpando a função sacerdotal do Messias.	II Ts. 2:1,2; Jo.16:2; Dn. 2:41-44; 7:24-26; 8:9-12, 23-25; 9:27; 11:21-24,27,30-39; Ap. 13:1-7; história
Atada com cadeias de ferro e de bronze (Dn. 4:15)	Reino de Nabucodonosor será devolvido a ele, quando reconhecer que o céu é que domina.	Dn. 4:26
Atenderá aos que tiverem desamparado a santa aliança (Dn. 11:30)	Os cristãos que deixaram de seguir os ensinos dos profetas, apóstolos e do Mestre, para seguir as tradições da igreja de Roma foram poupados do massacre.	Dn. 7:25; 11:30; história
Atirou na terra parte do exército das estrelas e as pisoteou (Dn. 8:10)	a) O sistema papal dizimou os "cristãos" remanescentes na Idade Média. Esse poder causou grande matança, mais de cem milhões de "cristãos" foram eliminados de forma cruel; b) Alguns estudiosos afirmam que este versículo se aplica também à matança executada pelo império romano.	Dn.7:21,23,25; 8:10-13; Jo. 16:2; II Ts. 2:3-10; Gn. 15:5; 22:17; 37:9; Dt.1:10; 10:22; 28:62; Jo. 16:2
Atormentados de dia e de noite (Ap. 20:10)	Alusão ao final trágico dos poderes: Diabo, besta e falso profeta. Serão afligidos por certo tempo e finalmente aniquilados.	Ap. 20:14; Ez. 38, 39; II Pd.3:7

DICIONÁRIO DANIEL E APOCALIPSE

Atormentado com fogo e enxofre (Ap.14:10)	Morte definitiva dos ímpios, aniquilação.	Ap.14:10 20:11-15; Is. 33:12-14; Ez. 18:20; II Pd. 3:7
Avançar contra o Sul (Dn. 11:29)	Reino do Sul, região do Egito, mais especificamente tentativa de dominar Jerusalém. A sétima e última cruzada promovida pelo sistema papal foi um desastre. O monarca Luiz IX foi preso no Cairo, Egito. Dez anos depois os cristãos foram expulsos da Palestina, até o ano 1917.	Dn. 11:25-29; história
Ave (Ap. 18:2)	Pessoas.	Pv. 27:8; Ec.10:20; Is. 46:11
Aves (Ap. 19:17,21)	Alusão ao destino trágico e final dos maus.	Dt. 28:26; Jr.7:33
Azeite (Ap. 6:6)	Espírito Santo.	Mt. 25:4; Zc. 4:2-6; Ap. 4:2-6

DANIEL E APOCALIPSE: LETRA B

Babilônia (Ap.14:8)	a) Confusão religiosa, sistema religioso corrompido; b) liderança, gestão exercida pelo sistema da igreja de Roma.	Ap.14:8; Gn.11:9; Is. 21:9; Jr. 51:47; Dn. 3:1, 14
Babilônia (Ap. 16:19)	a) Confusão religiosa, sistema religioso corrompido; b) sistema religioso liderado pelo papa.	Ap.14:8; 16:19; 17:1,5; Gn.11:9; Is. 21:9; Jr. 51:47; Dn. 3:1,14
Babilônia (Ap.17:5)	a) Confusão religiosa, sistema religioso corrompido; b) liderança, gestão exercida pelo sistema da igreja de Roma.	Ap.14:8; Gn.11:9; Is. 21:9; Jr. 51:47; Dn. 3:1, 14
Babilônia (Ap.18:2,10,18)	a) Confusão religiosa, sistema religioso corrompido; b) liderança político-religiosa exercida pelo sistema da igreja de Roma.	Ap.14:8; Gn.11:9; Is. 21:9; Jr. 51:47; Dn. 3:1, 14
Balaão (Ap. 2:14)	a) Idolatria; b) prostituição.	Ap. 2:14; Nm. 22: 5-25

Balança (Ap. 6:5)	a) Engano; b) corrupção; c) comercialização, materialismo.	Os. 12:7,8; Pv. 11:1; 20:23; Mq. 6:11; história
Besta (Ap.13:1, 4, 12, 14, 15, 17, 18)	É um animal, em profecia representa rei ou reino. Dessa forma, analisando o contexto, diagnostica-se que essa besta é o sistema papal. Roma concedeu grande autoridade **ao bispo da igreja de Roma** (v.2), a terra se curva a essa autoridade (v.3), diz que tem o poder para perdoar pecados, afirma que o Messias fracassou na cruz, blasfêmia (v.5 e 6).	Ap.13:1-10; Dn. 7:16, 17, 23; Gn. 3:14; história
Besta (Ap.13:11)	É um animal, em profecia representa rei ou reino; dessa forma, analisando o contexto, diagnostica-se que essa besta são os Estados Unidos. Esta nação surge de um local não populoso (v.11), diferente das outras bestas que surgem em local de certa forma populoso e povoado. Têm a sua independência reconhecida no ano em que o papado recebe sua ferida (1798). É uma superpotência militar e política, pois faz com que a terra adore ao papado, além de ordenar a morte dos "rebeldes" (v. 12,15), é uma nação religiosa (v.13).	Ap.13:1-10; 17:15; Gn. 3:14; Dn. 7:16, 17, 23; história
Besta (Ap.13:12)	Papado ou sistema papal. Ver o significado de besta (Ap.13:1).	Ap. 13:1-10; Gn. 3:14; Dn. 7:16, 17, 23; história
Besta (Ap.14:9,14)	É um animal, em profecia representa rei ou reino; dessa forma, analisando o contexto, em especial Apocalipse 13, diagnostica-se que essa besta é o sistema papal.	Ap. 13:1-10,12,14,15,17; Dn. 7:16,17,23; Gn. 3:14; história
Besta (Ap.15:2)	É um animal, em profecia representa rei ou reino; dessa forma, analisando o contexto, em especial Apocalipse 13, diagnostica-se que essa besta é o sistema papal.	Ap. 13:1-10,12,14,15,17; Dn. 7:16,17,23; Gn. 3:14; história
Besta (Ap. 16:2,10,13)	É um animal, em profecia representa rei ou reino; dessa forma, analisando o contexto, em especial Apocalipse 13, diagnostica-se que essa besta é o sistema papal.	Ap. 13:1-10,12,14,15,17; Dn. 7;16,17,23; Gn. 3:14

DICIONÁRIO DANIEL E APOCALIPSE

Besta (Ap.19:19,20) — É um animal, em profecia representa rei ou reino; dessa forma, analisando o contexto, em especial Apocalipse 13, diagnostica-se que essa besta é o sistema papal. Ap. 13:1-10,12,14,15,17; Dn. 7:16,17,23; Gn. 3:14; história

Besta (Ap. 20:4) — É um animal, em profecia representa rei ou reino; dessa forma, analisando o contexto, em especial Apocalipse 13, diagnostica-se que essa besta é o sistema papal. Ap. 13:1-10,12,14,15,17; Dn. 7:16,17,23; Gn. 3:14; história

Besta emergir da terra (Ap.13:11) — É um animal, em profecia representa rei ou reino; dessa forma, analisando o contexto, diagnostica-se que essa besta são os Estados Unidos. Esta nação surge de um local não populoso (v.11), diferente das outras bestas que surgem em local de certa forma populoso e povoado. Têm a sua independência reconhecida no ano em que o papado recebe sua ferida (1798). É uma superpotência militar e política, pois faz com que a terra adore ao papado (v. 12), é uma nação religiosa (v.13) e ordena a morte dos "rebeldes" (v 15). Ap.13:1-10; 17:15; Gn. 3:14; Dn. 7:16,17,23; história

Besta escarlate (Ap. 17:3, 12) — a) Oitavo rei; b) retorno da supremacia papal dominando o mundo. De certa maneira neste contexto, algo trágico e inédito irá acontecer, pois sobre a influência de Satanás (Adversário), o sistema religioso dominante será atingido, a igreja de Roma em especial será alvo de destruição, e seus líderes serão assassinados. Ap. 17:8, 11, 16; 12:3; 13:3; 18:2, 8, 9; I Sm. 28:11, 13-15, 19; Rm. 10:7; Sl. 30:3; Dt. 32:22

Besta que surge do abismo (Ap.11:7) — a) Adversário (Satanás); b) ateísmo na França durante a segunda metade do século XVIII; c) rei, reino. Ap. 9:1,11; Dn.7:17; história

Besta vermelha (Ap. 17:3,12) — a) Oitavo rei; b) retorno da supremacia papal dominando o mundo. De certa maneira neste contexto, algo trágico e inédito irá acontecer, pois sobre a influência de Satanás (Adversário), o sistema religioso dominante será atingido, a igreja de Roma em especial será alvo de destruição, e seus líderes serão assassinados. Ap. 17:8, 11, 16; 12:3; 13:3; 18:2, 8, 9; I Sm. 28:11, 13-15, 19; Rm. 10:7; Sl. 30:3; Dt. 32:22

B l a s f ê m i a (Ap.13:1,5)	a) Pontífice máximo, Vossa santidade, Vigário de Cristo, Papa; b) se titular como o Altíssimo; c) perdoar pecados; d) insensibilidade e resistência à voz do Espírito Santo; e) mentira e engano.	Mc. 14:61-64; Mt. 12:31; 26:61-65; Jo. 10:33; Lc. 5:20,21; Ap. 2:9; Ez. 35:12; história
Blasfêmia (Ap. 17:3)	a) Se titular como o Altíssimo; b) perdoar pecados; c) insensibilidade e resistência à voz do Espírito Santo; d) mentira e engano.	Ap. 2:9; Mc. 14:61-64; Mt. 12:31; 26:61-65; Jo. 10:33; Lc. 5:20,21; Ez. 35:12
Boca que falava com arrogância (Dn. 7:20)	a) Comunicação orgulhosa do sistema papal; b) palavras arrogantes contra o Salvador; c) usurpação das qualidades do Messias.	Dn.7:8,24,25; 8:10-12,23; II Ts. 2:3-9; Sl. 36:11; 75:5; Mq. 6:12; história
Boca que falava com insolência (Dn. 7:20)	Comunicação orgulhosa, com arrogância do sistema papal; b) palavras arrogantes contra o Salvador; c) usurpação das qualidades do Messias.	Dn.7:8,24,25; 8:10-12,23; II Ts. 2:3-9; Sl 36:11; 75:5; Mq. 6:12; história
Bode (Dn. 8:5)	Grécia.	Dn. 8:21; história
Branca (Dn. 7: 9)	a) Justiça; b) pureza.	Ap. 7:9; 19:8; Sl. 51:7; Is. 16:19
Branca (Ap. 7: 9)	a) Justiça; b) pureza.	Ap. 7:9; 19:8; Sl. 51:7; Is. 16:19
Branco (Ap. 3:4)	a) Pureza; b) justiça do Salvador.	Ap. 3:4,5; 7:9; 19:8; Is. 1:18; Sl. 51:7; Mt. 28:3
Branco (a) (Ap. 6:2,11)	a) Pureza; b) justiça do Salvador; c) salvação.	Ap. 3:4, 5; 7:9,13-17; 19:8; Is. 1:18; Sl. 51:7
Branco (Ap. 19:14)	a) Pureza; b) justiça do Salvador; c) santidade.	Ap.. 3:4, 5; 7:9, 13-17; 19:8; Sl. 51:7; Is.16:18
Branco (Ap. 20:11)	a) Justiça; b) pureza; c) santidade.	Is. 1:18; Sl. 51:7; Ap. 3:4, 5; 7:9, 13-17; 19:8

DICIONÁRIO DANIEL E APOCALIPSE

Boca (Ap. 9:19)	a) Comunicação enganosa; b) insolência; b) mentira; d) orgulho.	Ap. 9:19; Dn.7:8,20; Mq. 6:12;I Rs. 22:22; I Sm. 2:3
Bodas (Ap.19:7)	Celebração da festa de casamento do Messias com sua igreja, isto é, com pessoas fiéis, remanescentes.	Ap.19:7; 21:2,9; Mt. 25:1-13; Mc. 2:18-20; Is. 62:1,5; Jr. 25:10; Ef. 5:22-28
Boi (Ap. 4:7)	a) Expiação pelo pecado; b) atributo do Messias.	Lv. 4:10; 8:2,14;9:4; Jo. 1:29,36
Bronze (Dn. 2:32)	Grécia.	Dn. 2:39; 8:21; história
Bronze polido (Dn. 10:6)	a) Destruição completa dos ímpios; b) força; c) resistência; d) dureza.	Ml. 4:1; Hc. 10:27; Dt. 9:3; 28:23; 33:27; Ap.1:15,18; Ez. 1:7; II Sm. 22:35; Lv. 26:19; I Rs. 4:13
Bronze polido (Ap. 2:18)	a) Destruição completa dos ímpios; b) força; c) resistência; d) dureza.	Ml. 4:1; Hb. 10:27; Dt.9:3; 28:23; 33:27; Dn.10:6; Ez. 1:7; II Sm. 22:35; Lv. 26:19; I Rs. 4:13
Bronze reluzente (Ap. 2:18)	a) Destruição completa dos ímpios; b) força; c) resistência; d) dureza.	Ml. 4:1; Hb. 10:27; Dt. 9:3; 28:23; 33:27; Dn.10:6; Ez. 1:7; II Sm. 22:35; Lv. 26:19; I Rs. 4:13

DANIEL E APOCALIPSE: LETRA C

Cabeça daquela estátua era de ouro (Dn. 2:32)	Império de Babilônia.	Dn. 2:37,38; história
Cabeça de leão (Ap. 9:17)	a) Líderes devoradores; b) poder político-religioso destruidor.	Ap. 9:7,8,17,18; 13:2; Is. 9:14-16

Cabeça era de fino ouro (Dn. 2:32)	Reino da Babilônia.	Dn. 2:38; história
Cabeças (Dn. 7:6)	a) Quatro reinos: Macedônia, Pérgamo, Egito e Síria; b) dirigentes e governantes.	Dn. 8:8,21,22; 11:4; história
Cabeças (Ap.12:3)	a) Reis; b) reinos; c) alusão às sete cabeças do capítulo sete de Daniel (quatro cabeças da Grécia, agregadas com as cabeças de Babilônia, Média-Pérsia e Roma imperial), ou seja, estes sistemas de governo foram marionetes nas mãos do Adversário, (Satanás); d) alguns estudiosos afirmam que se referem aos papas; e) outros pesquisadores afirmam que são as quatro cabeças da Grécia, agregadas com as cabeças de Babilônia, Média-Pérsia e Roma em suas duas fases imperial e papal.	Dn.7:3-7,17,23; Ap. 12:1-6; 17:9; história
Cabeças como golpeada de morte (Ap.13:3)	a) Prisão e morte do papa Pio VI; b) possibilidade também, embora remota, de ser o atentado contra o papa João Paulo II.	Ap.13:1-3, 14; história
Cabelo era branco como a lã (Dn. 7:9)	a) Experiência; b) vivência; c) longevidade.	Gn. 44:29, 31; Lv. 19:32; I Sm. 12:2; Jó 15:10; Sl. 71:18; Pv. 20:29
Cabelos da cabeça como a pura lã (Dn.7:9)	a) Experiência; b) vivência; c) longevidade.	Gn. 44:29, 31; Lv. 19:32; I Sm. 12:2; Jó 15:10; Sl. 71:18; Pv. 20:29
Cabelos de mulher (Ap. 9:8)	a) Igrejas apostatadas; b) sistema religioso corrompido.	Ap.17:1,4,5; Os. 2:2-5; 3:1; Ez. 23:2-21; Jr. 6:2; II Co. 11:2; Ef. 5:22; Dn. 11:37
Cabelos eram brancos como a lã (Ap. 1:14)	a) Experiência; b) vivência; c) longevidade.	Gn. 44:29, 31; Lv. 19:32; I Sm. 12:2; Jó 15:10; Sl. 71:18; Pv. 20:29; Dn. 7:9
Cadeias de ferro e bronze (Dn. 4:15)	Momentos difíceis, duros, vergonhosos que o rei viveria, em consequência do pecado.	Lv. 26:19; Dt. 28:48; Is. 48:4; Jr. 6:28

DICIONÁRIO DANIEL E APOCALIPSE

Cães (Ap. 22:15)	a) Falsos pastores e profetas; b) maus obreiros; c) pseudosseguidores do Messias; d) malfeitores.	Is. 56:10,11; Fl. 3:2; Sl. 22:16
Caiu do céu (Ap. 8:10)	Atuação do adversário (Satanás) contra os habitantes da terra.	Is. 14:12; Jó 1:16
Calcule o número da besta (Ap.13:18)	a) Alguns estudiosos afirmam que é a soma (666) da numeração em algarismos romanos do título outorgado ao Papa, "Vicarius Filli Dei", Vigário do filho de Deus; b) a maioria dos teólogos tem outra opnião, ver o significado "número do seu nome".	Ap.13:18; 15:2; Mt.15:7,8; história
Cálice (Ap. 14:10)	Ira do Criador, abatendo os ímpios.	Ap.14:10; Sl.75:7,8
Cálice (Ap. 16:19)	Ira do Criador, destruindo os ímpios.	Ap.14:10,19;16:19; Sl.75:7,8; Jr. 25:15,16
Cálice (Ap. 18:6)	Juízos, sofrimentos.	Sl. 11:6; 75:8; Jr. 25:17
Cálice de ouro (Ap. 17:4)	a) Abominações, imundícias; b) idolatria.	Ap. 17:4; Dt. 20:18; I Rs. 21:26; Lv.18:22; Jr.7:30; Ez. 36:25
Ceifa (Ap. 14: 14,15)	Fim do mundo, consumação dos séculos.	Ap. 14: 14,15; Mt. 13:39
Candeeiro (Ap. 1:13)	Igrejas.	Ap. 1:20
Candeeiro (Ap. 2:5)	a) Presença do Espírito Santo; b) presença do Messias, a Luz do mundo.	Êx. 35:14, 39:37; Ap.1:13; 21:23; Lv. 24:2. Jr. 25:10, 11; Jo. 12:46
Candeeiro (Ap. 11:4)	a) Igrejas; b) escrituras; c) servos do Messias.	Ap. 1:13, 20; Sl.119:105; Mt.5:14; Êx.27:20
Candeia (Ap.18:23)	a) Espírito Santo; b) Salvação; c) presença do Messias; d) palavra profética.	Ap.18:23; Jo.1:4,6-9; 8:12; 14:26; I Jo.1:4,7; II Pd.1:19; Jr. 25:10

Candelabro (Ap. 2:5)	a) Presença do Espírito Santo; b) presença do Messias, a Luz do mundo.	Êx. 35:14, 39:37; Ap. 21:23; Lv. 24:2. Jr. 25:10, 11; Jo. 12:46
Candelabro (Ap. 11:4)	a) Igrejas; b) escrituras; c) servos do Messias.	Ap. 1:13, 20; Sl.119:105; Mt. 5:14; Êx. 27:20
Caniço (Ap. 11:1)	a) Vacilar e tremer. Consequências devido a desobediência; b) nação, rei.	IRs. 14:15; II Rs.18:21
Carneiro (Dn 8:3)	Média e Pérsia.	Dn. 8:20
Casamento (Dn.2:43)	a) Aliança político-religioso; b) união da igreja de Roma com o Estado.	Dn. 11:17; II Co. 11:2; Ap. 13:12; 17:1,2; 18:2,3; história
Cativeiro (Ap.13:10)	Condução do papa Pio VI pelo general francês, para o local em que ficaria preso, França.	II Rs. 25:27; II Cr. 28:5,11-17; história
Cauda (Ap. 9:10,19)	a) Engano; b) profeta que ensina falsidade.	Is. 9:15
Cauda (Ap. 12:4)	a) Engano; b) profeta que ensina falsidade.	Is. 9:15
Cavaleiro (Ap. 6:2)	Fiel e Verdadeiro, Verbo do Criador, o Messias como vencedor.	Zc.10:3; Ap. 19:11-13; Sl. 45:2-5; Jo.10:11, 14, 15
Cavaleiro (Ap. 6:4)	Líderes de Estado, imperadores, reis, ditadores, presidentes.	Ap. 6:4; Dn. 7;7,24,25; história
Cavaleiro (Ap. 6:5)	Falsos líderes religiosos mundiais que comercializam as escrituras. Estes têm como objetivo: enganar os membros, para extorqui-los financeiramente.	Ap. 6:5,6; Jo.10: 12,13; história
Cavaleiro (Ap. 6:8)	a) Adversário (Satanás); b) morte; c) sistema papal.	Ap. 6:8; 12:6, 9, 14; 13:1-10; Jo. 8:44; 10:10; Dn. 7:24, 25; 8:9 - 14; história
Cavaleiro (Ap. 9:17)	a) Líderes político-religiosos enganadores; b) sistema papal.	Ap. 6:4-8; 9:17-19; Jr. 8:5,6

DICIONÁRIO DANIEL E APOCALIPSE

Cavaleiro (Ap. 19:11) — Fiel e Verdadeiro, Verbo do Criador, Messias. Ap. 6:2; 19:11-13; Jo.1:1-4,10, 14; Sl. 45:2-5

Cavaleiro (Ap. 19: 18) — Alusão à derrota dos líderes de Estado, do falso sistema religioso, enfim homens e mulheres que guerreiam contra o Soberano e seu povo. Ap. 6:4-6; Dn. 7;7,24,25; Êx.15:1,21; Gn. 49:17; Jo.10: 12,13

Cavalo (Ap. 6:2,4,5,8) — a) Povo do Criador em seu estado puro, majestoso; b) em outro contexto poderá indicar o oposto: povo rebelde; c) a abrangência desses cavalos é global. Ver o significado de cada cavalo, individualmente. Is. 63:11-13; Zc.10:3; Jr. 8:5,6

Cavalo (Ap. 9:7,17,19) — a) Igreja em trevas espirituais, seu estado é pecaminoso, a mesma é liderada pelo Adversário; b) batalha. Ap. 6:5,6; 9:7,19; Jr. 8:5,6; Zc. 6:2-7; Jo.10:12,13; Pv. 21:31

Cavalo (Ap. 19:18) — Igreja em trevas espirituais, seu estado é pecaminoso, a mesma batalha contra o Cordeiro e é liderada pelo Adversário. Ap. 6:5,6; 9:7,19; 19:18; Jr. 8:5,6; Zc. 6:2-7; Jo.10:12,13; Pv. 21:31

Cavalo amarelo (Ap. 6:8) — a) Sistema religioso que persegue os fiéis com o objetivo de destrui-los; b) alusão a morte, esta é cor quando alguém inicia o processo de decomposição. Ap. 6:7,8; Jr. 8:5,6; Lv.13:30, 36; história

Cavalo branco (Ap. 6:2) — a) Povo do Criador em seu estado puro, majestoso; b) igreja remanescente, vitoriosa, pelos méritos do Cordeiro. Ap. 3:4,5; 6:1,2; 7:9; 9:9; 19:8,14; Is.1:18; 63:11-13; Zc. 6:2-5; 10:3; Jr. 8:6; Sl. 51:7; Mt. 28:3

Cavalo branco (Ap. 19:11,14) — a) Povo do Criador em seu estado puro, majestoso; b) igreja remanescente; c) igreja vencedora pelos méritos do Cordeiro. Ap. 3:4,5; 7:9; 3:4,5; 9:9; 19:8,14; Is. 1:18; 63:11-13; Zc. 6:2-5; 10:3; Jr. 8:6; Sl. 51:7; Mt. 28:3

143

Cavalo preto (Ap. 6:5)	a) Igreja em trevas espirituais, seu estado é pecaminoso; b) este grupo religioso, em nível mundial, não é liderado pelo Messias.	Ap. 6:5,6; Jr. 8:5,6; Zc. 6:2-7; Jo.10:12,13; história
Cavalo vermelho (Ap. 6:4)	Derramamento de sangue, guerra, matança.	Na. 2:3; II Rs. 3:22,23; Zc. 6:2-5; história
Cavernas (Ap. 6:15)	a) Cavernas literais; b) fortificações; c) subsolo; d) locais aparentemente seguros da terra.	Ap. 6:15; Is. 32:14; 2:21
Cego (Ap. 3:17)	a) Ignora as verdades ou não dá a devida atenção; b) hipocrisia, falsos líderes religiosos; c) inoperantes e improdutivos.	Is. 42:18 a 20, 43:8; Mt. 15:1-14, 23:36; II Pd. 1:5-10
Cento e quarenta e quatro mil (Ap. 7:4)	a) Quantitativo simbólico dos remanescentes que serão selados, aguardarão vivos o retorno do Mestre (um grupo de salvos será ressuscitado e se unirá a este grupo); b) este grupo de pessoas presenciará a maior angústia de todos os tempos. Vivenciará grande batalha ou guerra espiritual, mas todos vencerão.	Ap. 7:4-8; 9:1-21; 22:4; Nm. 31:3-6; Ef. 2:20; Dn. 12:1,2
Cento e quarenta e quatro mil (Ap. 14:1,3)	Quantitativo simbólico dos remanescentes que foram selados, aguardarão em vida o retorno do Mestre. Um grupo de remanescentes será ressuscitado e se unirá a este grupo. Este grupo de pessoas presenciará a maior angústia de todos os tempos. Vivenciará grande batalha ou guerra espiritual, mas todos vencerão.	Ap. 7:4-8; 9:1-21; 22:4; Nm. 31:3-6; Ef.2:20; Dn. 12:1,2
Cento e quarenta e quatro côvados (Ap. 21:17)	a) Aproximadamente sessenta e seis metros; b) alguns estudiosos afirmam que este versículo não é literal.	Ap. 21:17; história
Cepa, com as raízes, deixai na terra, atada com cadeias de ferro e de bronze (Dn. 4:15)	Reino de Nabucodonosor será devolvido a ele, quando reconhecer que o céu é que domina.	Dn. 4:26
Cerca de trezentos quilômetros (Ap. 14:20)	alusão a grande mortandade dos ímpios no dia do juízo.	Ap.14:18-20; 20:7,8; 22:14,15

DICIONÁRIO DANIEL E APOCALIPSE

Certo período (Dn. 11:33)	a) Por 1.260 anos o sistema papal utilizou de barbaridade contra os fiéis, que seguiam os ensinos das escrituras; b) saqueou, perseguiu, prendeu, queimou, utilizou a espada, afogou-os, utilizando também máquinas de tortura letais; c) O período equivale de 538 d.C. a 1798 d.C. Foram mais de 150 milhões de cristãos fiéis que foram mortos.	Dn. 4: 16, 23; 7:25; 11:13; Ap. 12:14;13:15; Ez. 4:6,7; Nm. 14:34; história
Certo tempo (Dn. 11:24)	Por 1.260 anos o sistema papal saqueou, perseguiu os fiéis e dominou o mundo. Período equivale de 538 d.C. a 1798 d.C.	Dn. 4: 16, 23; 11:13; 7:25; 11:13; Ap. 12:14;13:15; Ez. 4:6,7; Nm. 14:34
Cessar o sacrifício e a oferta de manjares (Dn. 9:27)	Morte do Messias, seu sacrifício tornou obsoletos os sacrifícios que apontavam para si próprio.	Mt. 27:51; Hb. 10:1
Cetro de ferro (Ap. 2:27)	a) Destruição dos ímpios; b) os salvos participarão do julgamento contra os ímpios e anjos maus.	Ap. 2:27; Nm.24:17; Sl. 1:5; 2:9; I Co. 6:3; Jó 24:1
Cetro de ferro (Ap. 19:15)	a) Destruição dos ímpios; b) os salvos participarão do julgamento contra os ímpios e anjos maus.	Ap. 2:27; Nm. 24:17; Sl. 1:5; 2:9; I Co. 6:3; Jó 24:1
Céu recolheu-se como um pergaminho (Ap. 6:14)	Evento que acontecerá com a segunda vinda do Messias.	Ap. 6:14; Is. 34:2-5
Cevada (Ap. 6:6)	Ensinamentos das escrituras adulterados, estes são comercializados com maior intensidade.	Ap. 6:5,6; At. 20:27-31; história
Chama de fogo (Ap. 1: 14)	Fogo consumidor.	Jó 15:30; Dn. 3:22; Jl. 2:5
Chama de fogo (Ap. 2:18)	Fogo consumidor.	Jó 15:30; Dn. 3:22; Jl. 2:5
Chamas (Ap. 8:8)	a) Repreensão; b) destruição; c) juízo por parte do Soberano.	Is.10:16,17; 66:15
Chave (Ap. 9:1)	Controle.	Ap. 9:1; Lc.11:52

Chave (Ap. 20:1)	a) Jurisdição; b) controle.	Ap. 3:7; Is. 22:22; Mt. 16:19; Lc.11:52
Chave de Davi (Ap. 3:7)	a) Controle, jurisdição; b) Messias é o único que pode condenar e salvar.	Is. 22:22; Mt. 16:19
Chave do abismo (Ap. 20:1)	Somente o Criador tem o poder para condenar os ímpios.	Ap.1:18; 20:1; Mt. 16:19; Ap. 3:7
Chaves (Ap.1:18)	Controle, jurisdição.	Is. 22:22; Mt. 16:19
Chaves da morte e do Hades (Ap. 1:18)	a) Controle; b) jurisdição.	Ap. 3:7; Is. 22:22; Mt. 16:19; Lc.11:52
Chaves da morte e do inferno (Ap.1:18)	a) Controle; b) jurisdição.	Ap. 3:7; Is. 22:22; Mt. 16:19; Lc.11:52
Cheio de olhos (Ap.4:6)	a) Visão sobre todos os acontecimentos; b) discernimento de todos os atos realizados.	Ap. 3:1; 4:5; 5:6; Êx.15:26; Lv. 10:19; Sl. 11:4; 66:7
Chifre (Dn. 7:8)	a) Reino; b) rei; c) sistema papal. Início da supremacia dos papas foi no ano 538 d.C.	Dn. 7:8, 24, 25; 8:10 −12, 20,22; II Ts. 2:3-9; Dt. 33:17; I Rs. 22:11; II Cr.18:10; Sl. 22:21; Mq. 4:13; Zc.1:19,21; Ap. 13:1-10; história
Chifre (Ap. 13: 11)	a) Dois reinos, isto é, igreja e Estado; b) poder; c) rei; reino; d) força; e) poder político-religioso que persegue o povo do Eterno.	Ap. 13:11; Dn. 8:1-7; Mt. 22:19-21; Jo. 18:36; Ap. 17:12; Zc. 1:18, 19; Ez. 29:21
Chifre enorme (Dn. 8:5)	a) Reino; b) rei; c) Alexandre, o Grande (imperador da Grécia); d) força destrutiva; e) poder.	Dn. 8:21; Dt. 33:17; IRs. 22:11; II Cr.18:10; Sl. 22:21; Mq. 4:13; Zc.1:19,21; história
Chifre notável (Dn. 8:5)	a) Reino; b) rei; c) Alexandre, o Grande; d) força destrutiva; e) poder.	Dn. 8:21; Dt. 33:17; IRs. 22:11; II Cr.18:10; Sl. 22:21; Mq. 4:13; Zc.1:19,21; história

DICIONÁRIO DANIEL E APOCALIPSE

Chifre pequeno (Dn. 8:9) a) Reino; b) rei; c) sistema papal; d) alguns pesquisadores afirmam que este versículo se aplica também ao império romano; e) poder. Dn. 2:44; 7:8, 24, 25; 8:10-12, 23; 11:14-25; Dt. 33:17; IRs. 22:11; II Cr.18:10; Sl. 22:21; Mq. 4:13; Zc.1:19,21; História

Chifres (Dn. 7:7) a) Reinos; b) reis; c) dez tribos que integravam o império romano, originando nações europeias: Anglos (Inglaterra), Francos (França), Visigodos (norte da Espanha), Suevos (Portugal), Vândalos (sul da Espanha), Germanos (Alemanha), Burgundos (Suíça), Ostrogodos (Áustria), Lombardos (norte da Itália), Hérulos (sul da Itália). Foram responsáveis por minar o império romano; d) força destrutiva; e) poder. Dn.7:24; 8:20, 22; Dt. 33:17; IRs. 22:11; II Cr.18:10; Sl. 22:21; Mq. 4:13; Zc.1:19,21; história

Chifres (Ap.12:3) a) Dez reinos que têm poder, isto é, dez tribos que integravam o império romano, originando nações europeias; Anglos (Inglaterra), Francos (França), Visigodos (norte da Espanha), Suevos (Portugal), Vândalos (sul da Espanha), Germanos (Alemanha), Burgundos (Suíça), Ostrogodos (Áustria), Lombardos (norte da Itália), Hérulos (sul da Itália); b) alguns estudiosos também afirmam que são dez blocos mundiais, que se formarão neste tempo do fim, os quais terão como rei principal a besta de Apocalipse 17. Dn.7:24; 8:20,22; Ap. 17:12; Zc. 1:18-21; Ez. 1:18,19; Dt. 33:17; IRs. 22:11; II Cr.18:10; Sl. 22:21; Mq. 4:13; história

Chifres (Ap. 13:1) a) Dez reinos; b) dez reis; c) dez blocos mundiais que se formarão nesses últimos dias; c) alguns pesquisadores afirmam também que são as dez tribos que integravam o império romano; d) força destrutiva; e) poderes. Dn.7:24; 8:20, 22; Ap. 13:1; 17:12; Dt. 33:17; I Rs. 22:11; II Cr.18:10; Ez. 1:18,19; Sl. 22:21; Mq. 4:13; Zc.1:19,21

Chifres foram arrancados (Dn. 7:8) a) Reinos; b) reis; c) três nações da Europa que foram extintas (Lombardos, Hérulos e Ostrogodos) pela influência do sistema papal no século V e VI d.C. Dn. 7:24; 8:20, 22; Dt. 33:17; IRs. 22:11; II Cr.18:10; Sl. 22:21; Mq. 4:13; Zc.1:19,21; Ap. 13:1-10; história

Cidade (Ap. 16:19)	Provavelmente é a cidade, país do Vaticano.	Ap. 2:13; 17:18
Cidade (Ap. 18:16,18)	a) Cidade que domina os reis da terra; b) país do Vaticano, localizado em Roma; c) principal movimento religioso enganoso; d) ensino apostatado que prostituiu outras denominações; e) idolatria promovida pelo sistema da igreja de Roma.	Ap. 17:1-7, 18; Os.2:5; 3:1; Ez. 16:16 -34; 23: 2-21; Jr. 3:1-3, 6-10; 6:2; Mq. 1:7; II Co. 11:2; Ef. 5:22; história
Cidade santa (Ap. 22:19)	a) Morada do Altíssimo que descerá para a terra; b) nova Jerusalém.	Ap. 21:2,3; Hb. 8:2; 9:11; 46:4; II Cr.7:1
Cinco meses (Ap. 9:5)	Cento e cinquenta dias. No calendário judaico cada mês tem 30 dias.	Ez. 4:6,7; Nm. 14:34
Cingidos de ouro (Dn. 10:5)	a) Fidelidade; b) justiça; c) verdade.	Is. 11:5; Ef. 6:14
Cinta de ouro (Ap. 1:13)	a) Fidelidade; b) justiça; c) verdade.	Dn.10:5; Is. 11:5; Ef. 6:14
Cinta de ouro (Ap. 15:6)	a) Fidelidade; b) justiça; c) verdade.	Dn. 10:5; Is. 11:5; Ef. 6:14
Cinto de ouro (Dn. 10:5)	a) Fidelidade; b) justiça; c) verdade.	Dn.10:5; Is. 11:5; Ef. 6:14
Cinturão de ouro (Ap. 1:13)	a) Fidelidade; b) justiça; c) verdade.	Dn.10:5; Is. 11:5; Ef. 6:14
Clamaram em grande voz (Ap. 6:10)	Alusão ao clamor por juízo de todos os fiéis que foram e são mortos por causa de sua fé e obediência às escrituras.	Ap. 6:9-11; 8:3,4; 19:10; 20:4; Gn. 4:9,10; Tg. 5:4-6; Jo. 16:2; história
Cobra (Ap. 9:19)	a) Astúcia; b) engano; c) Adversário (Satanás).	Gn. 3:1,4, 13, 15; Ap.12:9; 20:2; II Co. 11:3
Coluna no santuário (Ap. 3:12)	a) Integrante ou membro do santuário celestial; b) memorial; c) aliança entre os salvos e o Criador.	Gn. 28:22; I Tm. 3:15; II Sm. 18:18

DICIONÁRIO DANIEL E APOCALIPSE

Colunas de fogo (Ap. 10:1)	a) Iluminação do caminho; b) resplendor.	Êx. 13:21; Nm. 9:12, 19
Coma quanta carne puder (Dn.7: 5)	a) Domínio da Pérsia sobre outras nações; b) destruição dos seus inimigos.	Dn. 8:4; Is. 1:20; Jr.30:16; Lm. 2:2; Zc 12:6; história
Comandante (Dn. 11:18)	Cassius Longinus.	Dn. 11:18; história
Coma-o (Ap. 10:9)	Absorver as palavras de advertências e proféticas, em seguida admoestar ao povo.	Ez. 2:9, 10; 3:1-4,11
Comprados (Ap.14:3)	a) Os salvos foram resgatados do mundo de pecado, pelo sangue do Messias, e agora têm uma nova vida; b) libertação.	Ap. 5:9,10; II Co. 6:19,20; I Co. 7:21-23; Cl 1:13,14; Is. 35:9,10; 51:11; 52:3
Confessarei o seu nome (Ap. 3:5)	Declaração de justiça.	Ap. 3:5; Mt. 10:32
Continue o injusto fazendo injustiça (Ap. 22:11)	Em breve o Espírito Santo não estará mais disponível para os ímpios, isto é, a porta da graça, benignidade, estará fechada. Tal acontecimento ocorrerá antes das pragas.	Ap. 9:20,21; 16:9; 11; 22:11; Dn.12:1; Lc. 13:25; Gn.7:16
Cor de fogo (Ap. 9:17)	Alusão a consumição, destruição.	Jó 22:20; Sl.50:3; 68:2
Coração dele (Dn. 11:12)	Rei do Sul (território da Grécia), Ptolomeu IV.	Dn. 11:12; história
Cordeiro (Ap. 5:6,8,12,13)	Messias crucificado, ressurreto e magnífico.	Ap. 6:1,7,12; 7: 14; Jo 1:28, 29; Is. 53; I Co. 5:7
Cordeiro (Ap. 6:1,7,12,16)	Messias crucificado, ressurreto e magnífico.	Ap. 6:1,7,12; 7: 14; Jo 1:28, 29; Is. 53; I Co. 5:7
Cordeiro (Ap. 7:9,10,14,17)	Messias crucificado, ressurreto e magnífico.	Ap. 6:1,7,12; 7: 14; Jo 1:28, 29; Is. 53; I Co. 5:7

Cordeiro (Ap.12:11)	Messias crucificado, ressurreto e magnífico.	Ap. 6:1,7,12; 7: 14; Jo 1:28, 29; Is. 53; I Co. 5:7
Cordeiro (Ap. 13:8, 11)	Messias crucificado, ressurreto e magnífico.	Ap. 6:1,7,12; 7: 14; Jo 1:28, 29; Is. 53; I Co. 5:7
Cordeiro (Ap. 14:1,4,10)	Messias crucificado, ressurreto e magnífico.	Ap. 6:1,7,12; 7: 14; Jo 1:28, 29; Is. 53; I Co. 5:7
Cordeiro (Ap. 15:3)	Messias crucificado, ressurreto e magnífico.	Ap. 6:1,7,12; 7: 14; Jo 1:28, 29; Is. 53; I Co. 5:7
Cordeiro (Ap. 17:14)	Messias crucificado, ressurreto e magnífico.	Ap. 6:1,7,12; 7: 14; Jo 1:28, 29; Is. 53; I Co. 5:7
Cordeiro (Ap. 19:7,9)	Messias crucificado, ressurreto e magnífico.	Ap. 6:1,7,12; 7: 14; Jo 1:28, 29; Is. 53; I Co. 5:7
Cordeiro (Ap. 21:9, 14, 22, 23, 27)	Messias crucificado, ressurreto e magnífico.	Ap. 6:1,7,12; 7: 14; Jo 1:28, 29; Is. 53; I Co. 5:7
Cordeiro (Ap. 22:1,3)	Messias crucificado, ressurreto e magnífico.	Ap. 6:1,7,12; 7: 14; Jo 1:28, 29; Is. 53; I Co. 5:7
Corpo era como berilo (Dn.10:6).	Representação do povo do Criador.	Êx. 28:9; Ef.5:23
Coroa (Ap. 3:11)	a) Vitória; b) realeza, autoridade de rei; c) vida eterna; d) santidade.	Ap. 2:9, 10; Tg. 1:12; Êx. 29:6; 39:30; Lv. 8:9; I Co. 9:25; II Tm. 4:8
Coroa (Ap. 4:4)	a) Vitória; b) realeza, autoridade de rei; c) santidade; d) vida eterna.	Ap. 2:9 e 10; Tg.1:12; Êx. 29:6; 39:30; Lv. 8:9; I Co. 9:25; II Tm. 4:8

DICIONÁRIO DANIEL E APOCALIPSE

Termo	Significado	Referências
Coroa (Ap. 9:7)	a) Realeza; b) autoridade de rei.	I Rs. 11:12; Et. 6:8
Coroa (Ap. 12:1)	a) Vitória; b) realeza, autoridade de rei; c) santidade; d) vida eterna.	Ap. 2:9, 10; Tg. 1:12; Êx. 29:6; 39:30; Lv. 8:9; I Co. 9:25; II Tm. 4:8
Coroa (Ap.13:1)	Coroa, reinado. "São os chifres" que reinam.	II Sm. 1:10; II Cr.23:11
Coroa (Ap. 14:14)	a) Vitória; b) realeza, autoridade de rei; c) santidade; d) vida eterna.	Ap. 2:9,10; Tg.1:12; Êx. 29:6; 39:30; Lv. 8:9; I Co. 9:25; II Tm. 4:8
Coroa da vida (Ap. 2:10)	a) Vida eterna; b) vitória; c) realeza, autoridade de rei; d) santidade.	Ap. 2:9, 10; Tg. 1:12; Êx. 29:6; 39:30; Lv. 8:9; I Co. 9:25; II Tm. 4:8
Coroa da vida (Ap. 6:2)	a) Vitória; b) realeza, autoridade de rei; c) santidade; d) vida eterna.	Ap. 2:9, 10; Tg. 1:12; Êx. 29:6; 39:30; Lv. 8:9; I Co. 9:25; II Tm. 4:8
Coroas (Ap.12:3)	Reinado. Neste contexto histórico Roma imperial e principalmente papal reinaram de forma cruel, dizimando conforme alguns pesquisadores mais de 150 milhões de "cristãos".	II Sm. 1:10; Dn. 7:21,23,25; 8:10-13; II Ts. 2:3-10; história
Corrente (Ap. 20:1)	Alusão ao período em que o Adversário (Satanás) ficará "acorrentado", com seus demônios, isto é, limitado a viver na terra em caos.	Ap. 20:1-8; Ap. Gn.1:1,2; Jr. 4:23-28.
Couraça (Ap. 9:9,17)	Alusão a guerras, pelejas.	I Sm.17:38; Jr.46:3,4
Cresceu até atingir o exército dos céus (Dn. 8:10)	a) O sistema papal dizimou os "cristãos" remanescentes na Idade Média. Esse poder causou grande matança, mais de 150 milhões desses fiéis foram eliminados de forma cruel; b) Alguns estudiosos afirmam que este versículo se aplica também à matança executada pelo império romano.	Dn.7:21,23,25; 8:10-13; Jo. 16:2; II Ts. 2:3-10; Gn. 15:5; 22:17; 37:9; Dt.1:10; 10:22; 28:62; história

Cumprirem a profecia (Dn. 11:14)	Cumprirem as profecias relacionadas, em especial, aos capítulos 2, 7, 8 e 11 de Daniel.	Dn. 11:14; história
Cumprirem a visão (Dn. 11:14)	Cumprirem as profecias relacionadas, em especial, aos capítulos 2, 7, 8 e 11 de Daniel.	Dn. 11:14; história

DANIEL E APOCALIPSE: LETRA D

Dados a violência (Dn. 11:14)	Provavelmente, se refere aos romanos.	Dn. 11:14; história
Daquele que é, que era e que há de vir (Ap.1:4)	a) Messias; b) o Salvador reina com todo poder, viveu na terra, morrendo em pró da humanidade e retornará para buscar os seus filhos amados.	Fl. 2:5-11; At. 5:30,31; I Pd. 3:21,22; Jo.14:1-3; I Ts. 4:13-20
Debaixo do altar (Ap. 6:9)	Alusão aos fiéis sacrificados que estão debaixo da terra, nos sepulcros, alguns não tiveram inclusive essa oportunidade de enterro. Foram vítimas, sacrifícios unicamente por causa de sua fé ao Criador e obediência aos mandamentos.	Ap. 6:9-11; Dn. 7:25; Jo. 16:2; Êx. 27:1-8; 29:12; Lv. 4:7,30; história
Decidido irá acontecer (Dn. 11:36)	Destruição total do sistema papal. O próprio Salvador, Messias, o destruirá.	Dn. 2: 34, 35; Ap. 13:1- 3 17:16; 18:2, 16, 24; 19:19-20
Dedos (Dn. 2:41, 42)	a) São dez reinos (blocos mundiais) com poder político-religioso que surgirão nesses últimos dias, essa união durará pouco tempo e esses reis não conseguirão seus objetivos; b) alguns estudiosos afirmam que são as dez tribos da Europa, que se formaram com a queda do império romano.	Dn. 2:41-44; 7:24; Ap. 17:12; Jr. 18:6; história
Dele (Dn. 11:12)	Rei do Sul (território da Grécia), Ptolomeu IV.	Dn. 11:12; história
Dele (Dn. 11:20)	Júlio César.	Dn. 11:20; história
Dele (Dn. 11:31)	Roma papal.	Dn. 11:31; II Ts. 2:3, 4; história

DICIONÁRIO DANIEL E APOCALIPSE

Denário (Ap.6:6) — Moeda romana que equivale a um dia de trabalho. Nesse contexto, é uma alusão ao fato de que a verdade e os falsos ensinamentos das escrituras são comercializados por alto preço. — Mt. 20:2,13; Jo. 6:32, 35; história

Dentes de ferro (Dn. 7:7) — a) Força; b) crueldade sobre seus inimigos. — Sl. 58:6; Pv. 30:14; Jr. 15:12

Dentes de ferro (Ap. 9:9) — a) Força; b) crueldade. — Sl. 58:6; Pv. 30:14; Jr. 15:12

Dentes de leão (Ap. 9:8,17) — a) Matança; b) destruição. — Ap. 9:8; Pv. 30:14; Sl. 57:4; Nm. 23:24; Jr. 2:30

Desatar os selos (Ap. 5:2) — a) Autoridade sobre os eventos escatológicos, associada com poder salvífico; b) revelar, conhecer os eventos escatológicos. — Ap. 3:5; 5:5; Dn.12:4; Is. 29:11

Descendente de Davi (Ap. 22:16) — Messias, oriundo da geração de Davi. — Mt.1:1; II Sm.7:16; Is.11:1-10

Descer fogo do céu à terra (Ap.13:13) — a) Pseudoprofetas; b) pregadores que realizam falsos milagres; c) falsos movimentos religiosos, os quais dizem que tem o Espírito do Criador. — Ap.13:12-14; I Rs.18:24,25, 26; história

Desejo das mulheres (Dn. 11:37) — O sistema papal não tem respeito ao desejo das mulheres (igrejas), dos remanescentes, por isso sempre perseguiu a esse último grupo. — Et. 7: 2 - 4. Dn. 7:25; Ap. 13:7; 17:16

Deserto (Ap.12:6,14) — a) Locais ou caminhos solitários; b) geograficamente territórios com escassez de pessoas, sem ofertas de atividades comerciais. — Sl.102:6; 107:4; Mt. 14:13-15

Deserto (Ap. 17:3) — Alusão ao local no qual se encontra a igreja pura, verdadeira. Isto é, o sistema religioso apostatado está localizado no mesmo ambiente geográfico da igreja (pessoas) remanescente. Política do ecumenismo. — Ap.12:6, 14; Sl.102:6; 107:4; Mt. 14:13-15

Despejará sua fúria contra a santa aliança (Dn. 11:30) — A igreja de Roma, liderada pelo sistema papal, inicia uma nova perseguição feroz contra os cristãos remanescentes, período da "Santa Inquisição", instituído pelo Concílio de Verona em 1184 d.C. — Dn.7:25; 11:30; história

Determinado será feito (Dn. 11:36)	Destruição total do sistema papal. O próprio Salvador, Messias, o destruirá.	Dn. 2: 34, 35; Ap. 13:1-3 17:16; 18:2, 16, 24; 19:19-20
Deu o mar os mortos que nele estavam (Ap. 20:13)	Alusão à terra que devolveu os mortos para serem julgados.	Ap. 20:11-15; I Pd. 3:7
Deus das fortalezas (Dn. 11:38)	a) Alusão ao Adversário (Satanás); b) é uma contrafação, pois esse título pertence somente ao Criador dos céus e da terra.	Jr. 16:19; II Sm. 22:2, 23; Sl. 18:1; 46:1, 11; 68:34; Is. 25:4
Deus dos deuses (Dn. 11:36)	O Soberano, Criador dos céus e da terra.	Dt. 10:17; Js. 22:22; Sl. 136:2; Dn. 2:47
Deus estrangeiro (Dn. 11:39)	Este é um deus que usurpa o lugar do Criador do céu e da terra. Portanto, é o próprio Adversário (Satanás). De forma recorrente, os hebreus adoravam as falsas divindades, representadas por imagens de esculturas ou elementos da natureza. Nesse caso, em especial, se refere ao inimigo principal dos que obedecem às escrituras.	Dn. 11:38; Ap. 13:2; Dt. 32:12; Sl. 44:40; 81:9
Deus estranho (Dn. 11:39)	Este é um deus que usurpa o lugar do Criador do céu e da terra. Portanto, é o próprio Adversário (Satanás). De forma recorrente, os hebreus adoravam as falsas divindades, representadas por imagens de esculturas ou elementos da natureza. Neste caso, em especial, se refere ao inimigo principal dos que obedecem às escrituras.	Dn. 11:38; Ap. 13:2; Dt. 32:12; Sl. 44:40; 81:9
Devora muita carne (Dn.7:5)	a) Domínio da Pérsia sobre outras nações; b) destruição dos seus inimigos.	Dn. 8:4; Is. 1:20; Jr. 30:16; Lm. 2:2; Zc. 12:6
Dez chifres (Dn.7:7)	a) Reinos; b) reis; c) dez tribos que integravam o império romano, originando nações europeias: Anglos (Inglaterra), Francos (França), Visigodos (norte da Espanha), Suevos (Portugal), Vândalos (sul da Espanha), Germanos (Alemanha), Burgundos (Suíça), Ostrogodos (Áustria), Lombardos (norte da Itália), Hérulos (sul da Itália). Foram responsáveis por minar o império romano; d) força destrutiva; e) poder.	Dn.7:24; 8:20, 22; Dt. 33:17; IRs. 22:11; II Cr.18:10; Sl. 22:21; Mq. 4:13; Zc.1:19,21; história

DICIONÁRIO DANIEL E APOCALIPSE

Dez chifres (Ap.12:3) a) Dez reinos que têm poder, isto é, dez tribos que integravam o império romano, originando nações europeias; Anglos (Inglaterra), Francos (França), Visigodos (norte da Espanha), Suevos (Portugal), Vândalos (sul da Espanha), Germanos (Alemanha), Burgundos (Suíça), Ostrogodos (Áustria), Lombardos (norte da Itália), Hérulos (sul da Itália); b) alguns estudiosos também afirmam que são dez blocos mundiais, que se formarão neste tempo do fim, os quais terão como rei principal a besta de Apocalipse 17.
Dn.7:24; 8:20,22; Ap. 17:12; Zc. 1:18-21; Ez. 1:18,19; Dt. 33:17; IRs. 22:11; II Cr.18:10; Sl. 22:21; Mq. 4:13; história

Dez chifres (Ap. 13:1) a) Dez reinos; b) dez reis; c) dez blocos mundiais que se formarão nesses últimos dias; c) alguns pesquisadores afirmam também que são as dez tribos que integravam o império romano; d) força destrutiva; e) poderes.
Dn.7:24; 8:20, 22; Ap. 13:1; 17:12; Dt. 33:17; I Rs. 22:11; II Cr.18:10; Ez. 1:18,19; Sl. 22:21; Mq. 4:13; Zc.1:19,21

Dez chifres (Ap. 17:3,16) a) Dez reis, os quais ainda não receberam reino; b) dez blocos mundiais; c) Poder; d) força destrutiva; e) consumição dos inimigos.
Ap. 17:12; Dn. 2:41-44; Dt. 33:17; I Rs. 22:11; II Cr.18:10; Sl. 22:21; Mq. 4:13; história

Dez dias (Ap. 2:10) São dez anos de perseguição. O imperador Diocleciano no ano 303 d.C. emitiu decretos que revogaram os direitos legais dos "cristãos", exigindo que os mesmos obedecessem às tradições religiosas de Roma. As igrejas foram fechadas e os bens dos "cristãos" foram confiscados. Muitos foram presos e torturados. Todavia, no ano 313 d.C., Constantino I assina o edito de tolerância de Milão, respeitando os direitos desse grupo.
Ez. 4:6,7; Nm. 14:34; Ap. 2:10; Dn. 7:23; história

Dia (Ap. 18:8) Um ano.
Ez. 4:6,7; Nm. 14:34; Ap.16

Diadema (Ap.13:1) Coroa, reinado. "São os chifres" que reinam.
II Sm. 1:10; II Cr.23:11

Diademas (Ap.19:12) Coroa, reinado.
II Sm. 1:10; II Cr.23:11

Diademas (Ap.12:3)	Coroa, reinado. Nesse contexto histórico, Roma imperial e principalmente papal reinaram de forma cruel, dizimaram, conforme alguns pesquisadores, mais de 150 milhões de "cristãos".	II Sm. 1:10; Dn. 7:21,23,25; 8:10-13; II Ts.2:3-10; história
Dia do Senhor (Ap.1:10)	Sábado.	Êx. 20:10, 11; Mc 2:27,28; Is. 58:13
Distribuirá a terra (Dn. 11:39)	Provavelmente se refere à partilha dos países da América Latina (e outros países), sendo assim, quem gerenciava essa divisão provavelmente era o sistema papal. Por isso, o ouro explorado se destinava em especial ao sistema papal. Portugal e Espanha eram marionetes nesse sistema. Os missionários da Companhia de Jesus participavam ativamente dessa exploração.	Dn. 11: 39; história
Doce como mel (Ap. 10:9, 10)	a) Mensagem profética de advertência, a qual é agradável e saborosa para os mensageiros fiéis, entretanto, para os ouvintes, soa como falsas palavras; b) grupos de pessoas que, no século XIX, estudaram com afinco as profecias de Daniel relacionadas ao tempo do fim, em seguida disseminaram esse conhecimento.	Ez. 3:2,3,17; Sl. 119:103, história
Dois chifres (Ap. 13:11)	a) Poder religioso e de Estado (civil) dos Estados Unidos; b) dois reinos, dois reis; c) força destrutiva; d) capacidade de dispersar os adversários.	Ap. 13; 11; Dn.7:24; 8:20, 22; Dt. 33:17; I Rs. 22:11; II Cr.18:10; Ez. 1:18,19; Sl. 22:21; Mq. 4:13; Zc.1:19,21
Dois chifres eram altos, mas um mais alto do que o outro; e o mais alto subiu por último (Dn. 8:3)	a) Dois reinos, Média e Pérsia, que se unificaram para conquistar o mundo. A nação mais nova e menor (Pérsia) consegue maior apogeu e poder antes de conquistar a Babilônia, por isso exerceu o maior controle e liderança ao dominar o mundo; b) força destrutiva; c) poder; d) consumição dos inimigos.	Dn. 1:21; 5:28; 7:24; 8:2-7; 11:2; Dt. 33:17; IRs. 22:11; II Cr.18:10; Sl. 22:21; Mq. 4:13; Zc.1:19,21; história

DICIONÁRIO DANIEL E APOCALIPSE

Dois chifres eram compridos, um mais que o outro, mas o mais comprido cresceu depois do outro (Dn. 8:3)	a) Dois reinos, Média e Pérsia, que se unificaram para conquistar o mundo. A nação mais nova e menor (Pérsia) consegue maior apogeu e poder antes de conquistar a Babilônia, por isso exerceu o maior controle e liderança ao dominar o mundo; b) força destrutiva; c) poder; d) consumição dos inimigos.	Dn. 1:21; 5:28; 7:24; 8:2 – 7; 11:2; Dt. 33:17; IRs. 22:11; II Cr.18:10; Sl. 22:21; Mq. 4:13; Zc.1:19,21; história
Dois reis (Dn. 11:27)	Rei do sul (mulçumanos) e rei do norte (papado).	Dn.11:27; história
Doutrina dos Nicolaítas (Ap. 2:6,15)	Provavelmente, as obras e doutrinas dos nicolaítas se referem ao engano e à idolatria.	Ap. 2:1-6, 14, 15; história
Doze mil estádios (Ap. 21:16)	a) A nova Jerusalém, cidade do Altíssimo, que desce do céu tem 2.220 km de largura, 2.220 km de comprimento e 2.220 km de altura. Área total de 4.928.400 km². Equivalente a 58% do Brasil ou aproximadamente 50% do Estados Unidos. É a capital do universo; b) alguns estudiosos afirmam que este versículo não é literal.	Ap. 21:16; geografia
Doze estrelas (Ap. 12:1)	a) Povo do Criador; b) totalidade dos remanescentes.	Gn.15:5; 22:17; 37:9; Dt.1:10; 10:22; 28:62; Hb.11:12; Ap. 1:16; 20; Dn.12:3
Dragão (Ap. 12:3,4,9,13, 16,17,18)	a) Adversário (Satanás); b) império romano; c) finalmente, o dragão também é representado pelo sistema papal, especialmente na Idade Média; d) reino, rei.	Ap. 12:3-9; 20:2 Mt. 2:13-18; Dn. 7:8,17,20, 23;8:9-12; II Ts. 2:3-9; Ap.13:1,2; história
Dragão (Ap. 13:2,4)	a) Adversário (Satanás); b) império romano.	Ap. 12:3-9; 13:1,2; 20:2; Mt. 2:13-18; Dn. 7:7,17, 23; história
Dragão (Ap. 16:13)	Adversário (Satanás).	Ap. 12:3-9; 13:1,2; 20:2,10
Dragão (Ap. 20:2)	Adversário (Satanás).	Ap. 12:3-9; 13:1,2; 20:2,10

Duas mil e trezentas tardes e manhãs (Dn. 8:14)	Dois mil e trezentos anos. A expressão "tarde e manhã" equivale a um dia. Este período inicia-se no ano 457 a.C., com o decreto de Artaxerxes I de restaurar e edificar Jerusalém, e termina no ano 1844 d.C.	Ap. 11:2; 13:5; Gn. 1:5,8,13,19,23,31; Ne.1:1-9; Ed. 4:7-23; 7; Dn. 9:25-27; Ez. 4:6,7; Nm. 14:34
Duzentos milhões (Ap. 9:16)	Alusão ao grande quantitativo do exército.	Sl. 68:17; I Sm. 29:2; Dt. 33:2

DANIEL E APOCALIPSE: LETRA E

É, que era e que há de vir (Ap.1:4,8)	a) Messias; b) o Salvador reina com todo o poder, viveu na terra, morrendo em prol da humanidade e retornará para buscar os seus filhos amados.	Fl. 2:5-11; At. 5:30,31; I Pd. 3:21,22; Jo.14:1-3; I Ts. 4:13-20
Éfeso (Ap. 2:1)	a) Sinagoga que existia no tempo de João, localizada em Éfeso. A carta de Apocalipse foi destinada às sete igrejas; b) alguns estudiosos afirmam que Efésios representa também a igreja remanescente no período de 31-100 d.C. Portanto, o texto narra características literais da sinagoga local e escatológica no período mencionado: 31 d.C. (morte do Messias) a 100 d.C. (morte de João ocorreu próximo a esta data).	Ap. 1:11; 2:1-7; At.; Ef.; história
Ensinos dos Nicolaítas (Ap. 2:15)	Provavelmente, as obras e doutrinas dos nicolaítas se referem ao engano e à idolatria.	Ap. 2:1-6, 14, 15; história
Egito (Dn. 11:42)	Provavelmente, alusão ao ceticismo, à idolatria.	Êx. 5:2; 7:11; Is.19:1,3; Jr. 46:25
Ela será entregue (Dn. 11:6)	Provavelmente, Berenice, a divorciada do rei do Norte, foi assassinada por Antioco II.	Dn. 11:6; história
Ele (Dn. 11:17)	Rei do Sul: Ptolomeu XI Auletes.	Dn. 11:17; história
Ele (Dn. 11:18)	Júlio César.	Dn. 11:18; história
Ele (Dn. 11:19)	Júlio César.	Dn. 11:19; história

DICIONÁRIO DANIEL E APOCALIPSE

Ele (Dn. 11:23) — Príncipe da aliança, Messias. O sistema papal fará uma pseudoaliança com o Messias, pois o engano faz parte de sua identidade. — Dn. 11:23; Ap. 9:10,19; Is. 9:15

Em parte de barro e em parte ferro (Dn. 2:41) — a) Igreja e Estado, este reino embora unido não consegue ter uma estabilidade permanente, são imiscíveis, o ferro (Estado) é a parte do reino que executa as ações; b) é um reino duro e que age com perversidade contra os remanescentes. — Dn. 2:41,42,44; 7:7; Jr. 18:6; Dt. 4:20; Is. 48:4

Em parte forte e em parte frágil (Dn. 2:42) — Estado e igreja não conseguem formar uma união ou "casamento" com estabilidade, são imiscíveis. Em diferentes momentos na história, Roma papal se une com o Estado, o planejamento é realizado em especial pelo poder religioso, o Estado então executa as ordens. — Dn. 2:41-44; Jr. 18:6; Ap. 13

Embarcações (Ap. 8:9) — a) Economia; b) comércio. — Is.2:16; Pv.31:14; IRs. 22:48

Embriagada com o sangue (Ap.17:5) — O sistema religioso da igreja de Roma, por meio das suas lideranças, se embriagou com o sangue dos remanescentes, sob a liderança papal dizimou os "cristãos" na Idade Média. Esse poder causou grande matança, mais de 150 milhões de "cristãos" foram eliminados de forma cruel. — Dn. 8:10-13; 7:21,23,25; Jo. 16:2; II Ts. 2:3-10; história

Enxofre (Ap. 9:17,18) — Palavras com grande poder de destruição. — Gn.19:24; Dt. 29:23; Sl.11:6

Enxofre (Ap. 19:20) — Fim trágico e doloroso dos adoradores do Adversário (Satanás). — Ap. 21:8; Lc. 17:29,30; Sl. 11:6; Gn. 19:24

Enxugará dos olhos toda lágrima (Ap. 7:17) — Alusão que não haverá mais tristeza, luto e dor. — Sl. 119:28; Is. 25:8; Ap. 21:4

Enxugará dos olhos toda lágrima (Ap.21:4) — Alusão que não haverá mais tristeza, luto e dor. — Ap. 21:4; Sl. 119:28; Is. 25:8

Erva (Ap. 9:4)	a) Descendência dos justos; b) povo temente, conhecedores dos mandamentos; c) habitantes fiéis.	Ap.8:7; 9:4; Jó 5:25; II Rs. 19:21,26; Sl.72:16; Is. 40:7; 66:14; II Rs. 19:21,26
Erva verde (Ap. 8:7)	a) Descendência dos justos; b) povo conhecedor dos mandamentos; c) habitantes.	Ap.8:7; 9:4; Jó 5:25; II Rs. 19:21,26; Sl.72:16; Is. 40:7; 66:14; II Rs. 19:21,26
Escarlate (Ap. 17:3)	a) Pecado, corrupção; b) derramamento de sangue, guerra contra os fiéis.	Ap.17:3,6; II Rs.3:22; Na. 2:3; Is. 1;18; história
Escorpiões (Ap. 9:3,10)	a) Castigo severo; b) jugo pesado.	I Rs.12:11; II Cr.10:11
Esmeralda (Ap. 4:3)	Alusão a valor, preciosidade.	Ez. 27:16; 28:13
Esmirna (Ap. 2:8)	a) Sinagoga que existia no tempo de João, localizada em Esmirna. A carta de Apocalipse foi destinada às sete igrejas; b) alguns estudiosos afirmam que Esmirna representa também a igreja remanescente no período de 100-313 d.C. Portanto, o texto narra características literais da sinagoga local e escatológica no período mencionado: 100 d.C. (morte de João) a 313 d.C. (edito de tolerância de Milão).	Ap. 1:11; 2:8-11; história
Espada (Ap. 6:4)	a) Destruição; b) execução de leis punitivas.	Dn. 11:33; Os. 13:16; Na. 3:3; Rm.13:4
Espada (Ap.13:10)	a) Poder civil para penalizar; b) prisão do papa Pio VI pelo general francês Berthier; c) atentado contra o papa João Paulo II.	Rm. 13:1-4; Mt. 26:52; história
Espada afiada (Ap. 19:15,21)	a) Juízo; b) Destruição; c) palavra do Criador.	Ap. 2:12;19:15,21; Hb. 4:12; 6:17; Ez. 21: 9-11,14, 28-30
Espada afiada de dois gumes (Ap. 2:12)	a) Escrituras, palavra do Criador; b) juízo; c) destruição.	Ap. 2:12;19:21; Hb. 4:12; 6:17; Ez. 21: 9-11,14, 28-30

DICIONÁRIO DANIEL E APOCALIPSE

Espada da minha boca (Ap. 2:16)	a) Juízo; b) destruição; c) escritura, palavra do Criador.	Ap. 2:12; 19:21; Hb. 4:12; 6:17; Ez. 21: 9-11,14, 28-30
Espada de dois gumes (Ap. 1:16)	a) As escrituras, palavra do Criador; b) juízo; c) destruição.	Ap.1:16; 2:12;19:21; Hb. 4:12; 6:17; Ez. 21:9-11,14, 28-30
Esposa (Ap. 19:7)	Povo fiel, remanescentes.	Ap.19:7; 21:2,9; Mt. 25:1-13; Mc. 2:18-20; Is. 62:1,5; Jr. 25:10; Ef. 5:22-28
Esposo (Ap. 21:1)	Soberano do universo, Criador do céu e da terra.	Ap. 21:2,9; Ef. 5:23,25; Mt. 25:1-13; Mc. 2:18-20; Is. 62:1,5; Jr. 25:10
Este avançará (Dn. 11:9)	No ano 242 a.C. Seleuco II Calinício (rei do Norte) tentou vingar-se e invadiu o Egito. Foi seriamente ferido e voltou para a Antioquia.	Dn. 11:9; história
Estrela (Dn.12:3)	Alusão à vida eterna dos remanescentes.	Dn.12:3; Ap. 8:12; 12:1; 22:16; Nm. 24:17; Gn.1:13-17; Hb. 6:4; 11:12; Dt.1:10; 10:22; 28:62
Estrela (Ap. 8:10)	a) Alusão ao adversário (Satanás); b) absinto; c) deuses.	Ap. 9:1; Is.14:11-14; At. 7:43
Estrela (Ap. 9:1)	a) Adversário (Satanás); b) absinto.	Ap. 9:1; Is. 14:11- 14
Estrela da manhã (Ap. 2:28)	a) Salvação; b) Messias.	Ap. 2:28; 22:16; II Pd. 1:16-19
Estrela da manhã (Ap. 22:16)	Resplendor, brilho do Messias.	Ap. 22:16; II Pd. 1:16-19
Estrelas (Ap. 12:1)	Povo do Criador.	Ap. 1:16; 20; 12:1; Gn.15:5; 22:17; 37:9; Dt.1:10; 10:22; 28:62; Hb.11:12; Dn.12:3

Estrelas (Ap.12:4)	Anjos que foram expulsos dos céus.	Is. 14:12, 13; Ez. 28:14; Ap. 9:1
Estrelas (Dn. 8:10)	Povo do Criador.	Gn.15:5; 22:17; 37:9; Dt.1:10; 10:22; 28:62; Hb.11:12
Estrelas (Ap. 1:16)	Igrejas.	Ap. 1:20
Estrelas (Ap. 8:12)	a) Messias; b) povo do Criador, sábios.	Ap. 8:12; 22:16; Nm. 24:17; Gn.1:13-17; Hb. 6:4; Dn. 12:3; Dt.1:10; 10:22; 28:62
Estrelas do céu caíram (Ap. 6:13)	Provavelmente, se refere a eventos naturais que ocorreram no início do século XIX nos Estados Unidos.	Mt. 24:29; Mc.13:24-25; história
Estrondo de muita gente (Dn.10:6)	Provavelmente, alusão ao Criador castigando os seus inimigos.	Is. 66:6; Jr. 11:16; 25:31; I Sm. 7:10; II Sm. 5:24
Eu (Dn. 11:1)	Anjo Gabriel.	Dn. 8:15,16; 9:21; 10:5
Evangelho eterno (Ap. 14:6)	a) Boas notícias sobre o Messias e seu reino; b) evangelho verdadeiro; c) anúncio para toda a terra adorar ao Criador.	Ap. 14:7; Mt. 9:35; 24:14; Mc.1:1;16:15; Rm. 1:16; Sl. 82:8; Gl.1:9,11
Exército (Dn. 11:25)	Exército dos mulçumanos.	Dn.11:25; história
Exército (Dn. 11:26)	Exército dos mulçumanos.	Dn.11:26; história
Exército (Ap. 19: 19)	Povo pertencente ao Soberano do universo.	Gn. 15:5; 22:17; 37:9; Dt.1:10; 10:22; 28:62
Exército avassalador (Dn. 11:22)	Povos, nações, multidões que serão destruídos, derrotados pelo poder papal.	Ap. 17:15; Dn.7:25; 11:21,22; Jo.16:2; história

DICIONÁRIO DANIEL E APOCALIPSE

Exército e das estrelas lançou por terra e os pisou (Dn. 8:10)	a) O sistema papal dizimou os "cristãos" remanescentes na Idade Média. Esse poder causou grande matança, mais de 150 milhões desses fiéis foram eliminados de forma cruel; b) alguns estudiosos afirmam que este versículo se aplica também à matança executada pelo império romano.	Dn.7:21,23,25; 8:10-13; Jo. 16:2; II Ts. 2:3-10; Gn. 15:5; 22:17; 37:9; Dt.1:10; 10:22; 28:62; história
Exércitos (Ap. 19:19)	Alusão aos ímpios, os quais, liderados pelo Enganador (Satanás), tentarão invadir a cidade santa, quando esta descer do céu para a terra, pós milênio.	Êx.14:4, 28; Ap. 20:7-9

DANIEL E APOCALIPSE: LETRA F

Face era como o sol (Ap. 1:16)	a) Vitória; b) resplendor; c) justiça, direito; d) Messias.	Jz. 5:31; Jó 37:21,22; Sl. 37:6; Ml. 4:2
Face era como o sol (Ap. 10:1)	a) Vitória; b) esplendor; c) justiça.	Jz. 5:31; Jó 37:21.22; Sl.37:6; Ml.4:2; Ap. 1:16
Falso profeta (Ap. 16:13)	Líderes religiosos apostatados, nesse grupo estão incluídas as falsas lideranças do espiritismo, evangélicos e protestantes.	Ap. 9:10-19; 16:13-16;19;20; At. 13:6; Êx. 8:7; Is. 9:15
Falso profeta (Ap. 19:20)	Líderes religiosos apostatados, nesse grupo estão incluídas as falsas lideranças do espiritismo, evangélicos e protestantes.	Ap. 9:10-19; 16:13-16;19;20; At. 13:6; Êx. 8:7; Is.9:15
Falso profeta (Ap. 20:10)	Líderes religiosos apostatados, nesse grupo estão incluídas as falsas lideranças do espiritismo, evangélicos e protestantes.	Ap. 9:10-19; 16:13-16;19;20; At. 13:6; Êx. 8:7; Is.9:15
Ferida mortal foi curada (Ap. 13: 3)	Será cumprido quando o sistema papal tiver o mesmo poder que tinha na Idade Média, com prerrogativas para prender e tentar matar os fiéis remanescentes.	Ap. 13:3; Rm. 13:4; Mt. 26:52; Dn. 7:25; 12:7; história
Ferro (Dn. 2:33)	Roma imperial.	Dn.7:23; 8:9; história

Ferro e barro (Dn. 2:42)	a) Estado e igreja; b) os Estados políticos ainda conservam as características de Roma pagã; por sua vez, as igrejas-filhas mantêm traços de identidade com a igreja-mãe (igreja de Roma).	Dn. 2:27-40; Jr. 18:6; Ap. 17:5
Ferro misturado com o barro (Dn. 2:43)	a) União do Estado com a igreja; b) alianças político-religiosas para governar, dominar o mundo.	Dn. 2:43; Jr. 18:6
Filadélfia (Ap. 3:7)	a) Sinagoga que existia no tempo de João, localizada em Filadélfia. A carta de Apocalipse foi destinada às sete igrejas; b) alguns estudiosos afirmam que Filadélfia representa também a igreja remanescente no período de 1798-1844 d.C. Portanto, o texto narra características literais da sinagoga local e escatológica no período mencionado: 1798 d.C. (fim da supremacia papal) a 1844 d.C. (início do juízo investigativo).	Ap. 1:11; 3:7-13; Dn. 8:13-14; história
Filha do rei do Sul (Dn. 11:6)	Berenice, filha de Ptolomeu II.	Dn. 11:6; história
Filha em casamento (Dn. 11:17)	Cleópatra.	Dn. 11:17; história
Filho (Ap. 12:4,5,13)	Messias.	Is. 7:14; 9:6; Lc. 1:31; Ap.14:13; Dn.7:13,14
Filho do homem (Dn. 7:13,14)	Messias.	Mt. 20:28; Is. 7:14; 9:6; Lc. 1:31; Ap.14:13
Filho do homem (Ap.14:14)	Messias.	Mt. 20:28; Is. 7:14, 9:6; Lc. 1:31; Dn. 7:13,14
Filho dos deuses (Dn. 3: 25)	Salvador, Messias.	Mt. 8:29; 14:33; Lc. 1:35
Fogo (Ap. 9:17,18)	a) Falsos movimentos religiosos, os quais dizem que têm o Espírito do Criador; b) pregadores, profetas que realizam falsos milagres.	Ap. 9:17,18; 13:12-14; I Rs.18:24,25, 26

DICIONÁRIO DANIEL E APOCALIPSE

Fogo do céu faz descer à terra (Ap.13:13)	a) Pseudoprofetas; b) pregadores que realizam falsos milagres; c) falsos movimentos religiosos, os quais dizem que têm o Espírito do Criador.	Ap. 9:17,18; 13:12-14; I Rs.18:24,25, 26; história
Foice (Ap. 14:15,16,17,18)	Ceifa dos ímpios no dia do juízo.	Ap.14: 14-20; Jl. 3:12-14
Folhas (Ap. 22:2)	Alusão a uma vida sem doenças.	Ap. 22:2; Ez. 47:12; Gn. 3:22; Jr.17:7,8
Fora da cidade (Ap. 14:20)	a) Alusão aos ímpios, que serão destruídos fora da cidade celestial; b) alusão aos mortos, que serão "enterrados", isto é, consumidos, aniquilados fora da cidade celestial.	Ap. 22:14,15; Is. 34:3; II Cr. 33:15; Lc.7:12; At.7:58; 14:19
Fornalha (Dn. 3:6,11, 15, 17, 19, 20-23, 26)	Local destinado à produção de objetos que utilizam o barro ou argila como matéria-prima.	Dn. 3:6,11; história, arqueologia
Fornalha (Ap. 9:2)	a) Aflição; b) destruição; c) morte eterna.	Is. 48:10; Ml. 4:1; Mt.13:42
Forças inundantes (Dn. 11:22)	Povos, nações, multidões que serão destruídos, derrotados pelo poder papal.	Ap. 17:15; Dn.7:25; 11:21,22; Jo.16:2; história
Forte trovão (Ap.14:2)	a) Juízo; b) advertência.	Êx. 9:23; Is. 29:6; 33:3; Jr. 25:30; Jó 36:33
Fronte (Ap. 7:3)	a) Santidade; b) fisiologicamente é a área em que o Espírito Santo se comunica com o ser humano; c) caráter; d) discernimento; e) liberdade.	Ap. 7:3; 9:4; 14:1; 22:4; Êx. 13:16; 28:36-38; Ez. 3:7; 9:4
Fronte (Ap. 9:4)	a) Santidade; b) fisiologicamente é a área em que o Espírito Santo se comunica com o ser humano, tomada de decisão; c) caráter; d) discernimento; e) liberdade.	Êx. 13:16; 28:36-38; Ez. 3:7; 9:4; Ap. 7:3; 9:4; 14:1; 22:4

Fronte (Ap.13:16)	a) Por falta de sensibilidade à voz do Espírito Santo, grande amostra da população será enganada, isto é, obedecerá de forma racional ao estratagema do Maligno; b) tomada de decisão em favor dos princípios do sistema papal; c) obediência de forma consciente ao decreto de santificação do domingo.	Ap. 7:3; 13:14-17; 14:1; 22:4; Ez. 3:7; Rm. 4:11; Dn. 7:25; Êx. 20:8-12; Ez. 9:4, 20:20
Fronte (Ap.14:1,9)	a) Santidade; b) fisiologicamente é a área em que o Espírito Santo se comunica com o ser humano, tomada de decisão; c) caráter; d) discernimento; e) liberdade.	Ap. 7:3; 9:4; 14:1; 22:4; Êx. 13:16; 28:36-38; Ez. 3:7; 9:4
Fronte (Ap. 17:5)	a) Caráter, identidade; b) oposição, rebeldia; c) coração duro.	Ap. 17:4; Jr. 3:1-3; Ez. 3:8,9
Fronte (Ap. 20:4)	a) Por falta de sensibilidade à voz do Espírito Santo, grande amostra da população será enganada, isto é, obedecerá de forma racional ao estratagema do Maligno; b) tomada de decisão em favor dos princípios do sistema papal; c) obediência de forma consciente ao decreto da santificação do domingo.	Ap. 7:3; 13:14-17; 14:1; 22:4; Ez. 3:7; Rm. 4:11; Dn. 7:25; Êx. 20:8-12; Ez. 9:4, 20:20
Fronte (Ap. 22:4)	a) Santidade; b) identidade; c) caráter; d) discernimento; e) liberdade.	Êx. 13:16; 28:36-38; Ez.3:7; 9:4; Ap. 7:3; 9:4; 14:1; 22:4
Fruto (Ap. 22:2)	Alusão à vida eterna, mantimento, prosperidade, ausência de seca e intempéries.	Ap. 22:2; Gn. 3:22; Ez.47:12; Gn.1:29; Jr.17:7,8
Fulgor do firmamento (Dn.12:3)	Presença esplendorosa do Espírito Santo.	Dn.12:3; Hb. 6:4; Sl.18:12; Ap. 2:5
Fumaça (Ap. 9:2,17,18)	a) Povo rebelde, ímpios executando e comunicando maldades; b) destruição.	Ap. 9:2,17,18; Is. 9:18; 14:30,31; 65:2,5; Sl. 37:20; 68:1,2
Fumaça (Ap. 14:11)	Castigo sobre os ímpios, desaparecimento total desse grupo.	Ap. 14:11,12; Sl. 37:20; Gn.19:28

DICIONÁRIO DANIEL E APOCALIPSE

Fumaça (Ap. 15:8)	a) Presença magnífica do Altíssimo; b) indicativo de julgamento.	Ap. 15:7,8; Is. 6:1-8; Êx.19:18; Sl. 18:6-8; 22:7-9
Fumaceira (Ap. 9:2)	a) Impiedade; b) maldade; c) destruição.	Ap. 9:2,17,18; Is. 9:18; 14:30,31; 65:2,5; Sl. 37:20; 68:1,2
Fumaça (Ap. 19:3)	Castigo sobre os ímpios, desaparecimento total desse grupo.	Sl. 37:20; Ap. 14:11,12; Gn.19:28

DANIEL E APOCALIPSE: LETRA G

Gafanhotos (Ap. 9:3,7)	a) Príncipes e chefes perversos; b) líderes de igrejas apostatadas; c) líderes de Estado; d) destruição, guerra.	Ap. 9:3,7,8; Na. 3:1, 17; Is. 33:4; 40:22; Jr. 51:14,27; Jz.7:12; Jl. 2:25
Garras de bronze (Dn. 7:19)	Domínio sobre outra nação. Roma absorveu práticas violentas e terríveis da Grécia, as quais utilizou sobre seus inimigos.	Dn. 8:21; Dt. 7:8; II Sm. 22:1; II Cr. 32:22; Jr. 34:3
Geração de Davi (Ap. 22:16)	Messias, oriundo da geração de Davi.	Mt.1:1; II Sm.7:16; Is.11:1-10
Gogue e Magogue (Ap. 20:8)	Ímpios em rebelião contra o Eterno. Esse grupo de pessoas será ressuscitado após o milênio e se unirá ao Adversário para tentar destruir a cidade santa que desceu do céu, porém fogo descerá do céu e os consumirá.	Ap. 20:7-10; Ez. 38 e 39
Governante (Dn. 9:26)	General do exército romano: Tito, que liderou a destruição de Jerusalém no ano 70 d.C.	Dn. 9: 26; Mt. 24:15; Lc. 21:5,6, 20; história
Grande chifre (Dn. 8:8)	a) Reino; b) rei; c) Alexandre, o Grande; d) força destrutiva; e) poder.	Dn. 8:21; Dt. 33:17; IRs. 22:11; II Cr.18:10; Sl. 22:21; Mq. 4:13; Zc.1:19,21; história

Grande estrela (Ap. 8:10)	a) Alusão ao adversário (Satanás); b) Absinto; c) deuses.	Ap. 9:1; Is.14:11-14; At. 7:43
Grande espada (Ap. 6:4)	a) Destruição; b) execução de leis punitivas.	Dn. 11:33; Os. 13:16; Na. 3:3; Rm.13:4
Grande Babilônia (Ap. 16:19)	a) Sistema religioso liderado pelo sistema papal; b) confusão religiosa, sistema religioso corrompido.	Ap.14:8; 16:19; 17:1,5; Gn.11:9; Is. 21:9; Jr. 51:47; Dn.3:1, 14; história
Grande cidade (Ap. 16:19)	Provavelmente, é o país do Vaticano.	Ap. 2:13; 17:18
Grande cidade (Ap. 18:16, 19, 21)	a) Cidade que domina os reis da terra; b) país do Vaticano, localizado em Roma; c) principal movimento religioso enganoso; d) ensino apostatado que prostituiu outras denominações e) idolatria promovida pelo sistema da igreja de Roma.	Ap. 17:1-7, 18; Os. 2:5; 3:1; Ez. 16:16-34; 23: 2-21; Jr. 3:1-3, 6-10; 6:2; Mq. 1:7; II Co. 11:2; Ef. 5:22; história
Grande mar (Dn. 7:2)	Mar Mediterrâneo.	Nm. 34: 6,7; Js.1:4; Ez. 47:10, 15,19,20
Grande meretriz (Ap.19:2)	Igreja-mãe (igreja de Roma).	Ap.14:4;17:1,5; Ez. 16:2, 15, 59; Dn. 7:8; Os. 2:5; 3:1; Ez. 23:2-21; história
Grande montanha (Ap. 8:8)	a) Nações; b) grande reino.	Ez. 35:2,7,8; Js. 24:4; Jr. 51:24, 25; Am. 4:3; Is. 2:2-3; 11:9, 13:4, 41:15; Dn. 2:35,44,45
Grande prostituta (Ap.19:2)	Igreja-mãe (igreja de Roma).	Ap.14:4;17:1,5; Ez. 16:2, 15, 59; Dn. 7:8; Os. 2:5; 3:1; Ez. 23:2-21; história
Granizo e fogo (Ap. 8:7)	a) Indignação, ira por parte do Criador; b) vindicação de santidade.	Ez. 38:21-23; Is. 30:30
Gravarei (Ap. 3:12)	Os salvos terão um novo caráter, nova identidade, a lei do Criador estará em suas mentes e corações.	Ap. 3:12; Hb. 8:10

DICIONÁRIO DANIEL E APOCALIPSE

Grávida (Ap. 12:2)	Alusão à igreja, povo do Criador, que geraria o Filho, o qual foi e é o Salvador da humanidade.	Ap.12:1-5; Ef. 5:22-27; Is.7:14; Mt. 2:13-15

DANIEL E APOCALIPSE: LETRA H

Hades (Ap. 6:8)	a) Alusão ao local em que os ímpios serão lançados ou destruídos; b) alusão à morada eterna dos mortos.	Mt. 5:22; Sl. 9:17; Is.14:15
Harpa (Ap. 5:8)	a) Alegria; b) louvor.	Is. 24:8; I Cr. 25:3
Harpa (Ap.15:3)	a) Louvor para o Altíssimo; b) alegria; c) poder.	Ap.14:3; Gn. 31:27; Sl. 33:2; 43:4; Is. 24:8; I Cr. 25:3; II Rs. 3:15
Harpista (Ap.14:2)	a) Louvor para o Altíssimo; b) alegria; c) poder.	Ap.14:3; Gn. 31:27; Sl. 33:2; 43:4; Is. 24:8; I Cr. 25:3; II Rs. 3:15
Harpista (Ap.18:22)	a) Alegria; b) falsa adoração ao Soberano do universo; c) poder.	Ap.18:22; Gn. 31:27; Is. 24:8; Sl. 33:2; 43:4; I Cr. 25:3; II Rs. 3:15
Hora (Ap. 17:12)	Quinze dias. Um dia profético equivale a um ano, ou seja, 360 dias (calendário judaico), cada dia tem 24 horas, portanto 1 hora é igual a 15 dias. 24 h ------360 dias 1 h ---------x x = 15 dias.	Ez. 4:6,7; Nm. 14:34
Hora (Ap. 18:10,17,19)	Quinze dias. Um dia profético equivale a um ano, ou seja, 360 dias (calendário judaico), cada dia tem 24 horas, portanto 1 hora é igual a 15 dias. 24 h ------360 dias. 1 h ---------x x = 15 dias.	Ez. 4:6,7; Nm. 14:34; Ap.17:12

Homem (Ap. 4:7)	a) Sabedoria; c) atributo do Messias.	II Cr. 9:23; Pv. 17:24; Ec. 8:1
Homem (Ap. 9:7)	a) Alusão à prática pecaminosa, impureza; b) impiedade.	Jó 4:17; 15:14; Pv. 21:29; Dn. 7:8
Homem (Ap. 13:18)	a) Alusão à prática pecaminosa, impureza; b) impiedade.	Jó 4:17; 15:14; Pv. 21:29; Dn. 7:8
Homem vestido de linho (Dn. 12:6,7)	Messias.	Dn. 10:5,6; 12:6,7; Ap. 1:13-18.
Homem vil (Dn. 11:21)	Sistema papal.	Dn.7:8, 24, 25; 8:10-12,23; 11:21; II Ts. 2:3-9; Ap. 13:1-10; história
Homem vil (Dn. 11:28)	Papado, este sistema age com perversidade.	Dn.7:8, 24, 25; 8:10-12,23; 11:21; II Ts. 2:3-9; Ap. 13:1-10; Pv. 6:12; 16:27; história
Homens violentos (Dn. 11:14)	Provavelmente se refere aos romanos.	Dn. 11:14; história
Hora do juízo (Ap. 14:7)	Alguns estudiosos afirmam que o juízo se iniciou no ano 1844, com o juízo investigativo. Esse período tem sua origem com o fim das duas mil e trezentas tardes e manhãs. Finalmente é concluído após o milênio, com a destruição, aniquilamento dos ímpios e do Adversário, Satanás.	Dn. 8:13-14; Ap. 3:14-21; 20:11-15; Ez. 18:20; II Pd. 3:7
Hora, o dia, o mês e o ano (Ap. 9:15)	Indicação de tempo exato e preciso.	Ap. 9:15

DANIEL E APOCALIPSE: LETRA I

Igreja em Éfeso (Ap. 2:1) — a) Sinagoga que existia no tempo de João, localizada em Éfeso. A carta de Apocalipse foi destinada às sete igrejas; b) alguns estudiosos afirmam que Efésios representa também a igreja remanescente no período de 31-100 d.C. Portanto, o texto narra características literais da sinagoga local e escatológica no período mencionado: 31 d.C. (morte do Messias) e 100 d.C. (morte de João ocorreu próximo a essa data). **Ap. 1:11; 2:1-7; At.; Ef.; história**

Igreja em Esmirna (Ap. 2:8) — a) Sinagoga que existia no tempo de João, localizada em Esmirna. A carta de Apocalipse foi destinada às sete igrejas; b) alguns estudiosos afirmam que Esmirna representa também a igreja remanescente no período de 100-313 d.C. Portanto, o texto narra características literais da sinagoga local e escatológica no período mencionado: 100 d.C. (morte de João) e 313 d.C. (edito de tolerância de Milão). **Ap. 1:11; 2:8-11; história**

Igreja em Filadélfia (Ap. 3:7) — a) Sinagoga que existia no tempo de João, localizada em Filadélfia. A carta de Apocalipse foi destinada às sete igrejas; b) alguns estudiosos afirmam que Filadélfia representa também a igreja remanescente no período de 1798-1844 d.C. Portanto, o texto narra características literais da sinagoga local e escatológica no período mencionado: 1798 d.C. (fim da supremacia papal) a 1844 d.C. (início do juízo investigativo). **Ap. 1:11; 3:7-13; Dn. 8:13-14; história**

Igreja em Laodiceia (Ap. 3:14) — Sinagoga que existia no tempo de João, localizada na cidade de Laodiceia. A carta de Apocalipse foi destinada às sete igrejas; b) alguns estudiosos afirmam que Laodiceia representa também a igreja remanescente no período de 1844 – 2.ª vinda do Messias. Portanto, o texto narra características literais da sinagoga local e escatológica no período mencionado: 1844 d.C. (início do juízo investigativo) a 2.ª vinda do Messias. **Ap. 1:11; 3:14-21; Dn. 8:13, 14; III Jo.1:9-10; história**

Igreja em Pérgamo (Ap. 2:12)	a) Sinagoga que existia no tempo de João, localizada em Pérgamo. A carta de Apocalipse foi destinada às sete igrejas; b) alguns estudiosos afirmam que Pérgamo representa também a igreja remanescente no período de 313-538 d.C. Portanto, o texto narra características literais da sinagoga local e escatológica no período mencionado: 313 d.C. (Edito de tolerância de Milão) a 538 d.C. (início da supremacia papal).	Ap. 1:11; 2:12-17; At. 20:29; história
Igreja em Sardes (Ap. 3:1)	Sinagoga que existia no tempo de João, localizada na cidade de Sardes. A carta de Apocalipse foi destinada às sete igrejas. Alguns estudiosos afirmam que Sardes representa também a igreja remanescente no período de 1517-1798 d.C. Portanto, o texto narra características literais da sinagoga local e escatológica no período mencionado: 1517 d.C. (início da reforma protestante) a 1798 d.C. (fim da supremacia papal).	Ap. 1:11; 3:1-6; história
Igreja em Tiatira (Ap. 2:18)	a) Sinagoga que existia no tempo de João, localizada em Tiatira. A carta de Apocalipse foi destinada às sete igrejas; b) alguns estudiosos afirmam que Tiatira representa também a igreja remanescente no período de 538 d.C.-1517 d.C. Portanto, o texto narra características literais da sinagoga local e escatológica no período mencionado: 538 d.C. (supremacia papal) a 1517 d.C. (início da reforma protestante).	Ap. 1:11; 2:18-29; história
Igrejas (Ap. 1:4)	Sete sinagogas literais que existiram na época de João.	Ap. 1:4
Imagem (Ap.19:20)	a) Imposição de normas, decretos para que a terra espelhe, se assemelhe ao sistema papal; b) união da igreja de Roma com o sistema evangélico e Estado para favorecer o sistema papal, tem também como finalidade impor a lei dominical nos Estados Unidos da América.	Ap. 13: 11-15; Gn. 1:26; Dn. 3; história

DICIONÁRIO DANIEL E APOCALIPSE

Imagem (Ap. 20:4)	a) Imposição de normas, decretos para que a terra espelhe, se assemelhe ao sistema papal; b) união da igreja de Roma com o sistema evangélico e Estado para favorecer o sistema papal, tem também como finalidade impor a lei dominical nos Estados Unidos da América.	Ap. 13: 11-15; Gn. 1:26; Dn. 3
Imagem da besta (Ap.13:14,15)	a) Imposição de normas, decretos para que a terra espelhe, se assemelhe ao sistema papal; b) união da igreja de Roma com o sistema evangélico e Estado para favorecer o sistema papal, tem também como finalidade impor a lei dominical nos Estados Unidos da América.	Ap. 13: 11-15; Gn. 1:26; Dn. 3; história
Imagem da besta (Ap.14:9,14)	a) Imposição de normas, decretos para que a terra espelhe, se assemelhe ao sistema papal; b) união da igreja de Roma com o sistema evangélico e Estado para favorecer o sistema papal, tem também como finalidade impor a lei dominical nos Estados Unidos da América.	Ap. 13: 11-15; Gn. 1:26; Dn. 3; história
Imagem da besta (Ap.15:2)	a) Imposição de normas, decretos para que a terra espelhe, se assemelhe ao sistema papal; b) união da igreja de Roma com o sistema evangélico e Estado para favorecer o sistema papal, tem também como finalidade impor a lei dominical nos Estados Unidos da América.	Ap. 13: 11-15; Gn. 1:26; Dn. 3
Imagem da besta (Ap. 16:2)	a) Imposição de normas, decretos para que a terra espelhe, se assemelhe ao sistema papal; b) união da igreja de Roma com o sistema evangélico e Estado para favorecer o sistema papal, tem também como finalidade impor a lei dominical nos Estados Unidos da América.	Ap. 13: 11-15; Gn. 1:26; Dn. 3
Imagem de ouro (Dn. 3:1)	a) Representação de Babilônia, rei Nabucodonosor e dos deuses do Império Babilônico; b) símbolo de adoração pagã; c) religião unificada e universal; d) nestes últimos dias, outro decreto mundial de adoração surgirá, ver Apocalipse 13.	Dn. 2:31-33, 35-38; 3:6,7,10,14,17,18; Êx. 20:3-5; Ap. 13:1-18

Imagem em honra à besta (Ap.13:14,15)	a) Imposição de normas, decretos para que a terra espelhe, se assemelhe ao sistema papal; b) união das igrejas de Roma com o sistema evangélico e Estado para favorecer o sistema papal, tem também como finalidade impor a lei dominical nos Estados Unidos da América.	Ap. 13: 11-15; Gn. 1:26; Dn. 3
Incenso (Ap. 5:8)	Orações.	Ap. 5:8
Indignará contra a santa aliança (Dn. 11:30)	A igreja de Roma, liderada pelo sistema papal, inicia uma nova perseguição feroz contra os cristãos remanescentes, período da "Santa Inquisição", instituído pelo Concílio de Verona em 1184 d.C.	Dn.7:25; 11:30; história
Injusto fazendo injustiça (Ap. 22:11)	Em breve o Espírito Santo não estará mais disponível para os ímpios, isto é, a porta da graça, benignidade, estará fechada. Tal acontecimento ocorrerá antes das pragas.	Ap. 9:20,21; 16:9; 11; 22:11; Dn.12:1; Gn.7:16
Inundantes (Dn. 11:22)	Povos, nações, multidões que serão destruídos, derrotados pelo poder papal.	Ap. 17:15; Dn.7:25; 11:21,22; Jo.16:2; história
Invadirá de novo o Sul (Dn. 11:29)	Reino do Sul, região do Egito, mais especificamente tentativa de dominar Jerusalém. A sétima e última cruzada promovida pelo sistema papal foi um desastre. O monarca Luiz IX foi preso no Cairo, Egito. Dez anos depois os cristãos foram expulsos da Palestina, até o ano 1917.	Dn. 11:25-29; história
Inferno (Ap. 6:8)	a) Alusão à destruição final, ao aniquilamento dos ímpios, perversos.	Mt. 5:22; Sl. 9:17; Is.14:15; Ez. 18:20; II Pd.3:7
Inferno (Ap. 20:14)	a) Alusão ao local em que os ímpios serão lançados, destruídos, aniquilados; b) alusão à morada eterna, ao aniquilamento dos mortos.	Mt. 5:22; Sl. 9:17; Is.14:15; Ez. 18:20; II Pd. 3:7
Invasor (Dn. 11:16)	Império romano.	Dn. 11:16; história
Israel (Ap. 5:8)	Seguidores do Messias.	Ap. 5:8; 8:3,4; Sl. 141:2

DICIONÁRIO DANIEL E APOCALIPSE

DANIEL E APOCALIPSE: LETRA J

Jaspe (Ap. 4:3)	Alusão ao brilho.	Ap. 21:11
Jaspe e de sardônio (Ap. 4:3)	a) Alusão à primeira e última pedra que estavam no peitoral do sacerdote, por isso pode ser uma referência ao Criador dos céus e da terra; b) brilho.	Êx. 28:15-20; Ap. 21:11
Jezabel (Ap. 2:20)	a) Apostasia; b) imoralidade; c) idolatria; d) falsa religião; e) doutrinas da igreja de Roma são inseridas cada vez mais na vida dos "cristãos" no período de 538 d.C.-1517 d.C., perduram até os dias atuais.	I Rs. 18:19; 21:25, 26; Ap. 2:18-29; história
Jovem em casamento (Dn. 11:17)	Cleópatra.	Dn. 11:17; história

DANIEL E APOCALIPSE: LETRA L

Ladrão (Ap. 3:3)	Chegada inesperada.	Ap. 16:15; I Ts. 5:2; 12:39; Ob.1:5
Lago (Ap. 21:8)	a) Segunda morte b) local de tormento e aniquilamento.	Ap.19:20; 20:10,14; 21:8; Ez. 18:20; II Pd. 3:7
Lago de fogo (Ap. 20:10,14,15)	a) Local de tormento e morte, estes poderes (Diabo, besta e falso profeta) terão um fim mais trágico, sofrimento mais lento, devido a carga de pecado, então, finalmente serão aniquilados; b) alusão à destruição, ao aniquilamento, ao fim do mal; c) segunda morte.	Ap.19:20; 20:10,14; 21:8; Ez. 18:20; II Pd. 3:7
Lago de fogo (Ap. 19:20)	a) Segunda morte; b) alusão à morte final da besta e do falso profeta, esses sistemas terão uma morte mais trágica comparada com os demais mortos.	Ap.19:20; 20:10,14; 21:8; Ez. 18:20; II Pd. 3:7
Lágrima (Ap. 7:19)	a) Ausência de tristeza, morte e angústia.	Sl. 119:28; Is. 25:8; Jr. 9:1; II Co. 2:4

Lançados vivos (Ap. 19:20)	Esses poderes (besta e falso profeta) irão subsistir até o retorno do Salvador. Após o milênio, ressuscitarão e novamente tentarão destruir os fiéis, mas cairá fogo do céu e serão destruídos. Ambos terão um fim com maior tormento, finalmente serão aniquilados.	Ap. 19:20,21; 20:1-10, 15; Dn. 2:44,45
Laodiceia (Ap. 3:14)	Sinagoga que existia no tempo de João, localizada na cidade de Laodiceia. A carta de Apocalipse foi destinada às sete igrejas; b) alguns estudiosos afirmam que Laodiceia representa também a igreja remanescente no período de 1844 a 2.ª vinda do Messias. Portanto, o texto narra características literais da sinagoga local e escatológica no período mencionado: 1844 d.C. (início do juízo investigativo) até a 2.ª vinda do Messias.	Ap. 1:11; 3:14 - 21; Dn. 8:13, 14; III Jo.1: 9-10; história
Lavam as suas vestes (Ap. 22:14)	a) Redenção, remissão dos pecados, purificação; b) nova aliança.	Ap.1:5; 5:9; Mt. 26:28; Lc. 22:20; Ef.1:7; Cl.1:4; Hb. 9:13, 14; I Pd. 1:18,19; I Jo. 1:7
Lavam as suas vestiduras no sangue do Cordeiro (Ap. 22:14)	a) Redenção, remissão dos pecados, purificação; b) nova aliança.	Ap.1:5; 5:9; Mt. 26:28; Lc. 22:20; Ef.1:7; Cl.1:4; Hb. 9:13, 14; I Pd. 1:18,19; I Jo. 1:7
Lavaram suas vestiduras e alvejaram no sangue do Cordeiro (Ap. 7:14)	a) Redenção, remissão dos pecados, purificação; b) nova aliança.	Ap.1:5; 5:9; Mt. 26:28; Lc. 22:20; Ef.1:7; Cl.1:4; Hb. 9:13, 14; I Pd. 1:18,19; I Jo. 1:7
Leão (Dn. 7:4)	Babilônia.	Dn. 2:37, 38; 7:17; Jr. 4:7; 27:22; 29:10
Leão (Ap. 4:7)	a) Classe especial de anjo, isto é, querubins; b) anjos envolvidos no conflito espiritual, são protetores, agregam características de um leão, isto é, poder de destruição e vigilância.	Ez.10:14, 20; Gn. 3:24; Jr. 4:7; Jz. 14:18; Pv. 30:30; Is. 21:8

DICIONÁRIO DANIEL E APOCALIPSE

Leão (Ap. 9:8,17)	a) Matança; b) destruição.	Ap. 9:8; Nm. 23:24; Jr. 2:30; Pv. 30:14; Sl. 57:4
Leão (Ap.13:2)	Sistema papal tem características culturais, políticas, religiosas e de guerras semelhantes ao império da Babilônia, como exemplos: orgulho, luxo, ostentação, tortura, homicídios cruéis, assassinar toda a família de suas vítimas, lançar seus inimigos na fornalha ou fogueiras.	Ap.13:2; Dn. 2:5,12,37,38; 4:30; 7:4,17; Jr. 4:7; 27:22; 29:10; história
Leão da tribo de Judá (Ap. 5:5)	Messias.	I Ts. 5:2; II Pd. 3:10
Leopardo (Ap.13:2)	Sistema papal tem características culturais, políticas, religiosas e de guerras semelhantes ao império da Grécia, como exemplos: adoração aos deuses, rapidez em conquistar as guerras, repartição das terras, tecnologias para matar seus adversários.	Ap. 13:1,2; Dn.7:4-7, 17; história
Leopardo (Dn. 7:5)	Grécia.	Dn. 2:39; 7:4-7, 17
Leopardo. Urso. Leão. Dragão. (Ap. 13: 2)	Agregação das estratégias malignas dos impérios: Babilônia, Medo-Pérsia, Grécia e Roma, aplicadas contra os cristãos pelo sistema papal. Observação: ver o significado de cada animal individualmente.	Dn. 1:1,3; 2:5, 13; 3:6,19, 20; 6:16; 7:17; Ap. 12:13; 13:7; Mt. 2:13-18; história
Levantará (Dn. 11:7)	Ptolomeu III, novo rei do Sul. Ele era irmão de Berenice.	Dn. 11:7; história
Levantar-se-á (Dn. 11:20)	César Augusto.	Dn. 11:20; história
Linhagem dela (Dn. 11:7)	Ptolomeu III, novo rei do Sul. Ele era irmão de Berenice.	Dn. 11:7; história
Linho (Dn.12:6)	a) Veste santas, santidade; b) Justiça; c) pureza.	Lv. 16:32; Ap.19:8
Linho finíssimo (Ap. 19:8,14)	Atos de justiça dos santos.	Ap. 19:8; Is. 61:10

177

Livrinho (Ap. 10:2,9, 10)	a) Palavras proféticas e de advertências; b) para alguns estudiosos, faz alusão a eventos específicos do livro de Daniel.	Ap.10:11; Ez. 2:9, 10; 3:1-4; Dn. 8:26; 12:4; história
Livro (Dn.12:1)	Livro da vida. Neste livro estão registrados os nomes dos salvos.	Êx. 32:33; Dn. 12:1; Sl. 69:28; Ap. 3:5; 13:8; 17:8; 20:15; 21:27; Fl. 4:3; Ml.3:16
Livro (Ap. 5:1,2,3,4,5,7,9)	a) Registros dos eventos escatológicos finais; b) registra os nomes dos salvos.	Ap. 3:5; 5:5; 13:8; 17:8; 20:15; 21:27; Dn. 12:1, 4, 9; Êx.32:33; Sl. 69:28
Livro da Vida (Ap. 3:5)	a) Nomes listados nos registros dos salvos; b) salvos que habitarão com o Criador.	Sl. 69:28; Dn. 12:1; Sl. 69:28; Ap. 13:8; 17:8; 20:15; 21:27; Fl. 4:3; Ml.3:16
Livro da Vida (Ap. 13:8)	a) Nomes listados nos registros dos salvos; b) salvos que habitarão com o Criador.	Sl. 69:28; Dn. 12:1; Sl. 69:28; Ap. 13:8; 17:8; 20:15; 21:27; Fl. 4:3; Ml. 3:16
Livro da Vida (Ap. 17:8)	a) Nomes listados nos registros dos salvos; b) salvos que habitarão com o Criador.	Sl. 69:28; Dn. 12:1; Sl. 69:28; Ap. 13:8; 17:8; 20:15; 21:27; Fl. 4:3; Ml.3:16
Livro da Vida (Ap. 20:12,15)	a) Nomes listados nos registros dos salvos; b) salvos que habitarão com o Criador.	Sl. 69:28; Dn. 12:1; Sl. 69:28; Ap. 13:8; 17:8; 20:15; 21:27; Fl. 4:3; Ml.3:16
Livros (Dn. 7:10)	a) No céu existem livros que registram os atos cometidos aqui na terra, outros nomeiam os nomes do salvos; b) livros no sentido de que são registradas ações realizadas aqui na terra, tal linguagem se torna acessível para a compreensão humana.	Dn. 7:10; Sl. 69:28; 139:116; Ap. 3:5; 13:8; 17:8; 20:12, 15; 21:27

DICIONÁRIO DANIEL E APOCALIPSE

Livros (Ap. 20:12) No céu existem livros que registram os atos cometidos aqui na terra, outros nomeiam os nomes do salvos. — Dn.7:10; Sl. 69:28; 139:116; Ap. 3:5; 13:8; 17:8; 20:12, 15; 21:27

Lua (Ap. 8:12) a) Iluminação; b) Messias, Criador dos céus e da terra. — Ap. 8:12; 21:23; Is. 60:19,20; Jr. 31:35; II Co. 4:6; Jo. 8:12; Hb. 6:4

Lua (Ap.12:1) a) Iluminação do caminho por onde deve andar; b) proclamação das boas novas da salvação. — Ap. 12:1; Gn. 1:14-17; Is. 60:19,20; Jr. 31:35; Ef. 6:15; Sl.119:105; Hb. 6:4

Lua, toda como sangue (Ap. 6:12) Evento que ocorreu em 19 de maio de 1780 em alguns países: Estados Unidos da América (EUA), Canadá e Inglaterra. — Mt. 24:29; Mc.13:24-25; história

Luxúria (Ap. 18:3,9) Enriquecimento, ostentação oriundos de forma ilícita, isto é, com sonegação, engano e brutalidade. Utilizando as ferramentas religiosas como meio. Assim os metais preciosos, como exemplo, a exploração na América do Sul, destinavam-se ao sistema da igreja de Roma. O banco central também é controlado pelos missionários da Companhia de Jesus. — Os. 4:12; Ez. 23:21; história

Luz de candeia (Ap.18:23) a) Espírito Santo; b) Salvação; c) presença do Messias; d) palavra profética. — Ap.18:23; Jo.1:4,6-9; 8:12; 14:26; I Jo.1:4,7; II Pd.1:19 Jr. 25:10

DANIEL E APOCALIPSE: LETRA M

Mãe (Ap.17:5) a) liderança, gestão exercida pelo sistema da igreja de Roma. Suas filhas são as religiões apóstatas; b) precursora. — Ap.14:4; 17:4; Os. 2:2-5;3:1; Jr. 50:12-14; Ez.16:2, 15,44,59; 23:2-21; Dn. 7:8; história

Maná (Ap. 2:17)	a) Pão de céu; b) Messias.	Jo. 6:49, 50
Maná escondido (Ap. 2:17)	a) Pão do céu; b) Messias.	Jo. 6:31, 48, 49, 57,58
Manto tinto de sangue (Ap.19:13)	Vingança, furor.	Ap.19:13,16; Is. 59:17,18; 63:1-5
Mão (Ap.13:16)	a) Falsa garantia de prosperidade, vitória, proteção, vida longa, livre-arbítrio para exercer todo tipo de comercialização, se tão somente obedecer aos ditames do sistema papal. Esse grupo tem ciência que são decretos ilegais, mas optará em seguir a Besta; b) de acordo com o contexto há evidências que significa trabalho, atividade, ou seja, grande amostra da população optará em santificar o domingo, para não perder o emprego, ter acesso aos bens públicos e liberdade para viajar, entre outras atividades comerciais.	Ap. 13:12-17; Gn. 48:13-19; Jó 40:14; Sl.73:23; Pv. 3:16; Is. 41:13; Ec. 2:1, 11; 4:6; 9:10; Êx. 20:8-12; Ez. 9:4, 20:20; Rm. 4:11; Dn. 7:25
Mão (Ap.14:9)	a) Falsa garantia de prosperidade, vitória, proteção, vida longa, livre-arbítrio para exercer todo tipo de comercialização, se tão somente obedecer aos ditames do sistema papal. Esse grupo tem ciência que são decretos ilegais, mas optará em seguir a Besta; b) de acordo com o contexto há evidências que significa trabalho, atividade, ou seja, grande amostra da população optará em santificar o domingo, para não perder o emprego, ter acesso aos bens públicos e liberdade para viajar, entre outras atividades comerciais.	Ap. 13:12-17; Gn. 48:13-19; Jó 40:14; Sl.73:23; Pv. 3:16; Is. 41:13; Ec. 2:1, 11; 4:6; 9:10; Êx. 20:8-12; Ez. 9:4, 20:20; Rm. 4:11; Dn. 7:25
Mão (Ap. 20:4)	a) Falsa garantia de prosperidade, vitória, proteção, vida longa, livre-arbítrio para exercer todo tipo de comercialização, se tão somente obedecer aos ditames do sistema papal. Esse grupo tem ciência que são decretos ilegais, mas optará em seguir a Besta; b) de acordo com o contexto há evidências que significa trabalho, atividade, ou seja, grande amostra da população optará em santificar o domingo, para não perder o emprego, ter acesso aos bens públicos e liberdade para viajar, entre outras atividades comerciais.	Ap. 13:12-17; Gn. 48:13-19; Jó 40:14; Sl.73:23; Pv. 3:16; Is. 41:13; Ec.2:1, 11; 4:6; 9:10; Êx. 20:8-12; Ez. 9:4; 20:20; Rm. 4:11; Dn. 7:25

DICIONÁRIO DANIEL E APOCALIPSE

Mão direita (Ap.1:17)	a) Sustentação; b) proteção.	Sl.16:8; 18:35; 73:23; Is. 41:13; Jó 40:14
Mão direita (Ap. 2:1)	a) Sustentação; b) proteção.	Sl.16:8; 18:35; 73:23; Is. 41:13; Jó 40:14
Mão direita (Ap. 5:1)	a) Poder, autoridade; b) juízo.	Êx.15:10; Sl.18:35, 21:8, 48:10; Is. 45:1
Mar (Dn. 7:2)	Mar Mediterrâneo.	Nm. 34:6,7; Js.1:4; Ez. 47:10, 15,19,20
Mar (Ap. 8:8)	a) Povos, nações, multidões; b) angústia.	Jr. 51:11,28,36,42; Ap.17:15; Zc.10:11
Mar (Ap. 10:2)	a) Povos, nações, multidões. Nesse contexto, essas nações causaram destruição ao império romano; b) angústia.	Jr. 51:11,28,36,42; Ap.17:15; Zc.10:11
Mar (Ap.13:1)	Povos, nações, multidões.	Ap.17:15; Jr. 51:11,28,36,42; Zc.10:11
Mar (Ap. 21:1)	a) Provavelmente, mar de água localizada acima do firmamento; b) barreira física.	Gn.1:2; 7:11; I Pd. 3:5; Am. 9:6; Ap.1:9
Marca (Ap.13:16,17)	a) Aliança de adoração que os ímpios farão a favor do Adversário e do sistema papal; b) característica espiritual que segrega os que adoram ao papado, Adversário (Satanás); c) decreto dominical, isto é, obrigatoriedade da humanidade para santificar o domingo; d) imposição de instrumento de adoração maligna, pelo Estado, inicialmente nos Estados Unidos, em seguida os países do mundo adotarão as mesmas regras.	Ap. 13:13-17; 14:11; 16:2; 19:20; Êx. 31:13, 16, 17; Ez. 9:1-6; Is. 44:13; Os. 2:2; At. 28:11
Marca (Ap. 16:2)	a) Aliança de adoração que os ímpios farão a favor do Adversário e do sistema papal; b) característica espiritual que segrega os que adoram ao papado, Adversário (Satanás); c) decreto dominical, isto é, obrigatoriedade da humanidade para santificar este dia; d) imposição de instrumento de adoração maligna, pelo Estado, inicialmente nos EUA, em seguida os países do mundo adotarão as mesmas regras.	Ap. 13:13-17; 14:11; 16:2; 19:20; Êx. 31:13,16,17; Ez. 9:1-6; Is. 44:13; Os. 2:2; At. 28:11; história

Marca (Ap. 20:4)	a) Aliança de adoração que os ímpios farão a favor do Adversário e do sistema papal; b) característica espiritual que segrega os que adoram ao papado, Adversário (Satanás); c) decreto dominical, isto é, obrigatoriedade da humanidade para santificar este dia; d) imposição de instrumento de adoração maligna, pelo Estado, inicialmente nos EUA, em seguida os países do mundo adotarão as mesmas regras.	Ap. 13:13-17; 14:11; 16:2; 19:20; Êx. 31:13,16,17; Ez. 9:1-6; Is. 44:13; Os. 2:2; At. 28:11
Marca (Ap.19:20)	a) Aliança de adoração que os ímpios farão a favor do Adversário e do sistema papal; b) característica espiritual que segrega os que adoram ao papado, Adversário (Satanás); c) decreto dominical, isto é, obrigatoriedade da humanidade para santificar este dia; d) imposição de instrumento de adoração maligna, pelo Estado, inicialmente nos Estados Unidos, em seguida os países do mundo adotarão as mesmas regras.	Ap. 13:13-17; 14:11; 16:2; 19:20; Êx. 31:13,16,17; Ez. 9:1-6; Is. 44:13; Os. 2:2; At. 28:11
Mar de vidro (Ap. 4:6)	a) Literalidade do texto, "como que mar de vidro"; b) reino dos céus; c) alusão ao mar de fundição, dessa forma representa: purificação, justificação.	Ap. 4:6; 15:2-4; I Rs. 7:23; Êx. 30:17-21; 33:8
Mar de vidro (Ap.15:2)	a) Literalidade do texto, "como que mar de vidro"; b) reino dos céus; c) alusão ao mar de fundição, dessa forma representa: purificação, justificação.	Ap. 4:6; 15:2-4; I Rs. 7:23; Êx. 30:17-21; 33:8
Marca na fronte (Ap.14:9)	a) Por falta de sensibilidade à voz do Espírito Santo, grande amostra da população será enganada, isto é, obedecerá de forma racional ao estratagema do Maligno; b) tomada de decisão em favor dos princípios do sistema papal; c) obediência de forma consciente ao decreto da santificação do domingo; d) aliança de adoração que os ímpios farão a favor do Adversário e do sistema papal.	Ap. 7:3; 13:14-17; 14:1; 16:2; 22:4; Êx. 20:8-12; 31:13, 16, 17; Ez. 3:7; 9:1-6; Rm. 4:11; Dn. 7:25; Ez. 9:1-6, 20:20; Is.44:13

DICIONÁRIO DANIEL E APOCALIPSE

Marca na testa (Ap.14:9) — a) Por falta de sensibilidade à voz do Espírito Santo, grande amostra da população será enganada, isto é, obedecerá de forma racional ao estratagema do Maligno; b) tomada de decisão em favor dos princípios do sistema papal; c) obediência de forma consciente ao decreto da santificação do domingo; d) aliança de adoração que os ímpios farão à favor do Adversário e do sistema papal.
Ap. 7:3; 13; 14:1; 16:2; 22:4; Êx. 20:8-12; 31:13, 16, 17; Ez. 3:7; 9:1-6; Rm. 4:11; Dn. 7:25; Ez. 9:1-6, 20:20; Is. 44:13

Marradas para o Ocidente, e para o norte, e para o sul (Dn. 8:4) — Império oriental Medo-Persa conquistou territórios do ocidente, norte e sul.
Dn. 1:21; 2:39; 7:5; 8:3,4; 11:1,2; história

Matassem uns aos outros (Ap. 6:4) — Guerra civil.
Ap. 6:4; II Rs. 3:23; história

Mede (Ap. 11:1) — a) Repreensão, destruição do povo pelos seus inimigos; b) juízo; c) caos.
II Rs. 21:13; Is. 28:17; 34:11; 65:7; Ap.11;1,2

Meia hora (Ap. 8:1) — Equivale a sete dias. Esse é o tempo que os salvos percorrerão da terra até a morada do Altíssimo. O céu ficará vazio nessa ocasião. Todos os anjos realizarão o acolhimento, atuando como guias turísticos.
Ap. 8:1; Mt. 25:31; Ez. 4:6,7; Nm. 14:34

1 dia -------24 horas-------360 dias (um ano)

1 hora -----60 minutos-----15 dias

28 minutos ----x

X = 7 dias.

Primeiramente, calculamos horas e depois minutos. Cerca de meia hora (28 minutos).

Mel (Ap. 10:9, 10) — a) Mensagem profética de advertência, a qual é agradável e saborosa para os mensageiros fiéis, entretanto para os ouvintes ecoa como falsas palavras; b) grupos de pessoas que no século XIX estudaram com afinco as profecias de Daniel relacionadas ao tempo do fim, em seguida disseminaram esse conhecimento.
Ez. 3:2,3,17; Sl. 119:103, história

Melhores tropas (Dn. 11:15)	Israel.	Dn. 11:15; história
Mene (Dn. 5:25)	Contou o Todo-Poderoso o teu reino e deu cabo dele.	(Dn. 5:26)
Mercadores (Ap. 18:3, 11, 23)	a) Bancários; b) empresários; c) comerciantes; d) líderes religiosos.	I Rs. 10:15; 10:28; Gn. 23:16; Ez. 27:13-27
Meretriz (Ap.19:2)	Igreja-mãe (igreja de Roma).	Ap.14:4;17:1,5; Ez 16:2, 15, 59; Dn. 7:8; Os. 2:5; 3:1; Ez. 23:2-21; história
Meretriz (Ap. 17:1,15,16)	a) Cidade que domina os reis da terra; b) país do Vaticano, localizado em Roma; c) principal movimento religioso enganoso; d) ensino apostatado que prostituiu outras denominações; e) idolatria promovida pelo sistema da igreja de Roma, a liderança dessa igreja foi responsável pela matança de milhares dos santos.	Ap. 17:1-7, 18; Os.2:5; 3:1; Ez. 16:16 -34; 23: 2-21; Jr. 3:1-3, 6-10; 6:2; Mq. 1:7; II Co. 11:2; Ef.5:22; história
Meretrizes (Ap. 17:5)	a) Religiões; b) igrejas apostatadas; c) adúlteras, que seguem direta e indiretamente a "igreja-mãe", igreja de Roma.	Ap. 17:5; Os. 4:11-14; Ez. 16:16 -34; 23: 2-21; Jr. 3:1-3, 6-10; 6:2; Mq. 1:7; II Co. 11:2; Ef. 5:22; história
Metade da semana (Dn. 9:27)	Depois de três anos e meio do início de seu ministério público, o Messias morre na cruz. Seu ministério começou no ano 27 d.C. aos trinta anos.	Ne.1:1-9; Ed. 4:7-23; 7; Dn. 8:14; 9:24-27; Ez. 4:6,7; Nm. 14:34; Lc. 3:1, 21,23; 23:46
Miguel (Ap.12:7)	Messias.	Ap.12:7; Dn.10:13,21; 12:1
Miguel (Dn.12:1)	Messias, Salvador do mundo.	Jd. 9; Ap. 12:7; Dn. 8:11, 25; 9:25 10:13, 21; 11:22; 12:1; Is. 9:6; Ez. 46, 47; At. 3:15; 5:31; Hb. 2:10

Miguel, o príncipe de vocês (Dn.10:21)	Messias, Salvador do mundo.	Jd. 9; Ap. 12:7; Dn. 8:11, 25; 9:25; 10:13, 21; 11:22; 12:1; Is. 9:6; Ez. 46, 47; At. 3:15; 5:31; Hb. 2:10
Miguel, um dos primeiros príncipes (Dn.10:21)	Messias, Salvador do mundo.	Jd. 9; Ap. 12:7; Dn. 8:11, 25; 9:25 10:13, 21; 11:22; 12:1; Is. 9:6; Ez. 46, 47; At. 3:15; 5:31; Hb. 2:10
Mil anos (Ap. 20:2, 3, 4, 5, 6, 7)	Corresponde ao milênio, período em que o Adversário (Satanás) ficará na terra sozinho, com seus demônios, isto é, sem ninguém para tentar, pois os salvos estarão no céu e todos os ímpios estarão mortos. Após esse período, os ímpios juntamente com o Adversário (Satanás) serão aniquilados.	Ap. 20:1-10; 21:8; Ez. 18:20; II Pd. 3:7
Mil duzentos e noventa dias (Dn.12:11)	a) Data passada, contida dentro dos mil duzentos e sessenta anos; b) alguns pesquisadores afirmam que são dias literais, isto é, os mil duzentos e noventa dias terão como data inicial a imposição do decreto dominical, no final desse período ocorrerá a ressurreição especial, alguns justos e os que traspassaram o Messias na cruz.	Dn.12:1,2,11; Ap. 1:7; 13:11-18; Mt. 24:15; Jo. 19:37; Sl. 22:16; Zc.12:10
Mil duzentos e sessenta dias (Ap.11:3)	Período equivalente a 1.260 anos, isto é, de 538-1798 d.C.	Ez. 4:6,7; Nm. 14:34; Dn.7:25; história
Mil duzentos e sessenta dias (Ap.12:6)	Período equivalente a 1.260 anos, isto é, de 538-1798 d.C.	Ez. 4:6,7; Nm. 14:34; Dn. 7:25; história
Mil e seiscentos estádios (Ap. 14:20)	Cerca de trezentos quilômetros, ou seja, alusão à grande mortandade dos ímpios no dia do juízo.	Ap. 14:18-20; 20:7,8; 22:14,15

Mil trezentos e trinta e cinco dias (Dn.12:12)	a) Data passada, contida dentro dos mil duzentos e sessenta anos; b) alguns pesquisadores afirmam que são dias literais, assim os mil trezentos e trinta e cinco dias terão como data inicial a imposição do decreto dominical, no final desse período (1335) ocorrerá o anúncio do dia da volta do Messias e o aparecimento da arca da aliança no céu. Nesse tempo, a porta da graça já estará fechada e somente os salvos entenderão o anúncio desta data.	Dn. 12:1, 6,7, 10-12; Ap. 10:5-7; 11:19
Milhões de milhões (Dn.7:10)	Quantitativo expressivo de anjos.	Hb. 12:22; Ap. 5:11; Jd. 14
Mistério (Ap.17:5)	Atuação por meio do ocultismo, sociedades secretas. Exercendo assim por séculos o monopólio, liderança de Estado e do sistema religioso, de forma secreta.	Ap.17:5; Cl. 1:26
Mistério de Deus (Ap. 10:7)	Ciência da data e hora do retorno do Salvador.	Ap. 10:6,7;11:19; Cl. 1:26, 27; Am. 3:7
Montado no cavalo (Ap. 19: 19)	a) Fiel e Verdadeiro; b) Verbo do Criador; c) Messias.	Ap.6:2; 19:11-13; Jo.1:1-4,10, 14; Sl. 45:2-5
Montanha (Ap. 8:8)	a) Nações, nação; b) grande reino.	Ez. 35:2,7,8; Js. 24:4; Jr. 51:24, 25; Am. 4:3; Is.2:2-3; 11:9, 13:4, 41:15; Dn. 2:35, 44, 45
Montanha, e encheu toda a terra (Dn. 2:35)	a) Reino dos céus que será estabelecido em toda a terra após o milênio; b) cidade santa transportada para a terra; c) morada do Altíssimo.	Sl. 15:1; 24:3; Is. 11:6-9; 57:13; 65:25; Ez. 28:14, 16; Ap. 14:1; 21:2,10
Monte Sião (Ap.14:1)	a) Cidade do Grande Rei; b) reino celestial; c) habitação do Soberano.	Sl. 48:2; 74:2; Mq. 4:7

DICIONÁRIO DANIEL E APOCALIPSE

Monte santo (Dn. 11:45) — Cidade de Jerusalém.

Dn. 8:9; 9:16; Jl. 3:17; Zc. 8:3; Sl. 48: 1, 2; 87:3; I Rs. 11:13; II Rs. 23:27; Is. 52:1; Zc. 8:3; Mt. 5:35; Ap. 21: 2, 10

Montes e ilhas foram removidos (Ap. 6:14) — Evento literal que ocorrerá com o retorno do Messias.

Dn. 2:34, 35; II Pd. 3:10

Morto à espada (Ap.13:10) — a) Prisão do papa Pio VI pelo general francês Berthier; b) atentado contra o papa João Paulo II.

Rm. 13:1-4; Mt. 26:52; história

Morto o Ungido (Dn. 9:25, 26) — Morte do Messias.

Dn. 9:25-27; Nm. 35:25; I Sm. 2:10; Sl.92:10; Mt. 3:16, 27:50; Lc. 4:18; 23:33; At. 4:26

Mudar os tempos e as leis (Dn.7:25) — O sistema papal alterou o calendário, datas religiosas, como a Páscoa e adulterou alguns mandamentos, exemplos: adoração de imagens e mudança no catecismo da obediência do sábado para o domingo.

Dn.7:25; história

Mulher (Ap. 9:8) — a) Igrejas apostatadas; b) sistema religioso corrompido.

Ap.17:1,4,5; Os. 2:2-5; 3:1; Ez. 23:2-21; Jr. 6:2; II Co. 11:2; Ef. 5:22; Dn. 11:37

Mulher (Ap. 12:1, 6, 13, 14, 15, 16, 17) — a) Representa o povo do Altíssimo; b) igreja pura, verdadeira.

Ap. 12:1; Ef. 5:22-27; Is. 54:1,5,6; II Co. 11:2; Ct. 6:10; Êx.1:15-22

Mulher (Ap. 17:2) — a) Cidade que domina os reis da terra; b) país do Vaticano, localizado em Roma; c) principal movimento religioso enganoso; d) ensino apostatado que prostituiu outras denominações; e) idolatria promovida pelo sistema da igreja de Roma, a liderança dessa igreja foi responsável pela matança de milhares dos santos.

Ap. 17:1-7, 18; Os. 2:5; 3:1; Ez. 16:16 -34; 23: 2-21; Jr. 3:1-3, 6-10; 6:2; Mq. 1:7; II Co. 11:2; Ef. 5:22; história

Mulheres (Dn. 11:37)	Igrejas.	Os. 2:2-5; 3:1; Ez. 23:2-21; Jr. 6:2; II Co. 11:2; Ef. 5:22
Mulheres (Ap. 14:4)	a) Sistema religioso corrompido; b) igrejas falsas.	Ap.17:1,4,5; Os.2:2 - 5; 3:1; Ez.23: 2-21; Jr.6:2; II Co. 11:2; Ef. 5:22; Dn. 11:37
Multidão (Ap.19:1,6)	Quantitativo dos salvos.	Ap.7:9

DANIEL E APOCALIPSE: LETRA N

Não conservará a força do seu braço (Dn. 11:6)	Quando o rei do Sul, Ptolomeu II, morreu, o rei do Norte, Antioco II, separou de Berenice e retornou para a sua ex-esposa Laodice.	Dn. 11:6; história
Não contaminaram suas vestiduras (Ap.3:4)	a) Apresentam uma vida de justiça, pureza e santidade; b) estado de justiça, pureza e santidade de poucas pessoas da igreja de Sardes não foram contaminados.	Ap. 3:4,5; 7:9; 19:8; Sl. 51:7; Is. 1:18; Lv. 16:32
Navio (Ap. 18:17,19)	a) Economia; b) sustento.	Pv. 31:10,14; Ez.27:3
Navios de Quitim (Dn. 11:30)	Os mulçumanos alugaram navios de guerra gregos. Quitim significa "do Ocidente". Dessa forma, conseguiram expressiva vitória contra os cristãos.	Dn. 11:30; história
Negociantes (Ap. 18:3, 11, 23)	a) Bancários; b) empresários; c) comerciantes; d) líderes religiosos.	I Rs. 10:15; 10:28; Gn. 23:16; Ez. 27:13-27
Nem mesmo olhar para ele (Ap. 5:3)	a) Denota grande autoridade deste livro; b) elevado grau de santidade do livro.	Êx. 3:6; I Sm. 6:19
Noiva (Ap.18:23)	Povo fiel, remanescentes.	Ap. 21:2,9; Mt. 25:1-13; Mc. 2:18-20; Is. 62:1,5; Jr. 25:10

DICIONÁRIO DANIEL E APOCALIPSE

Noiva (Ap. 19:7)	Povo fiel, remanescentes.	Ap.19:7; 21:2,9; Mt. 25:1-13; Mc. 2:18-20; Is. 62:1,5; Jr. 25:10; Ef. 5:22-28
Noiva (Ap. 21:9)	Povo fiel, remanescentes.	Ap.19:7,8; 21:2,9; Mt. 25:1-13; Mc. 2:18-20; Is. 62:1,5; Jr. 25:10
Noivo (Ap.18:23)	Soberano do universo, Criador do céu e da terra.	Ap. 21:2,9; Mt. 25:1-13; Mc. 2:18-20; Is. 62:1,5; Jr. 25:10
Nome (Ap.14:1)	a) Vitória; b) benção, identidade.	Ap. 3:12; Nm. 6:27; Dt. 28:10
Nome (Ap.14:11)	Caráter, identidade semelhante ao sistema papal.	Ap.13:17; Gn.11:4; 38:29;41:15,51,52
Nome da besta (Ap.13:17)	Caráter, identidade semelhante ao sistema papal.	Gn.11:4; 38:29; 41:15, 51, 52
Nome de que vives e estás morto (Ap. 3:1)	Segundo o dicionário, a palavra "Sardes" significa "os que escapam ou os que saem". Mas a maioria da irmandade estava presa nas obras da carne. Por isso seu nome não condiz com seu verdadeiro estado espiritual.	Ap. 3:1,2,4
Nome (Ap. 22:4)	a) Vitória; b) benção; c) identidade.	Ap. 3:12; Nm. 6:27; Dt. 28:10
Nomes de blasfêmia (Ap.13:1)	a) Pontífice máximo, Vossa santidade, Vigário de Cristo; b) se titular como o Altíssimo; c) perdoar pecados; d) insensibilidade e resistência à voz do Espírito Santo; e) mentira e engano.	Mc. 14:61-64; Mt. 12:31; 26:61-65; Jo. 10:33; Lc. 5:20,21; Ap. 2:9; Ez. 35:12;
Nomes de blasfêmia (Ap. 17:3)	a) Pontífice máximo, Vossa santidade, Vigário de Cristo; b) se titular como o Altíssimo; c) perdoar pecados; d) insensibilidade e resistência à voz do Espírito Santo; e) mentira e engano.	Ap. 2:9; Mc. 14:61-64; Mt. 12:31; 26:61-65; Jo. 10:33; Lc. 5:20,21; Ez. 35:12; história

Nicolaítas (Ap. 2:6,15)	a) Provavelmente se refere ao grupo herético existente em Éfeso, eles consideravam que não havia necessidade de mortificar os desejos carnais, contradizendo assim a lei do Criador; b) eram idólatras e falsos mestres; c) exerciam artes mágicas.	Ap. 2:1- 6, 14, 15; história
Noiva (Ap. 22:17)	Povo fiel, remanescentes.	Ap. 21:2,9; Mt. 25:1-13; Mc. 2:18-20; Is. 62:1,5; Jr.25:10
Novilho (Ap.4:7)	a) Expiação pelo pecado; b) atributo do Messias.	Lv. 8:2,14; Jo. 1:29,36
Nu (Ap. 16:15)	Ato pecaminoso.	Ap. 3:18; Gn. 3:7-11; Ef. 6:11-18
Nudez (Ap. 3:18)	a) Ato pecaminoso; b) ausência de revestimento do Salvador.	Gn. 3:7-11; Ef. 6:11-18
Número do seu nome (seiscentos e sessenta e seis) (Ap.15:2)	a) Adoração à imagem da besta, ou seja, reverência aos decretos papais; b) adoração ao sistema papal, que tem um grande alcance no controle da economia mundial; c) adoração aos prazeres ou riquezas materiais, em detrimento das leis do Altíssimo.	I Rs. 10:14; Nm.7:88; Dn. 3:1; Ap.13:14-18
Nuvem (Ap. 10:1)	a) Majestade; b) benevolência; c) beneficência.	Êx. 24:16; 40:34; I Rs. 8:11; Os. 6:4; Pv. 16:15

DANIEL E APOCALIPSE: LETRA O

O invasor (Dn. 11:16)	Império romano.	Dn. 11:16; história
Olhos (Ap. 4:6)	a) Visão sobre todos os acontecimentos; b) discernimento de todos os atos realizados.	Ap. 3:1; 4:5; 5:6; Êx.15:26; Lv. 10:19; Sl. 11:4; 66:7

DICIONÁRIO DANIEL E APOCALIPSE

Olhos como os de homem (Dn. 7:8)	a) Alusão à visão pecaminosa; b) olhos para praticar a injustiça.	Dn.7:8; Jó 4:17; 15:14; Pv. 21:29
Olhos como tochas de fogo (Dn.10:6)	a) Fogo consumidor; b) visão sobre todos os acontecimentos; c) discernimento de todos os atos realizados.	Jó 15:30; Dn. 3:22; 10:6; Jl. 2:5; Ap. 3:1; 4:5; 5:6; Êx.15:26; Lv. 10:19
Olhos como chama de fogo (Ap. 2:18)	a) Visão sobre todos os acontecimentos; b) discernimento de todos os atos realizados.	Dn. 10:6; Ap. 3:1; 4:5; 5:6; Êx.15:26; Lv. 10:19
Olhos como chama de fogo (Ap. 19:12)	a) Fogo consumidor; b) visão sobre todos os acontecimentos; c) discernimento de todos os atos realizados.	Jó 15:30; Dn. 3:22; Jl. 2:5; Dn. 10:6; Ap. 3:1; 4:5; 5:6; Êx.15:26; Lv. 10:19
Ouro, de pedras preciosas e de pérolas (Ap. 17:4)	Riqueza material da igreja de Roma.	Ap. 17:4; história
Olhos eram como chama de fogo (Ap. 1:14)	a) Fogo consumidor; b) visão sobre todos os acontecimentos; c) discernimento de todos os atos realizados.	Ap. 4:5; Jó 15:30; Dn. 3:22;10:6; Jl. 2:5; Êx.15:26; Lv. 10:19
Ouro refinado (Ap. 3:18)	a) Fé; b) sabedoria.	I Pd. 1:7; Jó 31:24; Pv. 7:19; Tg. 2:5; Gl. 5:6
Outro pequeno (Dn. 7:8)	a) Papado; b) sistema papal, início de sua supremacia foi no ano 538 d.C.	Dn.7:8, 24, 25; 8:10-12, 23; II Ts. 2:3-9; Ap. 13:1-10; história

DANIEL E APOCALIPSE: LETRA P

Palmas nas mãos (Ap. 7: 9)	a) Alegria; b) vitória; c) paz.	Jo. 12:13, 14; Lv. 23:40

Pano saco (Ap. 11:3)	a) Luto, pranto; b) grande lamento.	Is.22: 12; 58:5; Lm. 2:10
Paraíso de Deus (Ap. 2:7)	Cidade do Soberano do universo.	Ap. 21:21,23;22:14,19; Lc. 24:23; II Co.12:4
Parsim (Dn. 5:25)	Dividido foi o teu reino e dado aos medos e aos persas.	(Dn. 5:28)
Pé (Ap. 7:1,9)	a) Domínio; b) indicativo de guerra.	Dt.11:24; Js. 1:3-5; 4:13; II Sm. 10:6; Is.31:4
Pé (Ap. 8:2)	a) Guerra, convocação; b) domínio.	Js. 1:3-5; 4:13; I Sm.15:4; II Sm. 10:6
Pé (Ap. 10:2)	Domínio global.	Ap.10:2; Dt.11:24; Js. 1:3 – 5
Pé (Ap. 12:17)	a) Domínio; b) guerra.	Ap.12:17; I Sm.15:4; 17:8, 51; II Sm. 10:6
Pé (Ap. 14:1)	Vitória.	Ap.14:1; Js. 1:3 – 5; Sl.48:2; 74:2
Pedra (Dn. 2:34)	Segundo retorno do Salvador à terra.	Dn. 2:44,45; II Pd. 3:10-12; I Co. 10: 4; Ef. 2:20; Is.28:16
Pedra branca (Ap. 2:17)	a) Memorial; b) eternidade; c) pureza; d) justificação.	Êx. 28:9-12; Ap. 7:9; 19:8; Sl. 51:7; Is. 16:19
Pedra de moinho (Ap. 18:21)	Alusão à destruição da Babilônia simbólica.	Ap. 18:21; Mc. 9:42; Jz.9:53;
Pedra de moinho (Ap. 18:22)	Comercialização.	Dt. 24:6; Êx.11:5; Jr. 25:10,11
Pedrinha branca (Ap. 2:17)	a) Memorial; b) eternidade; c) pureza; d) justificação.	Êx. 28: 9-12; Ap. 7:9; 19:8; Sl. 51:7; Is. 16:19

DICIONÁRIO DANIEL E APOCALIPSE

Peito e os braços, de prata (Dn. 2:2)	Reino Medo-Persa	Dn. 2:39; 5:28; história
Pequeno (Dn.7:8)	a) Reino; b) rei; c) sistema papal. Início de sua supremacia foi no ano 538 d.C.	Dn. 2:41-43; 7:8,24,25; 8:10-12, 20-23; II Ts. 2:3-9; Dt. 33:17; I Rs. 22:11; II Cr.18:10; Sl. 22:21; Mq. 4:13; Zc.1:19,21; Ap. 13:1-10; história
Pérgamo (Ap. 2:12)	a) Sinagoga que existia no tempo de João, localizada em Pérgamo. A carta de Apocalipse foi destinada às sete igrejas; b) alguns estudiosos afirmam que Pérgamo representa também a igreja remanescente no período de 313-538 d.C. Portanto, o texto narra características literais da sinagoga local e escatológica no período mencionado: 313 d.C. (Edito de tolerância de Milão) a 538 d.C. (início da supremacia papal).	Ap. 1:11; 2:12-17; At. 20:29; história
Pernas de ferro (Dn. 2:33)	Império de Roma.	Dn. 2:40; 7:17; história
Pés brilhavam como o bronze polido (Dn. 10:6)	a) Destruição completa dos ímpios; b) força; c) resistência; d) dureza.	Ml. 4:1; Hc. 10:27; Dt. 9:3; 28:23; 33:27; Ap.1:15,18; Ez. 1:7; II Sm. 22:35; Lv. 26:19; I Rs. 4:13
Pés e os dedos eram em parte de barro e em parte ferro (Dn. 2:41)	a) Igreja e Estado; b) este reino embora unido não consegue ter uma estabilidade duradoura; c) eles são imiscíveis, o ferro (estado) é a parte do reino que executa as ordens; c) é um reino duro e que age com perversidade contra os remanescentes.	Dn. 2:41,42,44; 7:7; Jr. 18:6; Lv. 16:19; Dt. 4:20; Is. 48:4
Pés eram como bronze (Ap. 1:15)	a) Destruição completa dos ímpios; b) força; c) resistência; d) dureza.	Ml. 4:1; Hb. 10:27; Dt. 9:3; Dn.10:6; Ez. 1:7; II Sm. 22:35; Lv. 26:19; I Rs. 4:13; Dt. 28:23; 33:27

Pés semelhantes ao bronze polido (Ap. 1:15)	a) Destruição completa dos ímpios; b) força; c) resistência; d) dureza.	Ml. 4:1; Hb. 10:27; Dt. 9:3; Dn.10:6; Ez. 1:7; II Sm. 22:35; Lv. 26:19; I Rs. 4:13; Dt. 28:23; 33:27
Pés semelhantes ao bronze polido (Ap. 2:18)	a) Destruição completa dos ímpios; b) força; c) resistência; d) dureza.	Ml. 4:1; Hb. 10:27; Dt. 9:3; 28:23; 33:27; Dn.10:6; Ez. 1:7; II Sm. 22:35; Lv. 26:19; I Rs. 4:13
Pisa o lagar do vinho (Ap. 19:15)	a) Destruição das nações, dos ímpios; b) execução de vingança pelo Todo-Poderoso.	Is. 63:1-5; Lm.1:15; Jl. 3:13
Pisarão a cidade santa (Ap. 11:2)	a) Domínio sobre os fiéis; b) destruição dos seguidores do Cordeiro, mais de 150 milhões foram mortos no período de 538 a 1798 d.c. O principal algoz pelo martírio foi o sistema papal.	Sl. 91:13; Lc. 10:19; Dn. 8:10-13; 7:21,23,25; Jo. 16:2; II Ts. 2:3-10; história
Pó sobre a cabeça (Ap. 18:19)	Luto, amargura.	Ez. 27:30,31; Jó 2:12
Poço do abismo (Ap. 9:1)	a) Destruição; b) morte; c) perdição; d) abismo.	Ap. 9:1; Jó 26:6; Sl. 36:6; 55:23; 88:11; Rm.10:7
Poder do povo santo for finalmente quebrado (Dn.12:7)	Outra versão relata "e quando tiverem acabado de espalhar o poder do povo santo, todas estas coisas se cumprirão". Ou seja, quando o evangelho puro for disseminado juntamente com o poder do Espírito Santo ao mundo, os acontecimentos finais e o selamento dos justos ocorrerão.	Ap. 9:4,20,21; 16:9,11; 20:1-15; 22:11; Dn.12:1,7; Gn. 7:16; bíblia israelita com estudo judaicos
Por uma parte, o reino será forte e, por outra, será frágil (Dn. 2:42)	Estado e igreja não conseguem formar uma união ou "casamento" com estabilidade, são imiscíveis. Em diferentes momentos na história, Roma papal se une com o Estado, o planejamento é realizado em especial pelo poder religioso, o Estado executa as ordens.	Dn. 2:41-44; Jr. 18:6; Ap. 13

DICIONÁRIO DANIEL E APOCALIPSE

Porta aberta (Ap. 3:8)	a) Benevolência; b) favor do Eterno; c) concessão para entrar no céu; d) oportunidade.	Ct. 5:2; Mt. 7:7; 25:10, 11; Lc. 13:21; Jo. 10:9; I Co. 16:9; Ap. 4:1
Porta aberta (Ap. 4:1)	a) Benevolência; b) favor do Eterno; c) concessão para entrar no céu; d) oportunidade.	Ap. 4:1; Ct. 5:2; Mt. 7:7; 25:10, 11; Lc. 13:21; Jo.10:9; I Co. 16:9;
Posto em pé (Ap. 20:12)	Alusão ao julgamento, juízo final.	Ap. 20:12,13
Povo (Dn. 9: 26)	Exército romano.	Mt. 24: 2,15; Lc. 21:5,6,20; história
Povo escolhido (Dn. 11:15)	Israel.	Dn. 11:15; história
Prata (Dn. 2:32)	Média e Pérsia.	Dn. 2: 39; 8:20
Práticas repugnantes (Ap. 17:5)	a) Idolatria; b) falsa adoração; c) adoração ao sol, a imagens de esculturas.	Ez. 8:6, 9-16; Dt. 20:18; Jr. 13:27
Presos com ferro e bronze (Dn. 4:15)	Reino de Nabucodonosor seria devolvido a ele, quando reconhecesse que o céu é que domina.	Dn. 4:26
Primeira besta (Ap.13:12)	Papado ou sistema papal. Ver o significado de besta (Ap.13:1).	Ap.13:1-10; Dn. 7:16,17,23; Gn.3:14; história
"Primeira praga" (Ap.16:2)	Atinge com úlceras a um quantitativo significativo dos habitantes da terra, os quais adoram ao sistema papal e reverenciam o domingo, como dia especial. As sete pragas têm duração de um ano.	Ap. 13:13-17; 14:11; 16:2; 18:8; 19:20
Primeiro e último (Ap. 2:8)	O Salvador é o Princípio e o Fim, sempre existiu e para sempre permanecerá.	Ap. 2:8; 21:5,6; 22:6; história

"Primeiro selo" (Ap. 6:1)	Este é um período que caracteriza a pureza espiritual dos fiéis. Estes têm como seu comandante o Messias. Tal selo inicia-se, provavelmente, com a ascensão do Salvador e transcende o tempo e espaço.	Ap. 6:1,2; 7:9; 9:9; 19:8; Is.1:18; 63:11-13; Zc.10:3; Jr. 8:6; Sl. 51:7; Mt. 28:3; história
"Primeira" trombeta (Ap. 8:7)	Eventos trágicos que atingem o povo da aliança, guardiões das escrituras.	Ap. 8:7; 9:4; Jó 5:25; Ez. 15:6; I Co. 14:8; Js. 6:3-6, 16,20,24
Primogênito dos mortos (Ap. 1:5)	Messias, o principal, e mais importante. Pela sua morte e ressurreição, a humanidade herdou o direito da vida eterna.	Ap. 1:15; Cl.1:15-20
Príncipe (Dn. 9:25)	Messias, Salvador do mundo.	Dn. 8:11, 25; 9:25 10:21; 11:22; 12:1; Is. 9:6; Ez. 46, 47; At. 3:15; 5:31; Hb. 2:10; Ap.1:5
Príncipe (Dn. 9:26)	General do exército romano: Tito, que liderou a destruição de Jerusalém no ano 70 d.C.	Dn. 9:26; Mt. 24:15; Lc. 21:5,6,20; história
Príncipe (Dn. 11:18)	Cassius Longinus.	Dn. 11:18; história
Príncipe da aliança (Dn. 11:22)	Refere-se ao Messias, cuja função sacerdotal de mediação foi usurpada pelo sistema papal. Dessa forma, o sistema papal perdoava pecados como condenava pessoas ao inferno, além de instituir heresias eclesiásticas.	Dn. 8:11; 10:21; 12:1; At. 3:15, 5:31; Ap. 1:5
Principe do exército (Dn. 8:11)	Messias, Salvador do mundo.	Dn. 8:11, 25; 9:25 10:21; 11:22; 12:1; Is. 9:6; At. 3:15; 5:31; Hb. 2:10; Ap.1:5
Príncipe do reino da Pérsia (Dn. 10:13)	Adversário (Satanás).	Jo. 12:31; 14:30; 16:11; 17:15; Mc. 3:22; Lc. 11:15

DICIONÁRIO DANIEL E APOCALIPSE

Príncipe dos príncipes (Dn.8:25) Messias, Salvador do mundo. — Dn. 8:11, 25; 9:25 10:21; 11:22; 12:1; Is. 9:6; At. 3:15; 5:31; Hb. 2:10; Ap.1:5

Príncipes (Dn. 11:5) Nicanor, 312-212 a.C., que acabou se tornando "rei do Norte", território da Grécia. — Dn. 11:5; história

Princípio da criação (Ap. 3:14) Messias, o Salvador. — Jo. 1:1, 14

Prisão (Ap. 20:2,5,7) Alusão ao período em que o Adversário (Satanás) ficará na terra sozinho, com seus demônios, isto é, sem ninguém para tentar, pois os salvos estarão no céu e todos os ímpios estarão mortos. É uma prisão, tortura psicológica por mil anos. — Ap. 20:1-8

Profanar a fortaleza e o templo (Dn. 11:31) O sistema papal usurpou a função mediadora do Messias. — Dn. 11:31; II Ts. 2:3, 4; história

Profanarão o santuário (Dn. 11:31) O sistema papal usurpou a função sacerdotal, mediadora do Messias. — Dn. 11:31; II Ts. 2:3, 4; história

Prostituição (Ap. 2:20, 21) a) Falsa adoração; b) adoração a deuses, reverencia a imagens de esculturas, pedras, árvores, entre outras divindades pagãs; c) adoração a deuses por meio dos sacrifícios de pessoas. — Ap. 2:14; 14:8; Jr. 3:1-3, 6-10; Ez. 16:16 -34; Mq. 1:7

Prostituição (Ap. 9:21) a) Falsa adoração; b) adoração a deuses, reverencia a imagens de esculturas, pedras, árvores, entre outras divindades pagãs. — Ap. 2:14;14:8; Jr. 3:1-3, 6-10; Ez. 16:16 -34; Mq. 1:7.

Prostituição (Ap.14:8) a) Falsa adoração; b) adoração a deuses, reverência a imagens de esculturas, pedras, árvores, entre outras divindades pagãs; c) adoração a deuses por meio dos sacrifícios de pessoas. — Ap. 2:14;14:8; Jr. 3:1-3, 6-10; Ez. 16:16 -34; Mq. 1:7

Prostituição (Ap.17:4) a) Falsa adoração; b) adoração a deuses, reverencia a imagens de esculturas, pedras, árvores, entre outras divindades pagãs; c) adoração a deuses por meio dos sacrifícios de pessoas. — Ap. 2:14;14:8; Jr. 3:1-3, 6-10; Ez. 16:16 -34; Mq. 1:7

Prostituição (Ap.18:3)	a) Falsa adoração; b) adoração a deuses, reverencia a imagens de esculturas, pedras, árvores, entre outras divindades pagãs; c) adoração a deuses por meio dos sacrifícios de pessoas.	Ap. 2:14;14:8; Jr. 3:1-3,6-10; Ez. 16:16-34; Mq. 1:7
Prostituição (Ap.19:2)	a) Falsa adoração; b) adoração a deuses, reverencia a imagens de esculturas, pedras, árvores, entre outras divindades pagãs; c) adoração a deuses por meio dos sacrifícios de pessoas.	Ap. 2:14;14:8; Jr. 3:1-3,6-10; Ez. 16:16 -34; Mq. 1:7
Prostituíram os reis da terra (Ap.17:2)	a) Idolatria por meio da adoração a deuses, reverência a imagens de esculturas, pedras, árvores, entre outras divindades pagãs; b) falsa adoração.	Ap. 2:14;14:8; Jr. 3:1-3, 6-10; Ez. 16:2, 15-34,59; Os 2:1; Is. 50:1; Mq. 1:7
Prostituta (Ap.19:2)	Igreja-mãe (igreja de Roma).	Ap.14:4;17:1,5; Ez 16:2, 15, 59; Dn. 7:8; Os. 2:5; 3:1; Ez. 23:2-21; história
Púrpura e de escarlata (Ap. 17:4)	a) Algumas cores das roupas que os cardeais e bispos da igreja de Roma vestem; b) estes cardeais e bispos fazem parte da realeza; c) idolatria; d) riqueza.	I Sm. 1:24; Jr.10:9; Dn. 5:16; Et. 8:15; Mc.15:15; Lm. 4:5; Lc.16:19; história
Púrpura, e de escarlata (Ap. 18:16)	a) Algumas cores das roupas que os cardeais e bispos da igreja de Roma se vestem; b) estes cardeais e bispos fazem parte da realeza; c) idolatria; d) riqueza.	I Sm. 1:24; Jr.10:9; Dn. 5:16; Et. 8:15; Mc.15:15; Lm. 4:5; Lc.16:19; história
Púrpura e vermelho (Ap. 17:4)	a) Algumas cores das roupas que os cardeais e bispos da igreja de Roma se vestem; b) estes cardeais e bispos fazem parte da realeza; c) idolatria; d) riqueza.	I Sm. 1:24; Jr.10:9; Dn. 5:16; Et. 8:15; Mc.15:15; Lm. 4:5; Lc.16:19; história

DANIEL E APOCALIPSE: LETRA Q

Quarenta e dois meses (Ap.11:2)	a) Mil duzentos e sessenta dias, isto é, mil e duzentos e sessenta anos (cada dia equivale a um ano), o mês no calendário judaico tem 30 dias, portanto 42 x 30 = 1260; b) época de grande trevas espirituais e perseguição aos servos do Altíssimo, período de 538 a 1798 d.C. (idade média).	Ez. 4:6,7; Nm. 14:34; Ap.11:3; 12:6; 13:5; Dn.7:25; história

DICIONÁRIO DANIEL E APOCALIPSE

Quarenta e dois meses (Ap.13:5) a) Mil duzentos e sessenta dias, isto é, mil e duzentos e sessenta anos (cada dia equivale a um ano), o mês no calendário judaico tem 30 dias, portanto 42 x 30 = 1260; b) época de grande treva espiritual e perseguição aos servos do Altíssimo, este período foi no ano 538-1798 d.C., Idade Média; c) alguns pesquisadores compreendem que é um período de três anos e meio de reinado do anticristo, ou seja, 42 x 30 = 1260 dias. Esse valor divide por 360, portanto, igual a 3,5 anos. — Ez. 4:6,7; Nm. 14:34; Ap.11:3; 12:6; 13:5; Dn.7:25; história

Quarta parte (Ap. 6:8) Provavelmente, represente um quantitativo significativo de pessoas que foram e são mortas por causa de sua fé. Já ocorreram mais de 150 milhões de mortes. Os sacrifícios e genocídios dos judeus estão agregados nessa conta. — Nm.15:1-5; 23:10; Jo.16:2; Dn.7:21,23,25; 8:11-13; história

"Quarta praga" (Ap.16:8) Atinge o sol, isto é, ele aquecerá e provocará lesões a um quantitativo significativo da população que não adora ao Criador dos céus e da terra. — Ap.16:8,9; Ag. 2:17

"Quarta" trombeta (Ap. 8:12) Eventos que têm como alvos, ataques: o Criador do céu e da terra, o Messias, a manifestação do seu Espírito e os remanescentes fiéis. Dessa forma, percebe-se a ocorrência da apostasia generalizada na terra. — Ap. 8:112; 21:23; 22:5; Sl. 84:11; II Tm. 3:1-5; Jo. 8:12; Hb. 6:4; I Co. 14:8

Quarto rei (Dn. 11:2) Xerxes (Assuero), 486-465 a.C. — Dn. 11:2; história

Quarto selo (Ap. 6:7) Período significativo de grande perseguição e destruição dos que obedecem às escrituras. — Ap. 6:7,8; 13:1-7,15; Dn.7:25; Jo.16:2; história

Quatro ângulos do altar (Ap. 9:13) Alusão ao Juízo. — Ez. 43:20

Quatro animais (Dn. 7:3) a) Reinos; b) reis. — Dn. 7;16, 17,23

Quarto animal (Dn. 7:7) Império romano. — Dn. 7:23; 2:33; história

Quatro asas (Dn. 7:6)	a) Grande rapidez; b) enorme velocidade.	Hc. 1: 6-9
Quatro cabeças (Dn. 7:6)	a) Quatros reinos: Macedônia, Pérgamo, Egito e Síria; b) Dirigentes e governantes.	Dn. 8:8,21,22; 11:4; história
Quatro cantos (Ap. 7:1)	Totalidade da terra.	Is. 11:12; 41:9; Jr. 49:36; Ez.7:2; Ap. 20:8; Jó 1:9
Quatro cantos da terra (Ap. 20:8)	Totalidade da terra.	Is. 11:12; 41:9; Jr. 49:36; Ez.7:2; Ap.20:8; Jó 1:9
Quatro chifres notáveis (Dn. 8:8)	a) Quatro reinos; b) quatro reis; c) império da Grécia foi dividido em quatros reinos após a morte de Alexandre: Macedônia, Pérgamo, Egito e Síria; d) foram quatro generais sucessores de Alexandre: Cassandro, Lisímaco, Ptolomeu e Seleuco; e) poder.	Dn. 7:6; 8:8, 21, 22; 11:4; Dt. 33:17; I Rs. 22:11; II Cr.18:10; Sl. 22:21; Mq. 4:13; Zc.1:19,21; história
Quatro seres viventes (Ap. 4:6, 8,9)	Quatro querubins especiais que servem no trono do Criador do universo.	Ez. 1:5,6,10,15; 10:2-15,20; Ap. 4:6-8; 5:6,8,14; 6:1
Quatro seres viventes (Ap. 5:6,8,14)	Quatro querubins especiais que servem no trono do Criador do universo.	Ez. 1:5,6,10,15; 10:2-15,20; Ap. 4:6-8; 5:6,8,14; 6:1
Quatro seres viventes (Ap.6:1)	Quatro querubins especiais que servem no trono do Criador do universo.	Ez. 1:5,6,10,15; 10:2-15,20; Ap. 4:6-8; 5:6,8,14; 6:1
Quatro seres viventes (Ap. 7:11)	Quatro querubins especiais que servem no trono do Criador do universo.	Ez. 1:5,6,10,15; 10:2-15,20; Ap. 4:6-8; 5:6,8,14; 6:1
Quatro seres viventes (Ap. 14:3)	Quatro querubins especiais que servem no trono do Criador do universo.	Ez. 1:5,6,10,15; 10:2-15,20; Ap. 4:6-8; 5:6,8,14; 6:1

DICIONÁRIO DANIEL E APOCALIPSE

Quatro seres viventes (Ap.15:7)	Quatro querubins especiais que servem no trono do Criador do universo.	Ez. 1:5,6,10,15; 10:2-15,20; Ap. 4:6-8; 5:6,8,14; 6:1
Quatro seres viventes (Ap. 19:4)	Quatro querubins especiais que servem no trono do Criador do universo.	Ez. 1:5,6,10,15; 10:2-15,20; Ap. 4:6-8; 5:6,8,14; 6:1
Quatro ventos (Ap. 7:1)	a) Destruição sobre os elementos e moradores da terra; b) dispersão ou fuga da população devido ao caos.	Jr. 49:36; Zc.2:6; Ez.12:14
Quatro ventos da terra (Dn. 8:8)	a) Quatros direções distintas; b) quatro pontos cardeais.	Dn. 7:2; 8:8; 11:4-6; Os. 13:15; Jr. 49:36; Zc. 2:6
Quatro ventos do céu (Dn. 8:8)	a) Quatros direções distintas; b) quatro pontos cardeais.	Dn. 7:2; 8:8; 11:4-6; Os. 13:15; Jr. 49:36; Zc. 2:6
Quatro ventos dos céus (Dn. 11:4)	Com a morte de Alexandre, o império da Grécia foi dividido em quatros reinos: Macedônia, Pérgamo, Egito e Síria. Seus dirigentes, governantes eram os generais Cassandro (Ocidente), Lisímaco (Norte), Ptolomeu (Sul) e Seleuco (Leste).	Dn. 7:6; 8:8,21,22; 11:4; história
Quatro ventos do céu agitavam o mar Grande (Dn. 7:2)	a) Quatros direções distintas; b) quatro pontos cardeais; c) conflitos existentes nessa região, os impérios mundiais que dominaram o mundo surgem ao redor dessa localidade, mar Mediterrâneo.	Dn. 8:8; 11:4-6; Os. 13:15; Jr. 49:36; Zc. 2:6
Quebrado (Dn. 11:4)	Morte de Alexandre, o Grande, com apenas 32 anos, seu falecimento foi no ano 323 a.C.	Dn. 8:8, 22; 11:4; Jó: 24:20; história
Quebrou os dois chifres (Dn. 8:7)	Grécia sobre o comando de Alexandre, o Grande, derrota o império Medo-Persa.	Dn. 8:1-7; 21; 10:20; Dt. 33:17; IRs. 22:11; II Cr.18:10; Sl. 22:21; Mq. 4:13;

"Quinta praga" (Ap.16:10)	Atinge ao Vaticano, líderes da igreja de Roma, os quais serão acometidos com úlceras e grande angústia.	Ap.16:10-11
"Quinta" trombeta (Ap. 9:1)	a) Eventos relacionados com o fim da obra do Espírito Santo, isto é, somente os salvos terão acesso à voz do Espírito do Criador; b) tais acontecimentos ocorrem após o selamento dos servos do Altíssimo, fechamento da porta da graça, benignidade, nesse período o Adversário (Satanás) causará grande tormento sobre os ímpios.	Ap. 7:13; 9:1-4; 22:11; Sl. 84:11; II Tm. 3:1-5; Na. 3:1, 17; At. 2:2-4; 22:11; Ef.1:13; 4:30; Lc.13:25
Quinto selo (Ap. 6:9)	Alusão ao clamor dos justos de todas as épocas, por justiça, vingança. Os mesmos foram, e são mortos por causa da obediência às escrituras e do espírito de profecia.	Ap. 6:9-11; 8:3,4; 19:10; 20:4; Jo. 16:2; Gn. 4:9,10 Tg. 5:4-6; história

DANIEL E APOCALIPSE: LETRA R

Raiz (Ap. 22:16)	Messias, o Salvador, é estandarte, sustentador e mantenedor do universo.	Ap. 5:5; 22:16; Is.11:1-10; 53:2; Rm.11:17,18; 15:12
Raiz de Davi (Ap. 5:5)	Messias, o Salvador, é sustentador e mantenedor do universo.	Ap. 22:16; Is.11:10; 53:2; Rm.11:17,18; 15:12
Rãs (Ap. 16:13)	Alusão aos falsos milagres operados pelos profetas, que se dizem seguidores do Todo-Poderoso.	Ap.16:13; Êx. 8:6,7
Reis (Ap. 16:12)	Alusão ao Messias e ao seu Pai.	Ap.16:2; Is. 41:25; 45:1
Reis da terra (Ap. 17:2)	Líderes políticos mundiais, reis, presidentes, ministros, entres outras autoridades de Estado.	Ap. 17:2,12; 18:3; 19:18
Reis da terra (Ap. 18:3,9)	Líderes políticos mundiais, reis, presidentes, ministros, entres outras autoridades de Estado.	Ap. 17:2,12; 18:3; 19:18; Sf.1:8
Reis da terra (Ap. 19:19)	Líderes políticos mundiais, reis, presidentes, ministros, entres outras autoridades de Estado.	Ap. 17:2,12; 18:3; 19:18,19

DICIONÁRIO DANIEL E APOCALIPSE

Rei do Norte (Dn. 11:9)	No ano 242 a.C. Seleuco II Calinício tentou vingar-se e invadiu o Egito. Foi seriamente ferido e voltou para a Antioquia.	Dn. 11:9; história
Rei do Norte (Dn. 11:11)	Antioco III.	Dn. 11:11; história
Rei do Norte (Dn. 11:13)	Antioco III.	Dn. 11:13; história
Rei do Norte (Dn. 11:15)	Provavelmente se refere a Antioco III.	Dn. 11:15; história
Rei do Norte (Dn. 11:28)	Papado, este sistema age com perversidade. Algumas versões das escrituras o chamam de homem vil.	Dn. 11:21; Pv.6:12; 16:27; história
Rei do Norte (Dn.11:40)	Sistema papal. A localização geográfica desse reino se encontra a norte de Israel.	Dn. 7:8; 11:21 - 45; história; geografia
Rei do Norte arremeterá contra ele com carros, cavaleiros e com muitos navios (Dn. 11:40)	a) Expansão do igreja de Roma no mundo, após a reforma protestante; b) menção ao papado, que se concentrava em Roma, somente nos últimos anos é que resolveu visitar os países do mundo, com acordos político-religiosos; c) alusão ao retorno do papado depois do golpe de morte sofrido pela prisão do papa Pio VI no ano 1798; d) sistema papal consegue uma vitória significativa contra o ataque do islamismo.	Dn.11:36-40; Is. 66:15; Ap. 13:3, 12; história
Rei do Norte o atacará com carros e cavaleiros e uma grande frota de navios (Dn. 11:40)	a) Expansão da igreja de Roma no mundo, após a reforma protestante; b) menção ao papado, que se concentrava em Roma, somente nos últimos anos é que resolveu visitar os países do mundo, com acordos político-religiosos; c) alusão ao retorno do papado depois do golpe de morte sofrido pela prisão do papa Pio VI no ano 1798; d) sistema papal consegue uma vitória significativa contra o ataque do islamismo.	Dn.11:36-40; Is. 66:15; Ap. 13:3, 12; história

Rei do Sul (Dn. 11:5)	Ptolomeu I Soter (323-382 a.C.) foi forte desde o início; os reinos do Sul e do Norte prevaleceram contra os reinos do Leste e Ocidente, territórios da Grécia.	Dn. 11:5; história
Rei do Sul [...] e rei do Norte (Dn. 11:6)	Essa divisão tem como referência a cidade de Jerusalém, o reino do Norte estava localizado acima e o do Sul abaixo, na região do Egito. Esses dois reinos faziam parte do território da Grécia.	Dn. 11:4-8; história
Rei do Sul (Dn. 11:11)	Ptolomeu IV.	Dn. 11:11; história
Rei do Sul (Dn. 11:12)	Ptolomeu IV.	Dn. 11:12; história
Rei do Sul (Dn. 11:14)	Egito.	Dn. 11:14; história
Rei do Sul (Dn. 11:17)	Ptolomeu XI Auletes.	Dn. 11:17; história
Rei do Sul (Dn. 11:25)	O rei do Sul são os mulçumanos. Era das cruzadas. Os sultões e califas do Egito controlavam Jerusalém na época das cruzadas. Jerusalém foi tomada no dia 15 de junho de 1099 d.C. Os invasores cristãos causaram grande matança.	Dn.11:25; história
Rei do Sul (Dn. 11:40)	a) Provavelmente, é o Islamismo radical; b) ateísmo francês (Estado).	Dn.11:40; história
Rei do Sul lutará (Dn. 11:40)	a) Ataque global do islamismo radical aos "cristãos", em especial a igreja de Roma; b) alusão à França, que sob o comando de Napoleão Bonaparte lutou contra o papado e o golpeou, dessa forma o papa foi preso e morreu no ano seguinte; c) protestante, que fez uma oposição aos ensinamentos da igreja de Roma.	Dn. 11:25-27, 29-31; 11:40; Ap. 13:1-3, 14; história

DICIONÁRIO DANIEL E APOCALIPSE

Rei do Sul se envolverá em combate (Dn. 11:40) — Provavelmente se refere a uma futura perseguição, ataque global do islamismo radical aos "cristãos", em especial a igreja de Roma; b) alusão à França, que sob o comando de Napoleão Bonaparte lutou contra o papado e o golpeou, dessa forma o papa foi preso e morreu no ano seguinte; c) finalmente, seria uma referência à reforma protestante, que fez uma oposição aos ensinamentos da igreja de Roma, contra-argumentando as vendas de indulgências e salvação por obras. — Dn. 11:25-27, 29-31,40; Ap. 13:1-3,14; história

Rei guerreiro (Dn. 11:3) — Alexandre, o Grande. — Dn. 8:21; 10:20; 11:3,4; história

Rei poderoso (Dn. 11:3) — Alexandre, o Grande. — Dn. 8:21; 10:20; 11:3,4; história

Reino (Dn. 2:44) — Reino eterno do Messias. — Mt. 3:2; 26:29; Lc.10:9; Jo.18:36

Relâmpagos, vozes, trovões, terremoto e grande saraivada (Ap.11:19) — a) Voz do Criador anunciando o dia do seu retorno; b) alusão à repreensão do Soberano devido à maldade do povo. — Ap.10:6,7; 11:18,19; Êx. 9:23; 19:16-19; Jó 26:33; Is. 29:6; Sl.104:7

Relâmpagos, vozes e trovões (Ap. 4:5) — a) Alusão ao Juízo, castigo; b) presença tremenda do Criador; c) voz majestosa do Soberano. — Êx. 19:16; 20:18; Jó 37:4; Dn. 10:6; Mt. 28:3; Is. 29:6.

Relva (Ap. 9:4) — a) Descendência dos justos; b) povo temente, conhecedores dos mandamentos; c) habitantes fiéis da terra. — Ap. 8:7; 9:4; Jó 5:25; II Rs. 19:21,26; Sl.72:16; Is. 40:7; 66:14; II Rs. 19:21,26

Renovo da linhagem dela (Dn. 11:7) — Ptolomeu III, novo rei do Sul. Ele era irmão de Berenice. — Dn. 11:7; história

Repartirá a terra (Dn. 11:39)	Provavelmente se refere à partilha dos países da América Latina (e outros países); sendo assim, quem gerenciava essa divisão era provavelmente o sistema papal. Por isso, o ouro explorado se destinava em especial ao sistema papal. Portugal e Espanha eram marionetes neste sistema. Os missionários da Companhia de Jesus participavam ativamente dessa exploração.	Dn. 11:39; história
Repousassem (Ap. 6:11)	Morte física.	Ap. 6:11; At. 2:25-30
Resolverá vir (Dn. 11:18)	Júlio César.	Dn. 11:18; história
Resolverá vir com a força (Dn.11:17)	Império romano.	Dn. 11:17; história
Rico (Ap. 3:17)	a) Acúmulo de riqueza material em detrimento da verdadeira riqueza espiritual; b) autossuficiência por causa do conhecimento teórico das escrituras.	Ap. 3:16-18; Zc. 11:5; Lc. 12:15-21; Tt. 3:4-6
Rio (Ap. 16:12)	a) Povos; b) nação, Estado; c) provavelmente, perda do apoio popular ao falso sistema religioso.	Ap.16:10-14; 17:15; Is. 8:7; Js. 24:2, 15; Jr. 46:7,8
Rio (Ap. 12:15,16)	a) Nações, povos; b) poder que objetivou destruir os fiéis; sistema papal, o qual utilizou como principais ferramentas: o engano, apoio do Estado, representado pelos países, que, obedecendo à soberania papal, saiu para perseguir este grupo de pessoas.	Ap.17:15; Jr. 46:7,8; Dn.7:25 história
Rio da água da vida (Ap. 22:1,2)	a) Alusão à prosperidade, ao mantimento, à alegria, à paz, à vida eterna, à saúde; b) rio literal.	Jo. 4:14; Ez. 47:9, 12; Sl.1:3; 36:7,8; 46:4,5; Is. 48:18; 66:12; Gn.1:29
Rio de fogo (Dn.7:10)	Alusão ao fogo consumidor, aniquilador que causará total destruição dos ímpios.	Hb. 10:27; Ml. 4:1; Dt. 9:3; Ap.19:20; 20:10,12,14; 21:8; Ez. 18:20; II Pd. 3:7

DICIONÁRIO DANIEL E APOCALIPSE

Rio Eufrates (Ap. 16:12)	a) Povos; b) nação, Estado; c) provavelmente, perda do apoio popular ao falso sistema religioso.	Ap.16:10-14; 17:15; Is. 8:7; Js. 24:2, 15; Jr. 46:7,8
Rio Eufrates (Ap. 9:14)	a) Nação; b) local no qual habitam os ímpios; c) local em que habitam os adoradores de deuses.	Js. 24:2, 15; Jr. 46:7,8,10; Êx.23:31; Nm. 22:5; Dt. 1:7
Rios (Ap. 8:10)	a) Alimento espiritual genuíno; b) Espírito Santo.	Ap. 8:10,11; Is. 58:11; Jo.7:37-39
Rodas do trono estavam em chamas (Dn.7:9)	Destruição completa dos ímpios.	Ml. 4:1; Hb. 10:27; Dt. 9:3
Rodas eram fogo ardente (Dn.7:9)	Destruição completa dos ímpios.	Ml. 4:1; Hb. 10:27; II Pd. 3:7; Dt. 9:3
Rosto brilhava como o sol (Ap. 1:16)	a) Vitória; b) resplendor; c) justiça, direito; d) Messias	Jz. 5:31; Jó 37:21,22; Sl. 37:6
Rosto como de homem (Ap. 9:7)	a) Prática pecaminosa, impureza; b) impiedade.	Jó 4:17; 15:14; Pv. 21:29; Dn. 7:8
Rosto, como um relâmpago (Dn. 10:6)	Ato de juízo para com os infiéis e perversos.	Jó 36:32; Sl.144:6; Ez. 21:9-15,28,29; Hc. 3:11; Ap. 11:19; 16:18
Rosto era como o sol (Ap. 10:1)	a) Vitória; b) esplendor; c) justiça.	Jz. 5:31; Jó 37:21.22; Sl. 37:6; Ml. 4:2; Ap. 1:16
Roupas brancas (Ap. 3:18)	a) Pureza; b) justiça do Salvador; c) santidade.	Ap. 3:18; 19:8; Sl. 51:7; Is. 19:19

Rumores (Dn. 11:44)	Forte pregação da eminente volta do Messias, dos sinais proféticos. Proclamação das três mensagens angelicais descritas em Ap. 14, com destaque para a terceira, é um acontecimento poderoso.	Dn. 11:44; Ap. 14:6-12

DANIEL E APOCALIPSE: LETRA S

Sábios (Dn. 11:35)	Remanescentes que guardaram as escrituras no coração, assim evitaram se corromper com as falsas doutrinas na igreja de Roma. De acordo com a luz de conhecimento que tinham, procuraram ser fiéis. Podem-se citar os valdenses, huguenotes, lolardos, hussitas e anabatistas.	Pv. 18:15; Dn. 11:35; 12:10
Sacrifício diário e o lugar do seu santuário foi deitado abaixo (Dn. 8:11)	O sistema papal usurpou a função sacerdotal do Messias. Dessa forma, o sistema papal perdoava pecados, como também condenava pessoas ao inferno. Instituiu heresias eclesiásticas, indulgências.	Dn. 8:11; 10:21; 11:22; 12:1; At. 3:15, 5:31; Ap. 1:5; história
Sacrilégio terrível (Dn. 9:27)	Sistema papal que causou grande assolação sobre o povo do Criador, além de perverter, adulterar as escrituras, usurpando a função sacerdotal do Messias.	II Ts. 2:1,2; Dn. 7:24-26; 8:9-12, 23-25; 9:27; 11:21-24,27,30-39; Jo. 16:2; Ap. 13:1-7; história
Sacrilégio terrível (Dn. 11:31)	a) Idolatria; b) o sistema papal como a tentativa de substituir o Messias, alegando total poder para perdoar pecados e prerrogativas salvíficas.	Dn. 9:27; Mt. 24:15; II Ts. 2:3, 4; Dt. 17:2-4; 27:15; Pv. 11:11; história
Sacrilégio terrível (Dn. 12:1)	Imposição do decreto dominical, todos serão obrigados a reverenciar este dia, em detrimento do real dia de santificação, sábado. Esse decreto é adotado inicialmente nos Estados Unidos, em seguida outros países oficializam esta ilegalidade.	Dn. 12:11; Ap. 13:11-18; Mt. 24:15; história

Sangue (Ap.1:5)	a) Redenção; b) remissão dos pecados; c) purificação; d) nova aliança.	Ap.1:5; 5:9; Mt. 26:28; Lc. 22:20; Ef.1:7; Cl.1:4; Hb. 9:13, 14; I Pd. 1:18,19; I Jo. 1:7
Sangue (Ap. 5:9)	a) Redenção; b) remissão dos pecados; c) purificação; d) nova aliança.	Ap.1:5; 5:9; Mt. 26:28; Lc. 22:20; Ef.1:7; Cl.1:4; Hb. 9:13, 14; I Pd. 1:18,19; I Jo. 1:7
Sangue (Ap. 8:8)	a) Destruição de almas; b) morte.	Gn. 9:4; Dt.12:23; Ez. 22:27; 28:23
Sangue (Ap.12:11)	a) Redenção, remissão dos pecados, purificação; b) nova aliança.	Ap.1:5; 5:9; Mt. 26:28; Lc. 22:20; Ef.1:7; Cl.1:4; Hb. 9:13, 14; I Pd. 1:18,19; I Jo. 1:7
Sangue (Ap.17:6)	Vida.	Lv. 17:11; Dt. 12:23
Santa aliança (Dn. 11:28)	É um texto literal, por isso ver as referências.	Dn. 11:28 e 30; Hb. 8:6; 10; 9:15; 10:16; 12:24; Ap. 11:9; 15:5
Santa aliança (Dn. 11:30)	É um texto literal, por isso ver as referências.	Dn. 11: 28, 30; Hb. 8:6; 10; 9:15; 10:16; 12:24; Ap. 11:9; 15:5
Santo (Dn. 8:13)	Anjo.	Dn. 8:13-19; At. 10:22
Santo monte (Dn. 11:45)	Cidade de Jerusalém.	Dn. 8:9; 9:16; Jl. 3:17; Zc. 8:3; Sl. 48: 1, 2; 87:3; I Rs. 11:13; II Rs. 23:27; Is. 52:1; Zc. 8:3; Mt. 5:35; Ap. 21:2, 10

Santo, o verdadeiro (Ap. 3:7)	Criador, Todo-Poderoso, Soberano.	Ap. 3:7; 4:8; 6:10
Santuário (Ap. 15:5,6,8)	Morada do Altíssimo.	Ap.7:15;11:19; Hb. 8:2,5; 9:24
Santuário (Ap. 14:17)	Morada do Altíssimo.	Ap.7:15;11:19; Hb. 8:2,5; 9:24
Santuário (Ap. 16:1,17)	Morada do Altíssimo.	Ap.7:15;11:19; Hb. 8:2,5; 9:24
Santuário será purificado (Dn. 8:14)	a) Dia de juízo, ano 1844; b) período em que se iniciou o "juízo investigativo". Nesse ano o Messias exerce uma função típica do sumo sacerdote. Em Israel essa purificação ocorria no décimo dia do sétimo mês. A purificação deste versículo se refere provavelmente aos registros dos pecados que são conduzidos para o santuário celestial.	Êx. 15:17; 25:8,9; Lv. 16: 16, 19, 29,30, 34; Hb. 8:1-6; 9:11-14, 23-26; Ap. 11:19; 14:6,7,17; 20:12; Sl. 139:16
Saraiva e fogo (Ap. 8:7)	a) Indignação, ira por parte do Criador; b) vindicação de santidade.	Ez. 38:21-23; Is. 30:30
Sardes (Ap. 3:1)	Sinagoga que existia no tempo de João, localizada na cidade de Sardes. A carta de Apocalipse foi destinada às sete igrejas. Alguns estudiosos afirmam que Sardes representa também a igreja remanescente no período de 1517-1798 d.C. Portanto, o texto narra características literais da sinagoga local e escatológica no período mencionado: 1517 d.C. (início da reforma protestante) a 1798 d.C. (fim da supremacia papal).	Ap. 1:11; 3:1-6; história
Seara (Ap. 14:15)	Ímpios da terra no estágio de serem ceifados.	Ap.14:14-20; Jl. 3:12-14
Sede (Ap. 22:17)	Desejo por salvação.	Ap. 22:17; Jo. 4:14; Sl.119:74
Se exasperará (Dn. 11:11)	Rei do Sul, Ptolomeu IV.	Dn. 11:11; história

DICIONÁRIO DANIEL E APOCALIPSE

"Segunda praga" (Ap.16:3) — Atinge a um quantitativo significativo dos mares e seres vivos que povoam esse habitat. — Ap.16:2

"Segunda" trombeta (Ap. 8:8) — Eventos trágicos que atingem os homens e a economia. — Ap. 8:8,9; 17:15; Ez. 35:2,7,8; Js. 24:4; Jr. 51:11-42; Is. 2:16; Pv. 31:14; I Co. 14:8

Segundo selo (Ap. 6:3) — Este período é caracterizado por guerras locais e mundiais, em especial contra o povo do Criador. — Ap. 6:4; Dn.7:25; II Tm. 3:12; Jo.16:2; Et. 3:7-15; 7:4; Ag. 2:22; história

Seis de largura (Dn. 3:1) — a) Cada côvado equivale a cerca de 50 cm, por isso a largura da imagem era aproximadamente 3 m; b) forte influência de adoração, seis também foram os instrumentos musicais e seiscentos representa o panteão de deuses da Babilônia; c) essa largura reflete o sistema numérico sexagesimal de Babilônia. — Dn. 3:1,5; Ap.13:18; história

Seiscentos e sessenta e seis (Ap.13:18) — a) Adoração à imagem da besta, ou seja, reverência aos decretos papais; b) adoração ao sistema papal, que tem um grande alcance no controle da economia mundial; c) adoração aos prazeres ou às riquezas materiais, em detrimento das leis do Altíssimo. — Ap.13:14-18; I Rs. 10:14; Nm.7:88; Dn. 3:1; Mt.15:7,8

Sela o livro (Dn.12:4) — Selagem do livro de Daniel, mais especificamente seus eventos proféticos. A partir do tempo do fim (século XVIII), este livro foi desbravado sistematicamente e suas profecias foram reveladas. — Dn.12:4,9; história

Selado (Ap. 5:1) — Necessidade de alguém com autoridade salvífica para desatar os selos e abrir o livro. — Is. 29:11; Ap. 1:5;5:5,6

Selo (Dn.12:4) — Selagem do livro de Daniel, mais especificamente seus eventos proféticos. A partir do tempo do fim (século XVIII), este livro foi desbravado sistematicamente e suas profecias foram reveladas. — Dn.12:4,9; história

Selo (Ap. 7:3)	Segregação dos servos tementes ao Soberano, por meio da atuação do Espírito Santo. Isto é, determinado período no futuro próximo, o Espírito Santo não estará mais disponível para todos. Característica significativa desses remanescentes é a obediência a todos os mandamentos.	Ef.1:13; 4:30; II Co. 1:21,22; II Tm. 2:19; Ap. 22:11; Jo. 14:15
Selo (Ap. 9:4)	Segregação dos servos tementes ao Soberano, por meio da atuação do Espírito Santo. Isto é, determinado período no futuro próximo, o Espírito Santo não estará mais disponível para os homens ímpios. Característica significativa desses remanescentes é a obediência a todos os mandamentos.	Ap. 7:3; 22:11; Ef.1:13; 4:30; II Co. 1:21,22; II Tm. 2:19; Jo. 14:15
Selos (Ap. 6:1, 3, 5, 7, 9,12)	Eventos proféticos que se iniciam com a ascensão do Messias para o céu e culminam até o seu retorno. Atinge toda a terra. Ver significado de cada selo, separadamente.	Ap. 6-8; Zc. 6:2-5; Mt. 24; Mc. 13; Lc. 21; Jr. 32:10
Sem tocar no chão (Dn. 8:5)	Velocidade. Alexandre, o grande, dominou a Grécia e conquistou o mundo, em pouco tempo.	Dn. 2:39; 7:6; 8:5-8,21; 10:20; 11:3,4; história
Semelhante a jaspe e sardônio (Ap. 4:3)	a) Resplendor; b) brilho do Pai celestial.	Ap. 21:11
Semelhante a rãs (Ap. 16:13)	Alusão aos falsos milagres operados pelos profetas que se dizem seguidores do Todo-Poderoso.	Ap.16:13; Êx. 8:6,7
Sentarão à mesma mesa (Dn. 11:27)	Foram realizados acordos de paz entre os rei do Sul, mulçumanos, e rei do Norte, papado, porém foram quebrados.	Dn.11:27; história
Sentada (Ap. 17:1)	Localizada no meio da multidão, nos países do mundo, com isso, dissemina a impiedade e prostituição espiritual.	Ap. 17:1;15; Zc. 5:5-8
Sentado (Ap. 4:2,10)	a) Representa que o Soberano do universo está em posição de julgamento; b) realeza.	I Rs. 1:30,35, 37, 41-46; Jl. 3:12; Dn. 7:26; Sl. 9:4,7; 47:8; 89:14; 99:1; 103:19; Pv. 20:8; Hb. 8:1

DICIONÁRIO DANIEL E APOCALIPSE

Sentado (Ap.19:4)	a) Representa que o Soberano do universo está em posição de julgamento; b) realeza.	I Rs. 1:30,35, 37, 41-46; Jl. 3:12; Dn. 7:26; Sl. 9:4,7; 47:8; 89:14; 99:1; 103:19; Pv. 20:8; Hb. 8:1
Sentado no trono (Ap. 5:1,7,13)	a) Representa que o Soberano do universo, o Pai das luzes está em posição de julgamento; b) realeza.	I Rs. 1:30,35, 37, 41-46; Jl. 3:12; Dn. 7:26; Sl. 9:4,7; 47:8; 89:14; 99:1; 103:19; Pv. 20:8; Hb. 8:1
Sentado no trono (Ap.14:14)	a) Representa que o Soberano do universo está em posição de julgamento; b) realeza.	I Rs. 1:30,35, 37, 41-46; Jl. 3:12; Dn. 7:26; Sl. 9:4,7; 47:8; 89:14; 99:1; 103:19; Pv. 20:8; Hb. 8:1
Seus filhos (Dn. 11:10)	Os dois filhos de Seleuco II (rei do Norte): Seleuco III e Antioco III, o Grande.	Dn. 11:10; história
Ser desprezível (Dn. 11:21)	Sistema papal.	Dn.7:8, 24, 25; 8:10-12, 23; 11:21; II Ts. 2:3-9; Ap. 13:1-10; história
Seres viventes (Ap.5:8,11)	a) Serafins celestes; b) classe de anjos especiais.	Ap. 4: 6-9; 6:1-7; Is.6:2
Serpente (Ap. 9:19)	a) Astúcia; b) engano; c) Adversário (Satanás).	Gn. 3:1,4,13,15; Ap.12:9; 20:2; II Co. 11:3
Serpente (Ap. 12:9,14,15)	a) Adversário (Satanás); b) engano, corrupção.	Ap.12:9; 20:2; II Co. 11:3; Gn. 3:1,4,13,15
Sessenta côvados (Dn. 3:1)	a) Cada côvado equivale a cerca de 50 cm, por isso a altura da imagem era aproximadamente 30 m; b) conceito de unidade; c) representação numérica do principal deus de Babilônia, Marduk; d) essa altura reflete o sistema numérico sexagesimal de Babilônia.	Dn. 3:1; Ap. 13:14,15,18; história

Sessenta e duas semanas (Dn. 9:25)	Quatrocentos e trinta quatro anos. 62 (semanas) x 7 (dias) = 434. Cada dia equivale a um ano. Inicia-se no ano 457 a.C. com o decreto de Artaxerxes I de restaurar e edificar Jerusalém e termina no ano 27 d.C. com o batismo do Messias.	Ne.1:1-9; Ed. 4:7-23; 7; Dn. 8:14; 9:24-27; Ez. 4:6,7; Nm. 14:34; Lc. 3:1, 21; história
Sete cabeças (Ap.12:3)	a) Reis; b) reinos; c) alusão às sete cabeças do capítulo sete de Daniel (quatro cabeças da Grécia, agregadas com as cabeças de Babilônia, Média-Pérsia e Roma imperial), ou seja, estes sistemas de governo foram marionetes nas mãos do Adversário, (Satanás); d) alguns estudiosos afirmam que se referem aos papas; e) outros pesquisadores afirmam que são as quatro cabeças da Grécia, agregadas com as cabeças de Babilônia, Média-Pérsia e Roma em suas duas fases imperial e papal.	Dn.7:3-7, 17, 23; Ap. 12:1-6; 17:9; história
Sete cabeças (Ap.13:1)	a) Alusão às sete cabeças de Daniel capítulo sete: quatro cabeças da Grécia, agregado com as cabeças de Babilônia, Média-Pérsia e Roma imperial; b) alguns estudiosos acreditam que se referem aos papas; c) outros pesquisadores afirmam que são os impérios: Egito, Assíria, Babilônia, Pérsia, Grécia, Roma e o sistema papal.	Dn.7:3-7, 17, 23; Ap. 12:1-6; 17:9; história
Sete cabeças (Ap. 17:3)	a) Sete montes e também sete reis; b) Roma é conhecida como a cidade dos sete montes.	Ap. 17:9; Dn. 2,7,8; história
Sete candeeiros de ouro (Ap. 1:12,13,20)	Sete sinagogas do Apocalipse.	Ap. 1: 11,20
Sete candeeiros (Ap. 2:1)	Presença do Messias iluminando as sete igrejas.	Êx. 35:14, 39:37; Ap. 1:13,20; 2:1; 21:23; Lv. 24:2. Jr. 25:10, 11; Jo. 12:46
Sete candelabros (Ap. 2:1)	Presença do Messias iluminando as sete igrejas.	Êx. 35:14, 39:37; Ap. 1:13, 20; 2:1; 21:23; Lv. 24:2. Jr. 25:10, 11; Jo. 12:46

DICIONÁRIO DANIEL E APOCALIPSE

Sete candelabros de ouro (Ap. 1:12,13,20)	Sete sinagogas do Apocalipse.	Ap. 1: 11, 20
Sete coroas (Ap.12:3)	Reinado. Neste contexto histórico Roma imperial e principalmente papal reinaram de forma cruel, dizimaram, conforme alguns pesquisadores, mais de 150 milhões de "cristãos".	II Sm. 1:10; Dn. 7:21,23,25; 8:10-13; II Ts. 2:3-10; história
Sete chifres (Ap. 5:6)	a) Poder; b) força destrutiva; c) consumição dos inimigos; d) reino, rei; e) capacidade de dispersar os inimigos (existe perfeição nesses atributos, por isso são sete).	Ap. 5:6; Dt. 33:17; I Rs. 22:11; II Cr.18:10; Sl. 22:21; Mq. 4:13; Dn.7:24; 8:20, 22; Zc.1:19,21
Sete diademas (Ap.12:3)	Sete coroas, reinado. Neste contexto histórico Roma imperial e principalmente papal reinaram de forma cruel, dizimaram, conforme alguns pesquisadores, mais de 150 milhões de "cristãos".	II Sm. 1:10; Dn. 7:21,23,25; 8:10-13; II Ts. 2:3-10; história
Sete espíritos (Ap. 1:4)	a) Visão sobre todos os acontecimentos; b) discernimento de todos os atos realizados.	Ap. 3:1; 4:5; 5:6; Dn. 10:6; Êx.15:26; Lv. 10:19
Sete espíritos (Ap. 3:1)	a) Visão sobre todos os acontecimentos; b) discernimento de todos os atos realizados.	Ap. 4:5; 5:6; Dn. 10:6; Êx.15:26; Lv. 10:19.
Sete estrelas (Ap. 1:16,20)	Anjos das sete sinagogas.	Ap. 1:20
Sete estrelas (Ap. 2:1)	Anjos das sete sinagogas.	Ap. 1:20
Sete estrelas (Ap. 3:1)	Anjos das sete igrejas.	Ap. 1:20
Sete igrejas (Ap. 1:4)	Sete sinagogas literais que existiram na época de João.	Ap. 1:4
Sete lâmpadas de fogo (Ap. 4:5)	a) Sete espíritos do Criador; b) sete espíritos do Soberano enviados por toda a terra; c) visão sobre todos os acontecimentos; e) discernimento de todos os atos realizados.	Ap. 3:1; 4:5; 5:6; Êx.15:26; Lv. 10:19

Sete olhos (Ap. 5:6)	a) Sete espíritos do Criador enviados por toda a terra; b) visão sobre todos os acontecimentos; c) discernimento de todos os atos realizados.	Ap. 3:1; 4:5; 5:6; Êx.15:26; Lv. 10:19
Sete pragas (Ap.16:2-17)	Sete acontecimentos trágicos que acometem os ímpios, o planeta, tais eventos durarão um ano, ocorrem após o selamento e finalmente antecede a volta do Messias.	Ap. 13:13-17; 14:11; 16:2-21; 18:8; 19:20
Sete selos (Ap. 5:1)	Sete grandes eventos escatológicos finais.	Ap. 6; 8:1
Sete semanas (Dn. 9:25)	a) Quarenta e nove anos; b) sete semanas multiplicado por sete dias é igual a quarenta e nove. Cada dia equivale a um ano. Iniciou-se no ano 457 a.c. com o decreto de Artaxerxes I de restaurar e edificar Jerusalém e terminou no ano 408 a.c. Este período foi o intervalo em que a cidade e o templo foram totalmente, ou na sua maior parte, edificados e restaurados.	Ne.1:1-9; Ed. 4:7-23; 7; Dn. 8:14; 9:24-27; Ez. 4:6,7; Nm.14:34; Jo. 2:20; história
Sete taças (Ap. 15:7)	a) Sete pragas, vingança, cólera, julgamento, ira do Todo-Poderoso sobre os ímpios; b) destruição dos maus.	Ap. 5:8; 15:7;16:1; 17:1; 21:9; Is. 51:17; Zc.12:2
Sete taças (Ap. 21:9)	a) Vingança, sete pragas, cólera, julgamento, ira do Todo-Poderoso sobre os ímpios; b) destruição dos maus.	Ap. 5:8; 15:7;16:1; 17:1; 21:9; Is. 51:17; Zc.12:2
Sete tempos (Dn. 4:16, 23)	Sete anos.	Dn. 4:16, 23; 7:25; 11:13
Sete tochas de fogo (Ap. 4:5)	a) Sete espíritos do Criador; b) sete espíritos do Soberano enviados por toda a terra; c) visão sobre todos os acontecimentos; e) discernimento de todos os atos realizados.	Ap. 3:1; 4:5; 5:6; Êx.15:26; Lv. 10:19
Sete trombetas (Ap. 8:2)	a) Aviso de guerra; b) convocação; c) destruição. Assim, refere-se a sete eventos que atingem a terra e seus moradores. Provavelmente, falta se cumprir somente as três últimas trombetas. Ver o significado de cada trombeta individualmente.	Ap. 8:2-12; 9:1-21; I Co. 14:8; Js. 6:3-6,16,20,24; Jr. 42:14; Lv. 23:24; Nm.10:2,9; Sf.1:14-16

DICIONÁRIO DANIEL E APOCALIPSE

Sete trovões (Ap.10:3) a) Juízos; b) advertências.
Êx. 9:23; Is. 29:6; 33:3; Jr. 25:30; Jó 36:33

Setenta semanas (Dn. 9:24) a) Quatrocentos e noventa anos; b) 70 (semanas) x 7 (dias) = 490. Cada dia equivale a um ano. Inicia-se no ano 457 a.C. com o decreto de Artaxerxes I de restaurar e edificar Jerusalém e termina no ano 34 d.C. com a morte de Estevão.
Ne.1:1-9; Ed. 4:7-23; 7; Dn. 8:14; 9:24-27; Ez. 4:6,7; Nm. 14:34; Jo. 1:11; história

"Sétima praga" (Ap.16:17) Atinge o clima, a geografia do planeta, dessa forma, tragédias catastróficas, como terremotos e chuvas de pedras, provocarão grande matança a um quantitativo significativo dos homens e ao sistema papal.
Ap. 13:1-10,12,14,15,17; 16:17-21; Ag.2:17

"Sétima" trombeta (Ap. 11:15) Eventos relacionados com descrição do dia em que retornará o Messias, advento do juízo sobre os maus e a recompensa para os salvos. Aleluia!
Ap. 10:6,7; 11:15-19; Êx. 19:16-19; I Co. 14:8

Sétimo selo (Ap. 8:1) Período no qual o Messias, Soberano do universo, anjos e os salvos transitam da terra para o céu. Este acolhimento será uma viagem pelos locais em que o Soberano do universo criou.
Ap. 6:12-17; 8:1; II Co. 12:2; I Ts. 4:13-18

"Sexta praga" (Ap.16:12) Atinge ao sistema religioso apostatado, o qual perderá o apoio populacional.
Ap.16:12-16; 17:15; Is. 8:7; Js. 24:2, 15

"Sexta" trombeta (Ap. 9:13,14) Eventos relacionados com o derramamento de três pragas sobre os ímpios, provocados por atuação do Adversário (Satanás) e dos falsos profetas. Tais eventos ocorrerão após o selamento e provocarão grande mortandade.
Ap. 9:13,14,20,21; Jr. 8:5,6; Jo.10:10; Is. 9:15

Sexto selo (Ap. 6:12) Eventos catastróficos, climáticos que acomentem a terra, culminam com o retorno do Salvador para buscar os seus filhos.
Ap. 6:12-17; história

Silêncio no céu cerca de meia hora (Ap. 8:1)	Equivale a sete dias. Este é o tempo que os salvos percorrerão da terra até a morada do Altíssimo. O céu ficará vazio nessa ocasião. Todos os anjos realizarão o acolhimento, atuando como guias turísticos.	Ap. 8:1; Mt. 25:31; Ez. 4:6,7; Nm. 14:34

1 dia -------24 horas-------360 dias (um ano)

1 hora -----60 minutos-----15 dias

28 minutos ----x

X = 7 dias.

Primeiramente calculamos horas e depois minutos. Cerca de meia hora (28 minutos).

Sinagoga de Satanás (Ap. 2:9)	Localidade onde os "cristãos" se reuniam (reúnem) com a finalidade de adorar ao Criador, entretanto suas obras demonstram o contrário. São pseudojudeus (cristãos).	Ap. 2:9; 3:9
Sinagoga de Satanás (Ap.3:9)	Localidade onde os "cristãos" se reuniam (reúnem) com a finalidade de adorar ao Criador, entretanto suas obras demonstram o contrário. São pseudojudeus (cristãos); grupo de "cristãos", líderes religiosos infiltrados nas igrejas ou sinagogas que ensinam heresias e perseguem os remanescentes que ensinam as verdades genuínas.	Ap. 2:9; 3:9; At. 6:9-13; 18:12-17
Sinais (Ap.13:13)	a) Falsos milagres; b) pseudo curas operadas pelos falsos profetas; c) operação de falsas maravilhas.	Mt. 24:24; Mc.13:22; Jo. 4:53, 54; 6:14;12:17,18; 20:30
Sinais (Ap.19:20)	a) Falsos milagres, pseudo curas operadas pelos falsos profetas; b) operação de falsas maravilhas.	Mt. 24:24; Mc.13:22; Jo. 4:53 e 54; 6:14;12:17 e 18; 20:30;
Sodoma e Egito (Ap.11:8)	a) Corrupção generalizada; b) promiscuidade, rebeldia; c) violência; d) ateísmo, idolatria; e) Paris na segunda metade do século XVIII.	Gn. 18:20; 19:5; Jd.7; Êx. 5:2; 7:11; Is.19:1,3; Jr.46:25 história

DICIONÁRIO DANIEL E APOCALIPSE

Termo	Definição	Referências
Sol (Ap. 1:16)	a) Resplendor, majestade; b) Messias, Soberano do universo.	Ap. 21:23; 22:5; Mt. 17:2; Sl. 84:11; 104:2; Ml. 4:2
Sol (Ap. 8:12)	a) Messias, Soberano do universo; b) Espírito Santo.	Ap. 1:16; 8:12; 21:23; 22:5; Sl. 84:11; Ml. 4:2; Jo. 8:12; Mt.17:2; II Co. 4:6; Gn.1:13-17; Hb.6:4
Sol (Ap. 9:2)	a) Messias; b) Soberano do Universo; c) o Adversário (Satanás) efetuará terrível ataque ao Criador, Messias e as boas novas da salvação.	Ap. 1:16; 21:23; 22:5; Sl. 84:11; Ml. 4:2; Mt 17:2; Ef. 5:21-23; Lc. 16:8; I Ts. 5:8
Sol (Ap. 12:1)	a) Messias; b) evangelho; c) povo fiel revestido da presença do Messias.	Ap. 1:16; 21:23; 22:5; Sl. 84:11; Ml. 4:2; Mt. 17:2; Ef. 5:21-23; Lc. 16:8; I Ts. 5:8
Sol (Ap. 19: 16)	a) Messias, Soberano do universo; b) justiça.	Ap.1:16; 21:23; 22:5; Sl. 37:6; 84:11; Ml. 4:2; Mt. 17:2
Sol na sua força (Ap. 1:16)	a) Vitória; b) resplendor; c) justiça, direito; d) Messias.	Jz. 5:31; Jó 37:21.22; Sl. 37:6; Ml. 4:2
Sol se tornou negro (Ap. 6:12)	Evento que ocorreu em 19 de maio de 1780 em alguns países: Estados Unidos da América, Canadá e Inglaterra.	Mt. 24:29; Mc.13:24-25; história
Suas forças (Dn. 11:31)	Forças do poderio de Roma papal.	Dn. 11:31; história
Subiram ao céu (Ap.11:12)	Os profetas, as escrituras, a mensagem foram ressuscitados, reerguidos, resgatados e exaltados.	I Rs. 2:12; Jn.2:7; Dn. 4:22
Sucessor (Dn. 11:20)	Cesar Augusto.	Dn. 11:19; história

Sul (Dn. 11:29)	Reino do Sul, região do Egito, mais especificamente tentativa de dominar Jerusalém. A sétima e última cruzada promovida pelo sistema papal foi um desastre. O monarca Luiz IX foi preso no Cairo, Egito. Dez anos depois os cristãos foram expulsos da Palestina, até o ano 1917.	Dn. 11:25-29; história

DANIEL E APOCALIPSE: LETRA T

Tabernáculo (Ap. 21:3)	Morada do Altíssimo que descerá para a terra.	Ap. 21:2,3; Hb. 8:2; 9:11; 46:4; II Cr.7:1
Taça (Ap. 16:1-4,10,12,17)	a) Vingança, praga, Juízos, cólera, julgamento, ira do Todo-Poderoso sobre os ímpios; b) destruição dos maus. É importante ressaltar que as pragas não atingem os justos. Durante esses eventos, o Espírito Santo estará disponível somente para os justos.	Ap. 5:8; 15:7;16:1-21; 17:1; 21:9; Is. 51:17; Zc.12:2
Taça (Ap. 17:1)	a) Vingança, praga, Juízos, cólera, julgamento, ira do Todo-Poderoso sobre os ímpios; b) destruição dos maus.	Ap. 5:8; 15:7;16; 17:1; 21:9; Is. 51:17; Zc.12:2
Taças (Ap. 15:7)	a) Vingança, praga, cólera, julgamento, ira do Todo-Poderoso sobre os ímpios; b) destruição dos maus.	Ap. 5:8; 15:7;16:1; 17:1; 21:9; Is. 51:17; Zc.12:2
Taças (Ap. 21:9)	a) Vingança, praga, cólera, julgamento, ira do Todo-Poderoso sobre os ímpios; b) destruição dos maus. Ver Apocalipse 16.	Ap. 5:8; 15:7;16:1; 17:1; 21:9; Is. 51:17; Zc.12:2
Taças de ouro (Ap. 5:8)	a) Provavelmente, acompanhe o significado de "incenso", por isso, faz alusão às orações; b) ira, pragas, vingança, julgamento.	Ap. 5:8; 16:1-4; 17:1; 21:9
Talento (Ap.16:21)	Cerca de 35 kg.	Ap.16:19; Bíblia Nova Versão Internacional

DICIONÁRIO DANIEL E APOCALIPSE

Tempo - parte final do versículo (Dn. 11:24)	Por 1.260 anos o sistema papal saqueou, perseguiu os fiéis e dominou o mundo. Período equivale de 538 d.C. a 1798 d.C.	Dn. 4:16,23; 7:25; 11:13; Ap. 12:14;13:15; Ez. 4:6,7; Nm. 14:34
Tempo (Ap.12:14)	Ano literal.	Dn. 4: 16, 23; 11:13; 7:25
Tempo de angústia (Dn.12:1)	a) Fechamento da porta da graça, isto é, não haverá mais salvação na terra; b) provavelmente, é um momento em que os remanescentes estarão grandemente angustiados, pois mentalmente a sua reflexão será: estamos salvos ou acariciamos algum pecado antes do fechamento da porta?	Dn. 12:1; Ap. 15:8; 22:11; Jr. 30:7; Mt. 25:10-12
Tempo determinado (Dn. 11:29)	Tentativa do sistema papal de dominar Jerusalém. A sétima e última cruzada promovida foi um desastre. O monarca Luiz IX foi preso no Cairo, Egito. Dez anos depois os cristãos foram expulsos da Palestina, até o ano 1917.	Dn. 11:25-29; história
Tempo do fim (Dn. 11:40)	Este período se inicia no século XVIII, provavelmente no ano 1798. Seu término é com o retorno do Messias.	Dn. 8:17; 11:4, 9, 40; 12: 4, 9; história
Tempo do fim (Dn.12:9)	Este período se inicia no século XVIII, talvez até uma data específica. Seu término é com o retorno do Messias.	Dn. 8:17; 11:4, 9, 40; 12: 4, 9; história
Tempo, tempos e metade de um tempo (Ap. 12:7)	Mil duzentos e sessenta anos. Cada tempo equivale a um ano. Um ano é igual a 360 dias, calendário judaico. Portanto, este período abarca 1.260 dias, que em profecia são 1.260 anos. Iniciou-se em 538 d.C. com a supremacia papal e finalizou em 1798 d.C. com a prisão do papa. Tempo caracterizado por grande matança aos "cristãos", promovida pelo sistema papal, e trevas aos ensinamentos das escrituras.	Ap. 11:2,3; 13:5; Ez. 4:6,7; Nm. 14:34; Dn.7:25; 12:7; história
Tempos (Dn. 4:16)	Anos.	Dn. 4: 16, 23; 7:25; 11:13

Tequel (Dn. 5:25)	Pesado foste na balança e achado em falta.	(Dn. 5:27)
Terça parte (Ap. 8:7,8,9,10,11,12)	Não é uma proporção literal, mas indicação que uma porcentagem significativa da população seria atingida, afetada pelos eventos.	Ez. 5:1-3, 11-13; história
Terça parte (Ap. 9:15,18)	Não é uma proporção literal, mas indicação que uma porcentagem significativa da população seria atingida, afetada pelos eventos.	Ez.5:1-3, 11-13; história
Terça parte (Ap.12:4)	Não é uma proporção literal, mas indicação que uma porcentagem significativa dos anjos foram enganados pelo Adversário e, juntamente com ele, foram lançados na terra.	Ez. 5: 1-3, 11-13
"Terceira praga" (Ap.16:4)	Atinge a um quantitativo significativo dos rios, lagos, fontes.	Ap.16:4-7
"Terceira" trombeta (Ap. 8:10)	Eventos trágicos provocados pelo Adversário (Satanás), cujo ataque é o plano da salvação e os homens.	Ap. 8:10,11; Is.12:2,3; 58:11; Jo.7:37-39; I Co. 14:8
Terceiro selo (Ap. 6:5)	a) Período caracterizado por grande corrupção, apostasia, pecado, engano e comercialização das escrituras sagradas; b) oposto ao primeiro selo.	Ap. 6:1,2,5,6; 18:2-5; At. 20:29; Lc. 19:45,46; Jr. 23:1,2; história
Terra (Ap. 10:2)	Local pouco povoado ou populoso. Profeticamente, é o contrário de água, mar.	Ap.17:15
Terra (Ap. 12:16)	a) Local pouco povoado ou populoso. No contexto profético é o contrário de água, mar; b) alguns estudiosos afirmam que é uma representação dos Estados Unidos, que socorreu a igreja, a qual sofria terrível perseguição na Europa.	Ap. 17:15; história
Terra (Ap. 13:11)	Local pouco povoado ou populoso. Profeticamente, é o contrário de água, mar.	Ap.17:15

DICIONÁRIO DANIEL E APOCALIPSE

Terra gloriosa (Dn. 11:16)	Israel.	Dn. 8:9; 9:16; Sl. 87:3; I Rs. 11:13; II Rs. 23:27 Is. 52:1; Mt. 5:35; Ap. 21: 2, 10
Terra gloriosa (Dn.11:41)	Jerusalém.	Dn. 8:9; 9:16; Sl. 87:3; I Rs. 11:13; II Rs. 23:27 Is. 52:1; Mt. 5:35; Ap. 21: 2, 10
Terra mais gloriosa (Dn. 11:20)	Israel.	Dn. 11:20; história
Terra magnífica (Dn. 11:16)	Israel.	Dn. 8:9; 9:16; Sl. 87:3; I Rs. 11:13; II Rs. 23:27; Is. 52:1; Mt. 5:35; Ap. 21: 2,10
Terremoto (Ap. 6:12)	Provavelmente, se refere ao grande terremoto de Lisboa, em 1º de novembro de 1755.	Ap. 6:12; história
Terrível (Dn. 2:31)	a) Alusão ao poder de destruição dessas nações prefigurada pelos diferentes metais; b) forma perversa dos diferentes crimes que essas nações cometeriam contra o povo do Eterno.	Dn. 7:7, 19; 11:31; Is. 18:2; Jz. 10:9; 15:8; I Sm. 4:17; história
Testa (Ap. 7:3)	a) Santidade; b) fisiologicamente é a área em que o Espírito Santo se comunica com o ser humano; c) caráter; d) discernimento; e) liberdade.	Ap. 7:3; 9:4; 14:1; 22:4; Êx. 13:16; 28:36-38; Ez. 3:7; 9:4
Testa (Ap. 9:4)	a) Santidade; b) fisiologicamente é a área em que o Espírito Santo se comunica com o ser humano, tomada de decisão; c) caráter; d) discernimento; e) liberdade.	Êx. 13:16; 28:36-38; Ez. 3:7; 9:4; Ap. 7:3; 9:4; 14:1; 22:4
Testa (Ap.14:1,9)	a) Santidade; b) fisiologicamente é a área em que o Espírito Santo se comunica com o ser humano, tomada de decisão; c) caráter; d) discernimento; e) liberdade.	Ap. 7:3; 9:4; 14:1; 22:4; Êx. 13:16; 28:36-38; Ez. 3:7; 9:4

Testa (Ap. 20:4)	a) Por falta de sensibilidade à voz do Espírito Santo, grande amostra da população será enganada, isto é, obedecerá de forma racional ao estratagema do Maligno; b) tomada de decisão em favor dos princípios do sistema papal; c) obediência de forma consciente ao decreto da santificação do domingo.	Ap. 7:3; 13:14-17; 14:1; 22:4; Ez. 3:7; Rm. 4:11; Dn. 7:25; Êx. 20:8-12; Ez. 9:4, 20:20
Testa (Ap. 22:4)	a) Santidade; b) identidade; c) caráter; d) discernimento; e) liberdade.	Êx. 13:16; 28:36-38; Ez. 3:7; 9:4; Ap. 7:3; 9:4; 14:1; 22:4
Testa (Ap. 17:5)	a) Caráter, identidade; b) oposição, rebeldia; c) coração duro.	Ap. 17:4; Jr.3:1-3; Ez.3:8,9
Testemunha fiel (Ap. 3:14)	Messias, o Salvador.	Ap. 1:5
Testemunhas (Ap. 11:3)	a) Servos do Altíssimo; b) profetas; c) escrituras (novo e antigo testamento).	Is. 43:1,10, 12; Ap.1:13, 20; 11:3,4,10; 17:6; At.1:8; Jo.5:39
Testemunho de Jesus (Ap. 19:10)	Espírito da profecia.	Ap. 19:10
Testemunho de Jesus (Ap. 20:4)	a) Espírito da profecia; b) anúncio das boas notícias a respeito do Messias e do seu reino.	Ap.19:10;20:4; Jo.1:7,8; 3:11;5:39
Tiatira (Ap. 2:18)	a) Sinagoga que existia no tempo de João, localizada em Tiatira. A carta de Apocalipse foi destinada às sete igrejas; b) alguns estudiosos afirmam que Tiatira representa também a igreja remanescente no período de 538-1517 d.C. Portanto, o texto narra características literais da sinagoga local e escatológica no período mencionado: 538 d.C. (supremacia papal) a 1517 d.C. (início da reforma protestante).	Ap. 1:11; 2:18-29; história
Tocha (Ap. 8:10)	Destruição.	Gn.15:9,10,17; Zc.12:6

DICIONÁRIO DANIEL E APOCALIPSE

Toco e as suas raízes, presos com ferro e bronze (Dn. 4:15) — Reino de Nabucodonosor será devolvido a ele, quando reconhecesse que o céu é que domina. Dn. 4:26

Transpassaram (Ap. 1:7) — a) Provavelmente se refere ao grupo de soldados romanos que perfuraram os pés e as mãos do Messias. É importante ressaltar que os líderes religiosos da época foram cúmplices e mandantes do crime; b) este grupo de pessoas ressuscitará para ver o retorno do Salvador, depois morrerá novamente. Ap.1:7; Dn.12:2; Sl. 22:16; Mt. 27:20-31; Jo.19:23

Tratará com bondade aqueles que abandonarem a santa aliança (Dn. 11:30) — Os cristãos que deixaram de seguir os ensinos dos profetas, apóstolos e do Mestre, para seguir as tradições da igreja de Roma foram poupados do massacre. Dn. 11:30; história

Três costelas (Dn.7:5) — Três principais conquista da Medo-Pérsia: Lídia, Babilônia e Egito. Dn. 8:4; história

Três dias e meio (Ap.11:9,11) — a) Três anos e meio; b) alguns estudiosos afirmam que este período se iniciou no dia 10 de novembro de 1973. Milhares foram mortos, exemplares das escrituras foram queimadas durante esse período. Ez. 4:6,7; Nm. 14:34; história

Três dos primeiros chifres (Dn. 7:8) — a) Reinos; b) reis; c) três nações da Europa que foram extintas (Lombardos, Hérulos e Ostrogodos) pela influência do sistema papal no século V e VI d.C. Dn. 7:24; 8:20, 22; Dt. 33:17; IRs. 22:11; II Cr.18:10; Sl. 22:21; Mq. 4:13; Zc.1:19,21; Ap. 13:1-10; história

Três medidas de cevada por um denário (Ap. 6:6) — a) Fome das escrituras; b) escassez da verdade espiritual; c) escrituras adulteradas sendo comercializadas. Am. 8:11, 12; Mt. 4: 4; Jo. 6:32, 35; história

Três quilos de cevada por um denário (Ap. 6:6) — a) Fome das escrituras; b) escassez da verdade espiritual; c) "cevada" mais come que o trigo (alimento espiritual verdadeiro). Am. 8:11,12; Mt. 4:4; Jo. 6:32,35

Três reis (Dn. 11:2)	Cambises, 530 a 522 a.C.; Ésmerdis, 522 a.C.; Dario I, 522 a 486 a.C.	Dn. 11:2; história
Trigo (Ap. 6:6)	a) Alimento espiritual genuíno; b) Salvador.	Mt. 4: 4; Dt. 8:3; Jo. 6:32-35
Trombeta – I (Ap. 8:7)	Eventos trágicos que atingem o povo da aliança, guardiões das escrituras.	Ap. 8:7; 9:4; Jó 5:25; Ez. 15:6; I Co. 14:8; Js. 6:3-6, 16,20,24
Trombeta - II (Ap. 8:8)	Eventos trágicos que atingem os homens e a economia.	Ap. 8:8,9; 17:15; Ez. 35:2,7,8; Js. 24:4; Jr. 51:11-42; Is. 2:16; Pv. 31:14; I Co. 14:8
Trombeta – III (Ap. 8:10)	Eventos trágicos provocados pelo Adversário (Satanás), cujo ataque é o plano da salvação e os homens.	Ap. 8:10,11; Is.12:2,3; 58:11; Jo.7:37-39; I Co. 14:8
Trombeta – IV (Ap. 8:12)	Eventos que têm como alvos, ataques: o Criador do céu e da terra, o Messias, a manifestação do seu Espírito e os remanescentes fiéis. Dessa forma, percebe-se a ocorrência da apostasia generalizada na terra.	Ap.8:112; 21:23; 22:5; Sl. 84:11; II Tm.3:1-5; Jo.8:12; Hb. 6:4; I Co. 14:8
Trombeta – V (Ap. 9:1)	a) Eventos relacionados com fim da obra do Espírito Santo, isto é, somente os salvos terão acesso à voz do Espírito do Criador; b) tais acontecimentos ocorrem após o selamento dos servos do Altíssimo, nesse período o Adversário (Satanás) causará grande tormento sobre os ímpios.	Ap. 7:13; 9:1-4; 22:11; Sl. 84:11; II Tm. 3:1-5; Na. 3:1, 17; At. 2:2-4; 22:11; Ef.1:13; 4:30
Trombeta – VI (Ap. 9:13,14)	Eventos relacionados com o derramamento de três pragas sobre os ímpios, provocados por atuação do Adversário (Satanás) e dos falsos profetas. Tais eventos ocorrerão após o selamento e provocarão grande mortandade.	Ap. 9:13,14,20,21; Jr. 8:5,6; Jo.10:10; Is. 9:15
Trombeta – VII (Ap. 10:7)	Eventos relacionados com descrição do dia em que retornará o Messias, do juízo sobre os maus e a recompensa para os salvos. Aleluia!	Ap. 10:6,7; 11:15-19; I Co. 14:8

DICIONÁRIO DANIEL E APOCALIPSE

Trombeta – VII (Ap. 11:15)	Eventos relacionados com descrição do dia em que retornará o Messias, do juízo sobre os maus e a recompensa para os salvos. Aleluia!	Ap. 10:6,7; 11:15-19; Êx. 19:16-19; I Co. 14:8
Trono (Ap.1:4)	a) Representa que o Criador está reinando; b) realeza; c) juízo e justiça; d) santidade; e) majestade.	I Rs. 1:30,35, 37; Sl. 9:4,7; 47:8; 89:14; 99:1; 103:19; Pv. 20:8; Hb. 8:1
Trono (Ap. 4:2,9,10)	a) Representa que o Criador está reinando; b) realeza; c) juízo e justiça; d) santidade; e) majestade.	I Rs. 1:30,35, 37; Sl. 9:4,7; 47:8; 89:14; 99:1; 103:19; Pv.20:8; Hb.8:1
Trono (Ap. 6:16)	a) Representa que o Criador está reinando; b) realeza; c) juízo e justiça; d) santidade; e) majestade.	I Rs. 1:30,35, 37; Sl. 9:4,7; 47:8; 89:14; 99:1; 103:19; Pv.20:8; Hb.8:1
Trono (Ap. 7:9)	a) Os salvos estarão ao lado do Soberano do universo, o qual reina; b) realeza; c) juízo e justiça; d) santidade; e) majestade.	I Rs. 1:30,35, 37; Sl. 9:4,7; 47:8; 89:14; 99:1; 103:19; Pv. 20:8; Hb. 8:1
Trono (Ap.11:16)	a) Estes anciãos ocupam uma posição de realeza; b) juízo e justiça; c) santidade; d) majestade.	Ap.7:9; 11:18; I Rs. 1:30,35, 37; Sl. 9:4,7; 47:8; 89:14; 99:1; 103:19; Pv. 20:8; Hb. 8:1
Trono (Ap.12:5)	a) Representa que o Criador está reinando; b) realeza; c) juízo e justiça; d) santidade; e) majestade.	I Rs. 1:30,35, 37; Sl. 9:4,7; 47:8; 89:14; 99:1; 103:19; Pv. 20:8; Hb. 8:1
Trono (Ap.14:3)	a) Representa que o Criador está reinando; b) realeza; c) juízo e justiça; d) santidade; e) majestade.	I Rs. 1:30,35, 37; Sl. 9:4,7; 47:8; 89:14; 99:1; 103:19; Pv. 20:8; Hb. 8:1

Trono ((Ap. 16:17)	a) Representa que o Criador está reinando; b) realeza; juízo e justiça; c) santidade; d) majestade.	I Rs. 1:30,35, 37; Sl. 9:4,7; 47:8; 89:14; 99:1; 103:19; Pv. 20:8; Hb. 8:1
Trono (Ap.19:4,5)	a) Representa que o Criador está reinando; b) realeza; c) juízo e justiça; d) santidade; e) majestade.	I Rs. 1:30,35, 37; Sl. 9:4,7; 47:8; 89:14; 99:1; 103:19; Pv. 20:8; Hb. 8:1
Trono (Ap. 20:4)	Os salvos juntamente com os vinte e quatro anciãos participarão do julgamento de Adversário (Satanás), dos anjos caídos (demônios) e dos ímpios.	Ap. 4:4; 20:4; I Co. 6:2,3; I Rs. 1:30,35, 37; Sl. 9:4,7; 47:8; 89:14; 99:1; 103:19; Pv. 20:8; Hb. 8:1
Trono (Ap. 20:11,12)	a) Representa que o Criador está reinando; b) realeza; c) juízo e justiça; d) santidade; e) majestade.	I Rs. 1:30,35, 37; Sl. 9:4,7; 47:8; 89:14; 99:1; 103:19; Pv. 20:8; Hb. 8:1
Trono (Ap. 21:3,5)	a) Representa que o Criador está reinando, realeza; b) justiça; c) santidade; d) majestade.	I Rs. 1:30,35, 37; Sl. 9:4,7; 47:8; 89:14; 99:1; 103:19; Pv. 20:8; Hb. 8:1
Trono (Ap. 22:1,3)	Representa que o Criador está reinando, realeza; justiça; santidade; majestade.	I Rs. 1:30,35,37; Sl. 9:4,7; 47:8; 89:14; 99:1; 103:19; Pv. 20:8; Hb. 8:1
Trono da besta (Ap. 16:10)	Local em que o anti-Cristo ou anti-Messias reina, atualmente está localizado na cidade do Vaticano.	Ap. 2:13;13:1-10,12,14,15,17; 17:18; Dn. 7:16, 17,23; Gn. 3:14
Trono de Satanás (Ap. 2:13)	Local em que o anti-Cristo ou anti-Messias reina, atualmente está localizado na cidade do Vaticano.	Ap. 2:13; 17:18; II Jo 1:7; história
Trono era envolto em fogo Dn.7:9)	Vingança contra os ímpios.	II Ts. 1:8; Jó 15:20,30; Ap. 20:12

DICIONÁRIO DANIEL E APOCALIPSE

Tropeçará (Dn. 11:19) — Imperador Júlio César foi assassinado em 44 a.C. — Dn. 11:19; história

Trovão (Ap.6:1) — Poder. — Ap. 6:1; 14:2; Jó 26:14

Trovões (Ap.10:3) — a) Juízo; b) advertência. — Êx. 9:23; Is. 29:6; 33:3; Jr. 25:30; Jó 36:33

Trovões, vozes, relâmpagos e terremoto (Ap. 8:5) — a) Repreensão do Criador devido à maldade do povo; b) castigo; c) presença do Soberano do universo. — Êx. 9:23; 19:16-18; Jó 26:33; Is. 29:6; Sl.104:7.

DANIEL E APOCALIPSE: LETRA U

Um (Dn. 11:20) — Cesar Augusto, fundador do império romano. — Dn. 11:20; história

Um de seus príncipes (Dn. 11:5) — Nicanor, 312-212 a.C., que acabou se tornando "rei do Norte, território da Grécia. — Dn. 11:5; história

Um dos anciãos (Ap. 5:5) — a) Representantes da humanidade redimida; b) primícias que ajudam o Messias no santuário celestial; c) no total são vinte e quatro homens santos que foram ressuscitados, transladados para o céu. — Ap. 4:4; 5:8; II Cr. 10:6; Mt. 17:13; 27:52,53; Gn. 5:24; II Rs. 2:11

Um dos sete selos (Ap. 6:1) — Este é um período que caracteriza a pureza espiritual dos fiéis. Estes têm como seu comandante o Messias. Tal selo inicia-se, provavelmente, com a ascensão do Salvador e transcende o tempo e espaço. — Ap. 6:1,2; 7:9; 9:9; 19:8; Is.1:18; 63:11-13; Zc.10:3; Jr. 8:6; Sl. 51:7; Mt. 28:3

Um dos seus lados (Dn. 7:5) — a) Ascensão da Pérsia sobre a Média; b) Pérsia, embora mais jovem, exerceu maior domínio no bloco Medo-Persa. — Dn. 8:3,40; história

Um se levantará (Dn. 11:7) — Ptolomeu III, novo rei do Sul. Ele era irmão de Berenice. — Dn. 11:7; história

Um ser desprezível (Dn. 11:21)	Sistema papal.	Dn.7:8,24,25; 8:10-12,23; 11:21; II Ts. 2:3-9; Ap. 13:1-10; história
Um só dia (Ap. 18:8)	Um ano.	Ez. 4:6,7; Nm. 14:34; Ap.16
Um tempo, dois tempos e metade de um tempo (Dn. 12:7)	Mil duzentos e sessenta anos. Cada tempo equivale a um ano. Um ano é igual a 360 dias (calendário judaico). Portanto, este período abarca 1.260 dias, que em profecia são 1.260 anos. Iniciou-se em de 538 d.C. com a supremacia papal e finalizou em 1798 d.C. com a prisão do papa. Tempo caracterizado por grande matança aos "cristãos", promovida pelo sistema papal, e trevas aos ensinamentos das escrituras.	Ez. 4:6,7; Nm. 14:34; Dn.7:25; Ap. 11:2,3; 13:5; história
Um terço (Ap. 8:7, 8, 9, 10, 11, 12)	Não é uma proporção literal, mas indicação de que uma porcentagem significativa da população seria atingida, afetada pelos eventos.	Ez. 5:1-3, 11-13; história
Um terço (Ap. 9:15,18)	Não é uma proporção literal, mas indicação de que uma porcentagem significativa da população seria atingida, afetada pelos eventos.	Ez. 5:2, 11-13
Um terço (Ap.12:4)	Não é uma proporção literal, mas indicação de que uma porcentagem significativa dos anjos foram enganados pelo Adversário e, juntamente com ele, foram lançados na terra.	Ez. 5:2, 11-13
Uma das cabeças da besta parecia ter sofrido um ferimento (Ap.13:3)	a) Prisão e morte do papa Pio VI; b) possibilidade remota de ser o atentado contra o papa João Paulo II.	Ap.13:1-3,14; história
Uma hora (Ap. 17:12)	Quinze dias. Um dia profético equivale a um ano ou seja 360 dias (calendário judaico), cada dia tem 24 horas, portanto 1 hora é igual a 15 dias. 24 h ------360 dias 1 h ---------x x = 15 dias.	Ez. 4:6,7; Nm. 14:34

DICIONÁRIO DANIEL E APOCALIPSE

Uma medida de trigo por um denário (Ap. 6:6)	a) Comercialização das escrituras; b) escassez da verdade espiritual, fome das escrituras genuína.	Ap. 6:5,6; Mt. 4:4; Am. 8:11,12; Ez. 36:29; história
Uma quilo de trigo por um denário (Ap. 6:6)	a) Comercialização das escrituras; b) escassez da verdade espiritual, fome das escrituras genuína.	Ap. 6:5,6; Mt. 4:4; Am. 8:11, 12; Ez. 36:29; história
Uma semana (Dn. 9:27)	a) Sete anos; b) cada dia equivale a um ano. Inicia-se no ano 27 d.C. com o batismo do Messias e termina no ano 34 d.C. com o apedrejamento de Estevão.	Ne.1:1-9; Ed. 4:7-23; 7; Dn. 8:14; 9:24-27; Ez. 4:6,7; Nm. 14:34; Lc. 3:1, 21; At. 7:52,60; história
Uma só mesa (Dn. 11:27)	Foram realizados acordos de paz entre os rei do Sul (mulçumanos) e rei do Norte (papado), porém foram quebrados.	Dn.11:27; história
Ungido (Dn. 9:25,26)	Messias, o Salvador.	Dn. 9:25-27; Lc. 4:18; 23:33; At. 4:26
Urso (Dn. 7:5)	Média e Pérsia.	Dn. 2:39; 7:17
Urso (Ap.13:2)	Sistema dos papas têm características culturais, políticas, religiosas e de guerras semelhantes ao império da Média e Pérsia, como exemplos: o mitraísmo, adoração a ídolos, aprisionar pessoas com os leões.	Ap. 13:1,2; Dn. 7:5,17; história
Uvas (Ap. 14:18)	Povos ímpios.	Is. 63:1-5; Jr. 6:9;8:12,13; Jl. 3:12-14

DANIEL E APOCALIPSE: LETRA V

Verbo de Deus (Ap.19:13)	Messias	Jo.1:1-5,10,14
Vermelho (Ap. 17:3)	a) Pecado, corrupção; b) derramamento de sangue, guerra contra os fiéis.	Ap.17:3,6; II Rs. 3:22; Na. 2:3; Is. 1;18; história

Vermelho (Ap. 12:3)	a) Derramamento de sangue, guerra contra os fiéis; b) pecado, corrupção.	II Rs. 3:22; Na. 2:3; Is. 1;18; história
Ventre e os quadris, de bronze (Dn. 2:32)	Reino da Grécia.	Dn. 2: 39; 8:21; história
Vergonhosa nudez (Ap. 3:18)	a) Ato pecaminoso; b) ausência de revestimento do Salvador.	Gn. 3:7-11; Ef. 6:11-18
Veste (Ap. 16:15)	a) Justiça; b) pureza; c) santidade.	Ap. 7:9; 19:8; Sl. 51:7; Is. 1:18; 16:19
Veste era branca como a neve (Dn.7:9)	a) Justiça; b) pureza; c) santidade.	Ap. 7:9; 19:8; Sl. 51:7; Is. 1:18; 16:19
Veste talares (Ap. 1: 13)	a) Pureza, santidade; b) majestade; c) justiça.	II Sm. 13:18; Et. 8:15; Jó29:14; 40:10; Lc. 20:46
Vestidos de branco (Ap. 4:4)	a) Justiça; b) pureza; c) santidade.	Is. 1:18; Sl. 51:7; Mt. 28:3; Ap. 3:4,5; 7:9; 19:8
Vestida do Sol (Ap. 12:1)	a) Messias; b) evangelho; c) este povo fiel está revestido da presença do Messias.	Sl. 84:11; Ml. 4:2; Mt. 17:2; Ef. 5:21-23 Sl.104:2; Lc. 16:8; I Ts. 5:8
Vestido de linho (Dn.10:5)	a) Veste santas; b) santidade; c) justiça; d) pureza.	Lv. 16:32; Ap.19:8
Vestido de linho (Dn.12:6)	a) Veste santas, santidade; b) justiça, pureza.	Lv. 16:32; Ap.19:8
Vestido de linho (Ap. 15:6)	a) Veste santas, santidade; b) justiça, pureza.	Ap.19:8; Lv. 16:32

DICIONÁRIO DANIEL E APOCALIPSE

Vestiduras (Ap. 3:4,5,18)	a) Pureza; b) justiça do Salvador; c) santidade.	Ap. 3:18; 19:8; Sl. 51:7; Is. 19:19
Vestiduras brancas (Ap. 6:11)	a) Vitória; b) justiça do Salvador, pureza; c) salvação.	Ap. 3:4,5; 7:9,13-17; 19:8; Is. 1:18; Sl. 51:7; Zc. 3:1-5; 3:4,5; Mt. 22:11-13
Vestiduras brancas (Ap. 7: 9,13)	a) Justiça; b) pureza.	Ap. 7:9; 19:8; Sl. 51:7; Is. 16:19
Vier (Dn. 11:16)	Império romano.	Dn. 11:16; história
Vinte e quatro anciãos (Ap. 4:4)	a) Representantes da humanidade redimida; b) primícias que ajudam o Messias no santuário; c) vinte e quatro homens santos que foram ressuscitados, transladados para o céu.	Ap. 4:4; 5:8; II Cr. 10:6; Mt. 17:13; 27:52, 53; Gn. 5:24; II Rs. 2:11
Vinte e quatro anciãos (Ap. 5:8)	a) Representantes da humanidade redimida; b) primícias que ajudam o Messias no santuário; c) vinte e quatro homens santos que foram ressuscitados, transladados para o céu.	Ap. 4:4; 5:8; II Cr. 10:6; Mt. 17:13; 27:52,53; Gn. 5:24; II Rs. 2:11
Vinte e quatro anciãos (Ap. 11:16)	a) Representantes da humanidade redimida; b) primícias que ajudam o Messias no santuário; c) vinte e quatro homens santos que foram ressuscitados, transladados para o céu.	Ap. 4:4; 5:8; II Cr. 10:6; Mt. 17:13; 27:52,53; Gn. 5:24; II Rs. 2:11
Vinte e quatro anciãos (Ap. 19:4)	a) Representantes da humanidade redimida; b) primícias que ajudam o Messias no santuário; c) vinte e quatro homens santos que foram ressuscitados, transladados para o céu.	Ap. 4:4; 5:8; II Cr. 10:6; Mt. 17:13; 27:52,53; Gn. 5:24; II Rs. 2:11
Vinho (Ap. 6:6)	a) Sangue do Cordeiro que tem o poder de salvar e purificar os pecados; b) redenção.	Hb. 9:12,14,19; Mt. 26:27, 28; Lc. 10:34; Êx.12:13
Vinho (Ap.14:8)	a) Falsa adoração; b) doutrinas falsas, em especial a imortalidade da alma e a santificação do domingo.	Ap. 2:14;14:8; Jr. 3:1-3, 6-10; 51:7; Is. 51:21; Dn. 5:4

Vinho da cólera (Ap.14:10)	Destruição dos ímpios.	Ap.14:19; 16:19; Sl. 75:7,8; Jr. 25:15,16
Vinho de sua devassidão (Ap. 17:2)	a) Devassidão; b) dissoluções, concupiscências, borracheiras, orgias, bebedices, detestáveis idolatrias; c) prática de impurezas; d) imortalidade da alma, santificação do domingo.	Ap. 14:8; 17:2; I Pd. 4:1-5; Ef. 4:17-19; 5:18; Dn. 5:4; Jr. 51:7; Êx. 20:8-11; Ez.18:20; história
Vinho de sua devassidão (Ap. 18:3)	a) Devassidão; b) dissoluções, concupiscências, borracheiras, orgias, bebedices, detestáveis idolatrias; c) prática de impurezas; d) imortalidade da alma, santificação do domingo.	Ap. 14:8; 17:2; I Pd. 4:1-5; Ef. 4:17-19; 5:18; Dn. 5:4; Jr. 51:7; Êx. 20:8-11; Ez.18:20; história
Vinte mil vezes dez milhares (Ap. 9:16)	Alusão ao grande quantitativo do exército.	Sl. 68:17; I Sm. 29:2; Dt. 33:2
Virá com o poder (Dn. 11:17)	Império romano.	Dn. 11:17; história
Voltará (Dn. 11:19)	Júlio César.	Dn. 11:19; história
Voltará a atenção para as regiões costeiras (Dn. 11:18)	Quem fez este trajeto foi o imperador Júlio César.	Dn. 11:18; história
Voltará para as terras do mar (Dn. 11:18)	Quem fez este trajeto foi o imperador Júlio César..	Dn. 11:18; história
Vomitar-te (Ap. 3:16)	a) Ser destruído; b) não possuir o reino celestial.	Lv.18:25, 28
Voz como de muitas águas (Ap. 1:15)	a) Voz de estrondo; b) voz semelhante ao trovão.	Ez. 1:24; Ap. 14:2;19:6

DICIONÁRIO DANIEL E APOCALIPSE

Voz como de muitas águas (Ap. 14:2)	a) Vozes de multidão de povos; b) voz de estrondo; c) voz semelhante ao trovão.	Ap.17:15; Ez. 1:24; Ap. 14:2;19:6
Voz como de trombeta (Ap. 1:10)	a) Voz forte; b) voz de guerra, batalha.	Jó 39:25; Is. 58:1; Jr. 42:14; Ez. 33:5; I Co. 14:8
Voz como som de muitas águas (Ap. 1:15)	a) Voz de estrondo; b) voz semelhante ao trovão.	Ez. 1:24; Ap. 14:2;19:6
Voz de trovão (Ap.4:7)	a) Juízo; b) advertência.	Êx. 9:23; Is. 29:6; 33:3; Jr. 25:30; Jó 36:33
Voz de trovão (Ap.6:1)	a) Juízo; b) advertência.	Ap.6:1; Êx. 9:23; Is. 29:6; 33:3;Jr. 25:30; Jó 36:33
Voz de trovão (Ap.14:2)	a) Juízo; b) advertência.	Êx. 9:23; Is. 29:6; 33:3; Jr. 25:30; Jó 36:33
Voz era como o som de uma multidão (Dn.10:6)	Provavelmente, alusão ao Criador castigando os seus inimigos.	Is. 66:6; Jr. 11:16; 25:31; I Sm. 7:10; II Sm. 5:24
Vozes (Ap.11:19)	Revelação do dia em que retornará o Salvador, para buscar os seus filhos.	Ap. 10:6,7;11:19; Êx. 19:16-19; Cl. 1:26,27; Am. 3:7

Anexo

CRONOGRAMA DOS EVENTOS FINAIS

Selos ... (Ap. 6)	Tempo de angústia (Dn. 12)			
Terceiro anjo (Ap. 14)	Grande tribulação (Ap. 7; Mt. 24)			
Imagem da besta (Ap.13	Fuga para o campo (Mt.24: 15-22)	Sete pragas (Ap. 16)		
Quarta trombeta (Ap. 8)	Selamento, 144.000 (Ap. 7)	7ª trombeta (Ap. 10 e 11)	Início do milênio (Ap.20)	Novo céu e nova terra (Ap.21 e 22)
Chuva do Espírito Santo (Ap.6:2; Dn. 12:3; Jl.3)	Marca da besta (Ap. 13)		Sétimo selo (Ap.8)	Segunda morte (Ap.21)
	Queda da grande Babilônia (Ap.18)	6ª trombeta (Ap.9)	Sexto selo - parte final (Ap.6:14-17)	Descida da cidade santa (Ap.21)
Igreja de Laodiceia (Ap.3)	Ferida mortal curada (Ap.13 e 17)	5ª trombeta (Ap.9)		
Tempo em que vivemos	* Tempo próximo		Momento da 2ª vinda do Messias	Tempo a partir da 2ª vinda do Messias

Fonte: o autor

*Os últimos eventos serão rápidos.